살로메,
니체를 말하다

니체 아카이브

살로메, 니체를 말하다

루 안드레아스 살로메 지음
김정현 옮김

Friedrich Nietzsche in seinen Werken

니체의
작품으로 본
니체

책세상

모토: 니체의 좌우명

"상처로 인해 정신이 성장하고 새 힘이 솟는다."

겔리우스Aulus Gellius에게서 취해온 푸리우스 안티아스Furius Antias의 문구

프리드리히 니체, 전 교수, 현재는 덧없이 떠도는 사람fugitivus errans

진실한 생각으로
이름을 언급하지 않은 그 누군가에게 바치며

옮긴이 서문

이 책은 루 안드레아스 살로메Lou Andreas-Salomé(1861~1937)
가 쓴《니체의 작품으로 본 니체Friedrich Nietzsche in seinen Werken》
(1894)를 우리말로 옮긴 것이다. 오스트리아 빈에서 1894년에
처음 이 책이 출판된 때는 니체가 정신병에 걸린 상태로 독일의
나움부르크에 생존해 있을 때였다. 이는 1888년 4~5월 브란데
스Georg Brandes(1842~1927)가 최초로 덴마크 코펜하겐대학에서
니체에 관해 두 차례의 공개 강연을 하고, 1889년에 쓴〈귀족적
급진주의Arikratischer Radikalismus〉라는 글(독일의 잡지《도이체 룬
트샤우·Deutsche Rundschau》에는 1890년 발표)을 발표한 지 4, 5년이
지난 후였다. 그러나 살로메가 이 책의 일부를 구상한 것은 그
녀가 니체를 만났던 1882년의 일이니, 이 책의 구상과 계획으로

보면 니체에 관한 첫 철학적 보고서인 셈이다.

내가 이 책을 처음 접하고 읽었던 것이 1989년 독일에서 유학할 때니 벌써 30년 전의 일이다. 루 폰 살로메Lou von Salomé(결혼 전 이름)는 니체가 첫눈에 반해 사랑을 고백하고 청혼을 했던 여인이었으며, 1882년을 니체와 더불어 지내면서 서로의 생각을 나누고 두 실존이 공명하는 체험을 나누었기에, 나는 이 책에 니체의 살아 있는 모습에 대한 서술뿐만 아니라 그의 정신세계를 함께 나눈 인간적·정신적 체온이 그대로 담겨 있다고 여겼다. 이 책은 니체라는 인간 존재에 대해 살로메 자신이 보고 느낀 바를 기록해 니체의 겉모습뿐만 아니라 성격, 질병, 인간관계, 인품, 삶의 태도, 정신세계 등 살아 움직이는 니체의 모습을 생생하게 전해준다. 여기에는 살로메가 니체와 나눈 사적인 대화나 주고받았던 편지글, 살로메가 쓴 일기, 니체와 교류했던 지인들이 적어놓은 기록도 담겨 있다. 무엇보다도 이 책은 니체의 정신세계와 철학사상의 변화 과정을 그의 저서를 중심으로 상세히 분석하고, 더 나아가 니체 사상의 체계를 그 사상의 발전 과정과 변화 과정을 고려하며 철학적 주제로 정리하고 있다. 니체의 사상과 문제의식, 철학적 주제 등을 니체라는 영혼의 삶으로부터 읽어내는 이러한 살로메의 작업은 니체와 만나고 사랑과 관심을 받았던 개인적 체험을 기록한 것만이 아니라 니체의 전 작품을 읽어가며 그의 정신세계를 정리하고 분석한 열정과 정성의 결과물이다. 이러한 살로메의 작업은 책 몇 권의 내용이나 일부 잠언과 단편에 대한 논의를 통해 인구에 회자되며 당시 체계가 없다고 여겨지던 니체의 글을 체계적인 철학자의 글의 반열에 올려놓았을 뿐만 아니라, 비록 그녀 자신은 짐짓 유보적이고 조심스러운 태도를 견지했더라도 니체를 철학사의 무대에 올려놓는 데 역할을 했다.

독일 뷔르츠부르크대학에서 박사 과정을 밟던 나는 이 책을 읽으며 니체의 인간적인 모습을 보았고, 니체 사상에 접근하는 길을 터득해갔다. 니체의 지근거리에서 그와 사랑을 나눈 여성으로부터 니체의 이야기를 식섭 듣는 듯 내밀한 기분이 들었다. 특히 내가 주목한 것은 그의 삶과 정신적 특성을 통해 그의 사상에 접근한 방식과 니체 사상을 조명하는 데 심리학적 통찰이 매우 중요한 역할을 하고 있다는 살로메의 지적이었다. 최초로 니체에 대한 강의와 저술을 한 브란데스가 사회철학적인 시각으로 니체 철학에 접근해갔다면, 이와 비슷한 시기에 살로메는 심리학적 시각으로 니체 철학을 조명해냈다. 브란데스의 사회철학적 논의에서 니체의 사상은 러시아의 톨스토이 사상과 비교되었는데, 이러한 문제의식은 러시아의 실존주의 철학자 셰스토프Lev I. Shestov와 그롯Nikolaus Grot을 거쳐 19세기 말과 20세기 초 일본과 중국, 한국 등 동아시아로 순식간에 확산되며 사회진화론과 자강론, 국가주의와 미적 자아실현, 개인주의와 공동체주의, 자아중심주의와 애타주의 등의 담론을 형성하는 데 기여한다. 반면 후자의 심리학적 시각이나 해석은 프로이트Sigmund Freud, 융

Carl Gustav Jung, 아들러Alfred Adler, 랑크Otto Rank 등을 거치며 유럽 지성사에서 정신분석학과 분석심리학, 개인심리학, 의지심리학 등 심층심리학이 형성되고, 이후 심리치료나 철학실천 혹은 철학상담이론이 형성되는 데 지대한 영향을 미쳤다. 니체가 살아 있던 당시 니체 철학을 해석하고자 한 브란데스와 살로메의 서로 다른 시각은 니체 해석사뿐만 아니라 현대 철학적 논쟁의 흐름이 형성되는 데도 큰 영향을 끼쳤다. 그러나 이러한 철학적 논의의 흐름은 국내에서는 1990년대 중반까지도 거의 알려지지 않았다.

1996년 10월 5일 부산 동아대학교에서 개최한 한국니체학회 학술대회에서 〈니체의 심층심리학〉이라는 논문을 발표하며 니체 철학이 심층심리학과 밀접한 연관성이 있다는 것을 조명한 이후, 나는《니체, 생명과 치유의 철학》(2006)과《철학과 마음의 치유》(2013) 등의 저서를 통해 살로메가 제시한 심리학적 시각으로 니체 사상을 다루며 내 철학적 논의를 발전시켜왔다. 나 자신의 니체 연구는 실상 살로메의 이 책을 읽은 시간과 함께 익어가고 있었던 셈이다. 프로이트가 살로메를 통해 니체의 사상에서 정신분석의 수많은 개념을 발전시키며 깊이를 얻어갔듯이, 나의 연구는 살로메의 통찰을 단서로 철학과 심층심리학 공동의 이론적 토대를 밝히고 현대 심층심리학의 철학적 뿌리를 밝히는 작업과 그 현대적 발전 과정에 집중했던 것이다. 내 박사학위 논문은 '몸Leib' 개념을 중심으로 서양 근대성을 비판하며 개인과 사회의 관계를 다룬 〈니체의 사회철학Nietzsches Sozialphilosophie—
Versuch einer Überwindung der Moderne im Mittelpunkt des Brgriffes "Leib"〉
이었고, 최근에는 동아시아, 특히 한국의 니체 수용을 중심으로
20세기 한국 정신사를 정리하는 연구를 하고 있다. 30년이 넘는
내 연구 작업은 니체가 살아 있을 때 그의 사상을 세계 최초로
소개했던 브란데스와 살로메가 제시한 두 시각을 현재로 확장하
는 것이었다.

　이 책은 덴마크, 미국, 프랑스, 일본 등 많은 나라에서 이미
번역되어 소개되었다. 우리말 번역이 이제 나온 것은 다소 늦은
감이 있다. 국내에서 세계표준판《니체전집》(책세상)이 출판되
면서 니체에 대한 관심이 철학뿐만 아니라 문학, 종교, 정치, 심
리치료, 철학상담, 미술, 음악, 무용 등 다양한 학문 영역으로 확
산된 것도 사실이다. 학문이나 연구는 (원)저자와 이를 해석하는
학자 그리고 필자의 이야기가 잘 융합되어 오케스트라처럼 완벽
한 화음을 낼 때 제대로 이루어진다고 볼 수 있다. 그런 의미에
서 학술적으로 매우 중요한 연구서 혹은 그 자체가 해석의 원전
으로서의 가치를 갖는 텍스트들도 번역될 필요가 있다. 원전만
읽으며 자신의 생각을 전개하다 보면 그 텍스트가 나온 시대적·
사회적 배경을 소실한 채 독단적 해석이 나오기 쉽고, 2차 연구
서만 보며 공부하다 보면 원전의 깊이 있는 내용을 제대로 읽지
못한 채 생각이 헛돌며 조야한 수필류의 글이 나올 수 있기 때문
이다. 이 책은 니체 연구에 있어 니체의 내면, 인간적 관계와 시

대적·사회적 배경을 밝혀주는 가교 역할을 한다는 점에서 그 가치가 분명하다.

번역 과정에서 살로메가 니체의 저서들을 인용할 때 명백하게 잘못 표기한 부분은 모두 원전을 확인해 수정하며 표기했다. 또 원전에서 표기한 니체 인용 쪽수는 현재 그 판본을 찾아 확인하기가 어려워, 세계표준판《니체전집》에서 확인할 수 있도록 역자 첨부 형태로 각 책의 번호 표기를 덧붙였다. 번역이 또 하나의 창조 작업이라고 할진대, 오랜 시간 번역하면서도 우리말처럼 자연스럽게 번역하지 못하는 것은 역자의 역량 부족 탓일 것이다. 장문의 해제를 읽으며 문장과 내용을 꼼꼼히 검토하고 함께 토론해준 아내 혜림에게도 감사를 표한다. 번역이 끝날 때까지 몇 해를 인내하며 기다려준 출판사 책세상과 단정한 모습으로 세상에 책의 얼굴을 내밀 수 있도록 애써준 편집부에도 고마움을 전하고 싶다.

니체가 살아 있을 때 한때 그의 연인이었던 살로메가 쓴 이 책이 니체에 접근하고 니체철학을 연구하는 데 작은 등대 역할을 했으면 좋겠다는 소망을 가져본다.

2021년 5월
김정현

일러두기

1. 이 책은 오스트리아 빈에서 출판된 루 안드레아스 살로메Lou Andreas-Salomé의 *Friedrich Nietzsche in seinen Werken*(Wien: Carl Conegen Verlag, 1894)을 완역한 것이다.

2. 이 책에 나오는 인용의 번역은 세계표준판《니체전집》(책세상)을 참조했으나, 일부는 역자가 번역했다.

3. 살로메가 사용한 판본은 현재 확인하기 어렵고, 인용에서 사용한 쪽수는 의미가 크지 않기에 원문을 확인할 수 있도록 니체의 저서에 나오는 번호를 〔 〕안에 추가로 표기해 첨부했다. 또한 살로메가 니체의 저서를 인용하며 표기한 숫자 가운데 오기가 있을 경우, 역자가 그 숫자를 〔 〕안에 표기해 바로잡았다. 몇 가지 사례를 들면 다음과 같다.

    ① "〈교육자로서의 쇼펜하우어 1〉〔7 → 1〕"의 경우, 이 장의 7번은 명백한 표기 오류이기에 역자가 1번으로 정정한 것이다.

    ② "〈바이로이트의 리하르트 바그너 2〉, 〔12〕"의 경우, 원서에는 번호가 없지만 역자가 번호를 첨부한 것이다.

    ③ "《차라투스트라는 이렇게 말했다》III, 19〔제3부, 〈해 뜨기 전에〉〕"의 경우, 원문을 확인할 수 있도록 〔 〕안의 내용을 역자가 첨부한 것이다. 참고로, "《차라투스트라는 이렇게 말했다》, III, 19"는《차라투스트라는 이렇게 말했다》의 3부, 19쪽을 뜻한다.

4. 원서에서 강조한 단어나 표현은 방점으로 표기했다.

5. 원서에 쓰인 그침표(:)와 붙임표(-), 줄표(—)는 저자의 의도를 고려해 대체로 그대로 표기했다.

6. 각주는 원서의 주석이다.

7. 단행본과 정기간행물은《 》, 논문이나 시 등은 〈 〉로 표기했다.

8. 외래어와 외국 인명, 지명 등은 국립국어원의 외래어표기법을 따랐으며, 몇몇 경우는 관용 표현을 사용했다.

차례

루 폰 살로메에게 1

1882년 9월 16일 추정. 라이프치히에서 스티베에 있는 루 폰 살로메에게 보내는 편지

나의 루에게, 철학 체계를 그것을 세운 창시자의 개인적 기록으로 환원한다는 당신의 생각은 적절하게도 〔나와 똑같은〕 "자매의 뇌"에서 나온 생각입니다: 나 스스로 바젤 〔대학〕에서 이러한 의미로 고대 철학시를 설명했고 내 청중에게 다음과 같이 말했습니다: "체계는 논박되고 죽어 없어지지만—그러나 그 뒤에 있는 사람은 반박될 수 없으며, 그 사람은 죽게 할 수 없다."—그 사례로 플라톤을 들 수 있다.

그동안 이곳 독일음악협회 회장인 리델Riedel 교수님은 내 "영웅적 음악"(내가 생각하기에는 당신의 〈삶의 기도Lebens-Gebet〉)에 〔관심의〕 불이 붙었습니다.—그는 그것을 철저히 갖고자 원합니다. 그가 이것을 자신의 훌륭한 합창("리델 협회"라 불리는 독일 최초의 합창)에 적절히 맞도록 만드는 것은 불가능한 일이 아닙니다. 이것은 우리 두 사람이 후세에 걸어가 도달하는 아주 작은 길이 될지도 모릅니다.—다른 길들도 남아 있습니다.—

당신이 쓰고 있듯이 당신의 "나 자신에 대한 성격 묘사"는 참인바, 《즐거운 학문Die fröhliche Wissenschaft》(II, 22)에 나오는 "간청"이라는 제목을 가지고 있는 시구가 생각났습니다. 루여, 내가 간청하는 것이 무엇인지 알아맞혀보십시오.—하지만 필라투스

Pilatus는 "무언가 진리다!"라고 말합니다. ─

어제 오후에 나는 행복했습니다: 하늘은 푸르렀고 공기는 부드럽고 깨끗했습니다. 나는 카르멘 음악이 나를 유혹하며 이끌었던 로젠탈Rosenthal에 있었습니다. 그곳에 세 시간을 앉아 처음 코냑을 마셨던 때를 기억하기 위해(하! 이 술이 얼마나 불쾌했는지!) 올해의 두 번째 코냑을 마셨고, 내가 정신이상과 관련된 어떤 기질을 가지고 있는 것은 아닌지에 대해 온갖 순수함과 악의로 깊게 생각했습니다. 나는 결론적으로 그렇지 않다고 말했습니다. 그때 카르멘 음악이 시작되었고, 나는 거의 반 시간 정도 눈물을 흘렸으며, 가슴이 뛰다가 가라앉았습니다. ─ 하지만 만일 당신이 이 글을 읽는다면, 당신은 결국 '그렇다!'라고 말할 것이며 "나 자신의 성격 묘사"를 위한 음표를 만들게 될 것입니다. ─

하여간 바로, 곧바로 라이프치히로 오십시오! 10월 2일이나 되겠는지요? 안녕, 루여!

프리드리히 니체.

Mit Ihrer Charakteristik meines "Helden" be-
schäftigt, schrieb wohl ich, wie die Gesetzen:
so fielen mir meinen Büchern und die
höchste Wissenschaft in p. 10, mit der Über-
schrift "Liebe". Errathen Sie, meine liebe
Lou, wen rief ich Liebe? _____

Gestern Nachmittag war ich glücklich;
der Himmel war blau, die Luft
mild und rein, ich war im Rosen-
thal, wohin mich Carmen-Musik
lockte. Da saß ich 3 Stunden, trank
den zweiten Cognac diesen daheim, zur
Erinnerung an den ersten (Ja! wie
schädlich er gewirkt!) und dachte in aller
Unschuld und Bosheit darüber nach, ob
ich nicht irgend welche Anlage zur Ver-
rücktheit hätte. Ich sagte mir schließlich
Nein. Dann begann die Carmen. Und
ich, und ich ginge für eine halbe Stunde
unter in Thränen und Klopfen des
Herzens. — Wenn Sie aber dies lesen,
werden Sie schließlich sagen: Ja! und
eine Note zur "Charakteristik meines
Helden" machen. —

Kommen Sie doch recht, recht bald nach
Leipzig! Warum denn erst am 2 October?
Adieu, meine liebe Lou! Ihr F. N.

모토

"인간은 자신의 인식과 더불어 뻗어나가고, 스스로를 객관적으로 드러낼 수
있다. 결국 인간은 자기 자신의 생애 외에 아무것도 짊어지지 않는다."

《《인간적인 너무나 인간적인 I 》, 513)

"나는 그것을 나 자신을 위해 썼다!Mihi ipsi scripsi!" 프리드리히 니체는 어떤 작품을 완성한 후 자신의 편지에서 반복해 이처럼 외쳤다. 최초의 살아 있는 문체가가 자기 자신에 대해 이렇게 말한다면, 이것은 의미하는 바가 있다. 그의 사상 모두를 표현하는데, 더욱이 섬세한 뉘앙스에서 보자면 빠짐없이 완벽한 표현을 찾는 데 성공한 것은 그 어떤 다른 사람도 아닌 바로 그였다! 니체의 저서를 읽을 줄 아는 사람에게 다음은 자신도 모르게 드러내는 속마음의 말이다: 이는 그의 사상 전체가 숨겨져 있다는 것을 의미하며, 그의 사상 전제가 나양한 모습으로 옷을 갈아입는 살아 있는 외피라는 것을 뜻한다. 이는 그가 근본적으로 자기 자신만을 위해 생각하고 스스로를 위해 글을 쓴다는 것을 뜻한다. 왜냐하면 그는 자기 자신만을 묘사하며, 자기 자신을 사상으로 옮겼기 때문이다.

만일 인간의 모습을 통해 사상가를 설명하려는 것이 일반적으로 자서전 작가의 과제라면, 이는 지나치게 높은 척도로 니체에게 적용되는 것이다. 왜냐하면 그 어떤 다른 사람에게서도 겉으로 드러난 정신적 작품과 내면적 삶의 모습은 완전히 일치하지 않기 때문이다.[1] 앞에서 언급한 편지에서 그가 철학자들 일반

---

1 앞서 복사한 편지에서 언급한 《즐거운 학문》의 "간청"은 다음과 같다:
"나는 많은 사람의 뜻을 알면서도
정작 내가 누군지는 알지 못한다!
내 눈은 내게서 너무나 가깝기에—
내가 보는 것, 보았던 것은 내가 아니다.

에 대해 말한 것은 특히 그에게 전적으로 부합된다. 즉 우리는 그들의 체계를 창작자의 개인적 기록에서 검증해야만 한다는 것이다. 후일 그는 그와 같은 생각을 다음과 같은 말로 표현했다: "지금까지의 모든 위대한 철학의 정체가 내게는 차츰 명료해졌다. 즉 그것은 그 철학의 창시자가 말하는 자기고백이며, 원하지 않은 채 자기도 모르게 쓰인 일종의 수기手記인 것이다."(《선악의 저편》, 6)

말하자면 이것이 앞선 편지에서 언급한 내 계획 속에 담긴 주된 생각이었는데, 나는 니체의 특징을 규정하고자 하는 이 계획을 1882년 10월 니체와 더불어 이야기 나눈 바 있었다. 이 작업은 윤곽에서 보자면 이 책의 1장과 2장의 개별적 부분들을 포함했고,—3장의 내용, 즉 〈니체의 체계〉라는 본래 부분은 그 당시에는 태어나지 않았다. 이는 시간이 지나면서 서로 이어지는 저작들과 연계되며 그 특징의 규정들이 점점 더 확장되었고, 그로부터 나오는 개별적인 내용들은 이미 특별한 논문으로 출간되었다.[2]

나 자신에게서 멀리 떨어져 있을 수 있다면
내게 더 유익할 텐데.
하지만 내 적만큼 멀지는 않은 곳에!
가장 가까운 친구마저도 너무 멀리 떨어져 있으니—
그래도 그와 나 사이의 중간에!
알겠는가, 내 간청이 무엇인지?"
(《즐거운 학문》, 〈농담, 간계 그리고 복수〉, 25)

2　처음으로 니체의 정신적 발달 과정을 세 시기로 구분하며 포괄적으로 니체의 성격 규정을

내게는 오로지 니체의 정신적 속성의 주요 특징들을 묘사하는 일이 중요한데, 그 특징들에서만 그의 철학과 철학의 발전 과정이 이해될 수 있다. 이러한 목적을 성취하기 위해 나는 순수하게 이론적 고찰 방식 측면에서뿐만 아니라 순수 개인적 삶의 기술에 관련하도록 늘 주의를 기울였다. 니체라는 존재의 근본 특징이 명백히 드러나야만 한다면, 이 두 방식은 그렇게 멀리 나갈 필요는 없을 것이다. 이론가로서의 니체의 의미를 검증하고자 하고 미래철학과 같은 것을 그로부터 배울 수 있다고 생각하는 사람은 그의 의미의 핵심으로 파고들어가지 못한 채 실망해 그를 외면하게 될 것이다. 왜냐하면 그의 사상의 가치는 이론적 독창성에 있거나 변증법적으로 논증되거나 논박될 수 있는 것 속에 있는 것이 아니라, 여기에서 한 인간성이 인간성에 대해 이야기하는 철저히 내밀한 힘에—그 자신의 표현에 따르면, 논박할 수 있지만 그렇다고 할지라도 "죽이지" 못하는 것 속에 있다. 다른 한편 니체의 내면을 파악하기 위해 그의 외적 경험에서 출발하고자 하는 사람은 정신이 사라져버린 빈 그릇만 손에 쥐게 될 것이다. 왜냐하면 우리가 니체에 대해 말할 수 있는 것은 그가

한 글은 《포시셰 차이퉁Vossische Zeitung》(1891, Nr.2, 3, 4)의 일요판에 게재되었다. 그 외에도 《자유무대Freie Bühne》에서는 〈프리드리히 니체의 모습에 대하여Zum Bilde Friedrich Nietzsches〉라는 제목으로 개별적인 내용을 자세히 소개했다(Jahrg. II.(1891), Heft 3, 4, 5; Jahrg. III(1892), Heft 3, 5). 《문학잡지das Magazin für Literatur》(1892. 10.)에는 〈계시론자 Apokalyptiker〉라는 제목의 글이, 《시대정신Der Zeitgeist》(1893, Nr.20)에는 〈이상과 금욕 Ideal und Askese〉이라는 제목의 글이 게재되었다.

밖으로는 실제 아무것도 경험했던 것이 없기 때문이다.[3] 그의 체험 전체는 아주 깊고 내적인 것이어서 오직 입으로 나누는 대화 속에서만, 그리고 그의 작품에 담겨 있는 사상 속에서 알려진다. 주로 잠언구 모음으로 이루어진 니체의 단행본 전체는 그의 정신적 모습의 기초가 담긴 유일하게 큰 회고록 작품을 만들고 있다. 내가 여기에서 그리고자 하는 것은 이러한 모습이다. 니체라는 정신적 존재에게 사상-체험의 의미, 즉 그의 철학에서의 자기고백이 그것이다.

몇 년 전부터 니체가 다른 사상가들과 달리 자주 언급되고, 부분적으로는 젊은이들이 그를 알리거나, 부분적으로는 많은 문필가가 그에 반대해 논박하는 일에 몰두하고 있다고 할지라도, 니체는 정신적 개별성의 근본 성향 측면에서 거의 알려지지 않은 채 남아 있다. 왜냐하면 니체가 항상 사로잡았고 그를 진지하게 읽을 줄 아는 소수의 흩어져 있던 독자 무리가 큰 지지자 무리가 된 후에, 즉 폭넓은 그룹이 그를 사로잡은 후에, 모든 잠언 작가를 위협하는 운명이 그에게 일어났다. 연관성에서 풀어헤쳐지고 그렇게 됨으로써 자의적으로 해석될 수 있는 개별적인 그의 생각들은 모든 방향의 표제어로 만들어졌으며, 사상의 투쟁

---

3 "그 외의 생활, 이른바 '체험'에 관해서라면, 또한 우리 가운데 누가 그런 것을 살필 만큼 충분히 진지하겠는가? 아니면 그럴 시간이 충분한가? 내가 두려워하는 것은 그러한 일에 우리가 한 번도 제대로 '몰두한' 적이 없었다는 것이다: 우리의 마음은 거기에 없었다— 거기에는 우리의 귀마저도 단 한 번도 있지 않았다!"《도덕의 계보》, 서문 1)〔Ⅲ → 1〕

속에서, 그 자신이 철저히 멀리 떨어져 있던 파벌의 논쟁 속에서 울려 퍼졌다. 성급한 명성이나 그의 고요한 이름 주변에 울려 퍼지는 소음은 이러한 상황에 기인한 것이다.—그러나 그가 매우 잘, 전적으로 부여할 수 있던 유일성과 비교불가능성은 이러한 것을 통해서는 아마 주목되지 못했을 것이고,—아마도 그는 이전보다 점점 더 깊은 은둔 속으로 들어가버렸을 것이다. 많은 사람이 무비판적으로 믿는 단순함으로 그를 크게 칭송했지만, 바로 그들은 의도치 않게 그의 쓰디쓴 말을 상기시킨다: 환영을 느낀 사람은 말한다: "나는 반향에 귀를 기울였다. 그러나 나는 단지 찬송만을 들었을 뿐이다."(《선악의 저편》, 99) 그들 가운데 그 누구도 그에게 진지하게 다가가지 못했고—다른 사람들이나 그들이 벌이는 일상의 논쟁에서 멀리 떨어져 그는 오직 그 자신의 내면의 움직임 속에 있었다. 그 어떤 사람도 이 고독하고 깊이를 가늠하기 어렵고, 비밀스럽고도 무서운 정신과 함께하지 못했다. 그 정신은 어마어마한 것을 감당할 수 있다는 망상에 사로잡혔고, 엄청난 광기에 무너졌다.

그러므로 마치 그는 대부분 그를 칭송하는 사람들 가운데 있는 것 같았고, 그들의 그룹에서 길을 잃어버린 낯선 사람들이나 은둔자처럼 있었으며, 그 감추어진 모습으로부터 그 어떤 사람도 외투를 들추지 않았고,—마치 그는 "차라투스트라"의 불만을 입에 달고 서 있는 듯했다:

"저녁에 불 주변에 앉아 있을 때, 그들 모두는 나에 대해
말한다. 그러나 그 누구도―나를 생각하는 것은 아니다!
이는 내가 배운 새로운 침묵이다: 내 주변에 있는 그들의
소음은 내 사상에 외투를 덮어씌운다."

  프리드리히 빌헬름 니체는 1844년 10월 15일에 뤼첸Lützen
근교의 뢰켄Röcken에서 목사의 유일한 아들로 태어났는데, 그
의 아버지는 그곳에서 후일 나움부르크로 이사했다. 그는 근교
에 있는 슐포르타Schulpforta에서 학교 교육을 받았고, 그 후로
는 당시 유명한 문헌학자 리츨Friedrich Ritschl이 가르쳤던 본대
학에서 고전문헌학을 공부하는 학생이 되었다. 그는 거의 리츨
에게만 배웠고, 개인적으로도 그와 많이 교류했으며 그를 따라
1865년 가을 라이프치히로 갔다. 라이프치히대학 시절에는 니
체와 바그너Richard Wagner의 최초의 사적인 관계가 이루어졌는
데, 니체는 1868년에―이때는 이미 그 전에 그의 작품에 정통
한 후였다―바그너의 누이이자 브로크하우스Hermann Brockhaus
교수 부인의 집에서 바그너와 알게 되었다. 아직 그가 박사학위
를 마치기 전이었던 1869년에 바젤대학은 스물네 살이 된 니체
를 그곳에서 함부르크의 요하네움으로 가버린 문헌학자 키슬
링Adolf Kießling의 후임 학과장 자리에 초빙했다. 니체는 처음에
는 원외교수가, 곧이어 고전문헌학과의 정교수가 되었고, 라이
프치히대학은 그에게 선행되어야 하는 박사학위 과정에서의 논

문도 없이 박사학위를 수여했다. 교수직 외에 그는 김나지움과 대학의 중간 단계인 바젤 교육기관의 세 번째 (최고) 반에서 그리스어 강의를 맡았는데, 이 기관에서 문화사가인 부르크하르트 Jacob Burckhardt, 문헌학자 멜리Jakob Mähly 같은 다른 교수들도 가르쳤다. 여기에서 니체는 자신의 학생들에게 지대한 영향을 미쳤다. 젊은 정신들을 온전히 사로잡고 발전하게 하고 자극을 주는 니체의 비범한 재능이 충분히 발휘되었다. 부르크하르트는 당시 니체에 대해 다음과 같이 말했다: 바젤은 니체와 같은 선생님을 아직 한 번도 가진 적이 없었다. 부르크하르트는 니체와 절친한 무리에 있었는데, 여기에는 교회사가敎會史家 오버베크Franz Overbeck와 칸트철학자 로문트Heinrich Romundt도 있었다. 니체는 이 두 사람과 같은 집에서 함께 거주했는데, 이 집은《반시대적 고찰》이 출간된 후에 바젤 사회에서 "술집Die Gifthütte"이라는 별명을 얻었다. 바젤에서의 체류가 끝나갈 무렵 니체는 한동안 비슷한 연령대의 하나뿐인 누이동생 엘리자베트Elisabeth Nietzsche 와 함께 지냈는데, 그녀는 후일 니체의 청년기 친구인 푀르스터 Bernhard Förster와 결혼해 파라과이로 갔다. 1870년에 니체는 독불전쟁에 자원 간호병으로 참여했다. 그 후 얼마 지나지 않아 최초의 위협적인 두통 징후가 밖으로 표출되었고, 이 두통은 주기적으로 반복되는 격렬한 통증과 구토감으로 나타났다. 니체 자신이 말로 전달한 표현을 믿는다면, 이러한 고통은 유전적인 것이었고, 그의 아버지도 이와 같은 고통을 겪었다. 1876년 새해에 그는 이미 두통과 안질을 겪고 있었기 때문에 수업을 누군가가 대신하도록 할 수밖에 없었으며, 그때부터 그의 상태는 여러 차례 거의 죽음에 이르는 것처럼 악화되어갔다.

"여러 차례 죽음의 문턱에서 재빨리 도망가지만 두려움의 고통을 느끼며—나는 매일 살고 있다. 하루하루가 병의 이야기를 가지고 있다." 한 친구에게 보내는 편지에서 쓴 이러한 말로 니체는 거의 15년 동안 느꼈던 고통을 묘사했다.

1876년과 1877년 사이의 겨울에 그는 소렌토의 부드러운 날씨 속에서 무료하게 보냈는데, 이곳에서 그는 몇몇 친구와 친교를 나누며 지냈다. 로마로부터 그의 오랜 친구 마이젠부크 Malwida von Meysenbug(1816~1903, 《이상주의자의 회고록Memoiren einer Idealistin》이라는 유명한 책의 저자이자 리하르트 바그너의 지지자)가 그에게 왔다. 서프로이센에서는 레Paul Rée 박사가 찾아왔는데, 이미 그 당시에도 [이 두 사람의] 우정과 지향하는 바가 일치했고, 이는 니체를 레 박사와 연결시켰다. 이 작은 공동체 같은 살림에 폐질환을 앓고 있던 바젤 출신의 젊은이 브레너 Albert Brenner도 함께했지만, 그는 곧 죽고 말았다. 남쪽 지역에서의 체류도 그의 고통에 그리 좋은 영향을 주지 못하던 1878년에 니체는 교수 활동을, 이어 1879년에는 교수직을 마침내 포기했다. 그 후로 그는 은둔자의 삶을 이어갔고, 얼마간은 이탈리아에서—대부분은 제노바에서—, 또 얼마간은 스위스의 산속에서, 말하자면 말로야Maloja 산길에서 멀리 떨어지지 않은, 엥가딘의 작은 마을인 실스마리아Sils-Maria에서 보냈다.

그의 외적인 인생 여정은 이로써 종료되고 마치 끝난 것처럼 보이지만, 사상가로 사는 니체의 삶은 이제부터 제대로 시작된다. 우리가 천착하는 사상가 니체는 이러한 사건의 출발에서 비로소 아주 명백히 그 면모가 파악된다. 여기에서 간단하게 스케치한 모든 운명적 전환이나 체험은 그의 정신적 발달의 여러 시기를 언급할 기회가 있을 때 더 자세하게 재론할 것이다. 그의 삶과 창작 과정은 주로 각기 10년 정도의 서로 겹치는 세 시기로 구분된다.

1869년에서 1879년까지 10년 동안 니체는 바젤에서 교수 활동을 했다. 이 문헌학적 활동은 시기적으로 보면 그가 바그너의 문하에 있던 10년과 거의 완전히 일치하며, 쇼펜하우어Arthur Schopenhauer의 형이상학에 영향을 받아서 작품들을 출판하던 시기와도 일치한다. 이 출판은 1868년부터 그가 자신의 철학적 의미가 변했다는 표시로 바그너에게 자신의 실증주의적 첫 작품인 《인간적인 너무나 인간적인》을 보냈던 1878년까지 지속되었다.

1870년대 초부터 그는 파울 레와 관계를 맺기 시작했고, 1882년 가을에 그 관계는 끝났으며,—동시에 여전히 실증주의적 토대에 있던 니체의 마지막 저작인 《즐거운 학문》이 완성되었다.

1882년 가을에 니체는 이후 10년 동안 모든 저술 활동을 하지 않기로 결심했다. 그는 이 시기 동안 깊이 침묵하면서, 신비적인 것에 몰두했던 자신의 철학이 올바른 것인지 시험하고자 했고, 1892년에야 그것을 포고하는 자로 나타나고자 했다. 니체는 이러한 결심을 실행하지 않고, 1880년대에 오히려 끊임없는 생산력을 발휘했지만, 그가 전제했던 10년이 지나기도 전에 침묵하게 되었다. 1889년에는 두통이 난폭하게 덮치면서 니체의 모든 정신적 작업은 급작스럽게 종착점에 도달했다.

그러나 그가 바젤대학 교수직을 사임하면서부터 모든 정신적 활동을 포기했던 시기는 다시금 1879년과 1889년의 10년간을 포함한다. 그 후로 니체는 예나에서 빈스방거Otto Ludwig Binswanger 교수의 병원시설이나 나움부르크의 그의 어머니에게서 잠시 체류한 이후 병자로 살았다.

이 책에 실린 두 장의 사진은 삶의 마지막 10년 동안의 니체를 보여준다. 이는 확실히 그의 인상과 외양을 가장 특징적으로 보여주던 시기였다. 이 시기는 이미 깊은 곳에서 요동치던 내면적 삶이 그의 존재의 전체 표정을 완전히 뚫고 지나갔으며, 그가 억제하고 숨겼던 것 속에서도 여전히 특징적인 것이 남아 있던 때였다. 나는 이 감추어져 있던 것, 침묵하는 고독의 예감이 니체라는 현상을 사로잡은 최초의 강한 인상이었다고 말하고 싶다. 이 현상은 날쌘 관찰자의 이목을 끌지 못했다. 너무나도 소박하지만, 또 한편으로는 너무나도 세심한 의상을 입고, 조용한 상태로, 아주 단순하게 뒤로 빗어 내린 갈색 머리를 가진 이 보통 체격의 남자는 쉽게 지나칠 수가 없다. 가장 인상적이면서도 섬세한 입술 선은 빗질해 다듬은 큰 수염에 거의 완전히 덮여 있다. 니체는 요란하지 않게 이야기하고 조용하게 웃었으며, 신중하고 사색적인 걸음걸이였는데, 걸을 때 어깨를 약간 구부렸다. 많은 사람 가운데 이러한 모습을 생각해내는 것은 어려운 일일 수 있다. 이는 멀리 떨어져 홀로 있는 모습이었다. 비할 데 없이 아름답고 고상했기에, 그 손은 자신도 모르게 시선을 자기 자신에게 돌렸기에, 자기 정신을 배반한다고 니체 자신이 믿었던 것은 손이었다.―그것을 겨냥한 언급은 《선악의 저편》(288)에 있다. "그들이 원히는 대로 몸을 뒤틀고 놀릴 수 있다 해도, 그리고 두 손을 배반하는 눈앞에 갖다댄다고 해도 (―마치 손은 배반자가 아닌 것처럼!―) 어쩔 수 없이 정신을 지니고 있는 인간들이 있다."[4]

눈 역시 실로 배반하듯 이야기했다. 그러나 니체는 반쯤 눈을 감은 채 수많은 근시안이 엿보고 눈을 깜박거리고 의도치 않게 추근거리는 것에 대해서 눈은 그 어떤 것도 처다보지 않았다. 오히려 눈은 자신의 보물을 지키며 어떤 주제넘은 시선도 힐끗 처다볼 필요가 없는 무언의 비밀을 간직한 관리자나 보관인처럼 보였다. 부족한 시선은 변화하는 외적 인상을 다시 비추는 대신에 그 내면을 통해 이끌어낸 것만을 표현함으로써 그의 인상에

---

4   그는 이와 유사한 의미를 희귀하게 작기는 하지만 아주 알맞게 만들어진 귀에 덧붙인다. 이 귀에 대해 그는 이것을 "들어본 적이 없는 것을 들을 줄 아는 자의" 참된 "귀"(《차라투스트라는 이렇게 말했다》 I, 25(《차라투스트라의 머리말 9》))라고 말한다.

아주 특별한 방식의 매력을 가져다주었다. 이 눈은 내면적인 것을 응시했고 동시에—다음 대상을 넘어서서—멀리 떨어져 있는 것을, 혹은 더 잘 표현하자면, 내면적인 것과 멀리 떨어져 있는 것을 응시했다. 왜냐하면 근본적으로 그의 사상가로서의 연구 전체는 발굴되지 않은 세계에 대한, 그가 끊임없이 만들고 변형했던 "아직 고갈되지 않은 가능성"(《선악의 저편》, 45)에 대한 인간 영혼의 철저한 연구였기 때문이다. 그가 자신을 흥분하게 만드는 (손과 눈이라는) 두 기관의 대화의 마력 속에 있는 듯 행동했을 때, 그의 눈에는 감동적인 빛이 다가오고 사라질 수 있었다.—그러나 그가 암담한 기분이었을 때, 고독은, 엄청난 깊이에서 나온 것만큼이나—그가 그 누구와도 나눌 수 없었기에 그 안에서 언제나 홀로 있었고 그 앞에서 공포로 지금까지 떨었던 그 깊이로부터—음울하게, 그 눈으로부터 거의 위협적으로 말했고, 그의 정신은 마지막으로 그 깊이 속으로 빠져들어갔다.

니체의 행동거지 역시 은둔자나 침묵하는 자와 비슷한 인상을 만들었다. 일상의 삶 속에서 그는 아주 겸손하고 거의 여성적인 부드러움으로, 언제나 호의적인 침착함으로 일관했다.—그는 사람을 사귈 때 기품 있는 형식을 좋아했고, 그러한 것을 높이 평가했다. 그러나 그 안에는 언제나—거의 벌거벗지 않은 내면세계를 위한 외투와 가면, 즉 변장의 즐거움이 있었다. 내가 기억하는 것은, 내가 니체와 처음 이야기를 나누었을 때,—이때는 로마 베드로성당에서의 봄날이었다—, 첫 몇 분 동안 그가 차린 격식은 나를 얼어붙게 했고 실망시켰다는 사실이다. 그러나 오래지 않아 황무지와 산에서 나와 팔방미인의 저고리를 입고 있는 그 어떤 사람처럼 자신의 가면을 어색하게 쓰고 있는 이 고독한 자를 오해했음을 알게 되었다. 그 자신이 다음과 같은 말로 요약한 물음이 곧 나타났다: "그렇다고 할지라도 한 인간을 드러나도록 할 수 있는 것이 무엇인지를 우리는 다음과 같이 물을 수 있다: 숨겨야 하는 것이 무엇인가? 무엇에 시선을 주어야만 하는가? 어떤 선입견을 유발하는가? 더 나아가, 이러한 위장의 정교함은 어느 정도까지인가? 이러한 문제에서 그는 어디에서 잘못 이해되는 것일까?"

이러한 특징은 고독의—점점 더 커지는 자기 고독과 자기 자신에 대한 자기 관계의—이면일 뿐이며, 니체의 내면적인 삶은 전적으로 이 고독으로부터 파악할 수밖에 없다.

고독이 커짐에 따라 밖을 향하는 모든 존재는 가상이며,—인간의 눈에서 보자면 잠시 알아볼 수 있는 표면이 되기 위해 고독의 심연이 자신의 주변에 짜놓은 단순한 기망의 베일이 된다. "깊이 생각하는 사람은 다른 사람과 교제할 때 자신이 희극배우라고 생각한다. 왜냐하면 그들은 자신을 이해시키기 위해 늘 먼저 겉모습을 가장하지 않으면 안 되기 때문이다."《인간적인 너무나 인간적인 I》, 232) 니체의 사상이 이론적인 것을 표명하는 한 우리는 그의 사상마저도 이러한 겉모습과 함께 고려할 수 있는데, 이 겉모습 뒤에는 내적인 체험이 아주 깊게 말없이 놓여 있으며, 이 겉모습은 내적 체험에서 올라온 것이다. "그 무엇인가를 드러내지만, 여전히 더 많은 것을 숨기고 있는 피부"(《선악의 저편》, 32)와 비교된다. 그가 말하기를, "왜냐하면 사람들은 자신의 의견을 숨기거나 그의 의견 뒤에 숨기 때문이다."(《인간적인 너무나 인간적인 I》, 338) 그가 이러한 의미에서 "빛의 외투 아래 숨어 있는 은둔자"(《선악의 저편》, 44)에 대해, 자기 사상의 명료성 속에 자신을 숨기고 있는 자들에 대해 이야기할 때, 그는 자기 자신을 표현하는 아름다운 명칭을 발견한다.

니체의 정신적 발달의 시기에 따라 어떤 방식과 형태로 가면을 쓴 니체를 발견하게 되는데, 이 시기는 언제나 각각의 발달 단계를 실제로 특징짓는다. "깊이 있는 모든 것은 가면을 사랑한다. (…) 심오한 정신에는 모두 가면이 필요하다: 더 나아가 모든 심오한 정신 주변에는 [⋯] 가면이 계속 자라난다."(《선악의 저편》, 40)

"방랑자여, 그대는 누구인가? (⋯) 여기서 쉬어라. (⋯) 네 기운을 회복하라! (⋯) 기운을 회복하기 위해 네게 필요한 것은 무엇인가?" "기운을 회복하기 위해서? 기운을 회복하기 위해서라고? 오 너 호기심 많은 사람이여, 너는 거기에서 무엇을 말하는가! 그러나 나에게 주려무나, 부디⋯." "그것은 무엇인가? 무엇일까? 말해보라!"—"그것은 또 하나의 가면! 두 번째 가면이다! ⋯"(《선악의 저편》, 278)

그의 자기 고립과 자신을 천착하는 자기 관계가 더 전적인 관계가 되며, 매번 일어나는 변장의 의미 역시 보다 심오한 의미를 지닐 때, 그의 외적 형태 뒤에 있는 실제 존재나 오래 지속되는 가상의 존재는 점점 적게 눈에 띌 정도로 뒤로 물러난다는 생각이 떠오르게 된다. 이미 〈방랑자와 그의 그림자〉(175)에서 그는 가면으로서의 평범함을 언급한다. "평범함은 우월한 정신이 쓸 수 있는 가장 효과적인 가면이다. 왜냐하면 그 가면은 대중에게는, 즉 평범한 사람들에게는 가면을 쓴 것으로 생각되지 않기 때문이다―: 게다가 우월한 정신이 가면을 쓴 것은 바로 이러한 사람들 때문이다.―그들을 자극하지 않기 위해서 썼지만, 동정과 선의에서 쓰는 경우도 드물지 않았다." 악의 없는 사람들의 이러한 가면에서부터, 그는 더욱 혐오할 만한 것을 자신 뒤에 감추고 있는 혐오스러운 자의 가면에 이르기까지 가면을 바꾼다. "―또 때때로 어리석음마저도 불길하고 너무나 확실한 지식을 감추는 가면이 된다."(《선악의 저편》, 270)―그리고 마침내 고통을 아름다움으로 변모시키고자 노력하는 신적인 웃음을 웃는 자의 천 가지 모습까지 말이다. 니체는 자신의 마지막 철학적 신비 속에서 점차 저 궁극의 고독으로 빠져들어갔고, 그 침묵 속에서 우리는 더는 그를 따를 수 없었다. 이 침묵은 상징이나 상징물처럼 우리에게 여전히 그의 미소 짓는 가면과 그 해석을 남기는데, 반면 그는 우리의 입장에서 보면 이미 그가 언젠가 편지에서 "영원히 없어져버린 자"(실스마리아에서 보낸 1881년 7월 8일의 편지)라고 서명한 그 사람이 되어버렸다.

이렇게 내면적으로 홀로 있음, 이러한 고독은 니체의 모든 유랑에서 변하지 않는 프레임이며, 이러한 프레임에서 우리는 그의 모습을 바라본다. 그는 그가 원하는 대로 변장해도 좋을 것이다. 언제나 그는 "어디에 가든 황야와 신성한 불가침의 경계영역을 몸에 지니고" 있는 것이다.(〈방랑자와 그의 그림자〉, 387) 그가 친구에게 편지를 쓸 때(이탈리아에서 1880년 10월 31일 자), 이는 다음의 욕구만을 표현하는 것인데, 이것이 뜻하는 바는 외적인 실존이란 그의 고독한 내면세계에 해당하는 것일지 모른다는 것이다.

"고독과 심지어는 완벽함마저도 점점 더 내게는 처방이나 자연적 열정처럼 보입니다. 우리는 우리가 최상의 것을 만들 수 있는 상태를 산출하고 그것을 위해 많은 희생을 할 수 있어야만 합니다."

그러나 어쩔 수 없는 동기가 내적인 홀로 있음을 가능한 한 완벽하게 외적인 존재로 만드는데, 그의 신체적 고통은 이러한 동기를 그에게 주었다. 이 고통은 그를 인간들에게서 내몰았고, 그의 친구들 각자와의 교류를─두 사람 간의 교류는 드문 일이다─다만 크게 중단하면서도 가능하게 만들었다.

고통과 고독─이는 니체의 발달사에서 두 가지 커다란 운명적 특징이며, 마지막에 다가갈수록 점점 더 강하게 각인된다. 이것들은 마지막에 이르기까지 놀라울 정도로 이중적 존재인데, 이는 외적으로 주어진 생명 없는 것으로, 동시에 순전히 심리적으로 제약된 것으로서 이 고통과 고독을 의도했던 내적 필연성으로 드러나도록 만들었다. 은둔과 고독보다 적은 것은 아니지만, 그의 물리적 고통 역시 심층적이고, 내면적인 그 무엇을 성찰하며 상징화했다.—이는 직접적인 것이어서, 그는 그것 역시 그를 생각하는 신중한 친구나 동료처럼 자신의 외적 운명으로 받아들였다. 언젠가 그는 조의를 표명할 기회가 있을 때 다음과 같이 썼다(실스마리아에서 1881년 8월 말): "당신이 고통을 느끼고, 당신에게 무언가가 결핍되었고, 당신이 누군가를 잃어버렸다는 것을 듣는 일은 언제나 나를 애통하게 한다: 내게는 고통과 궁핍이 문제가 되는 것이지, 당신에게서처럼 이러한 것들이 생존에 불필요하거나 부조리한 것이 되는 것은 아니다."

그의 작품에 산재한 인식을 위한 고통의 가치에 대한 개별적인 아포리즘들은 여기에 관계하는 것이다.

그는 환자와 치유되는 자의 기분이 사유에 끼치는 영향을 묘사하며, 그러한 기분이 정신적인 것으로 이행되는 아주 섬세한 과정에 동행한다. 주기적으로 반복되는 발병은, 마치 이러한 현상이 그 자신의 것인 양 지속해서 그의 삶의 주기를 갈라놓으며, 이로 말미암아 사상 주기 역시 그 전의 사상 주기로부터 구분된다. 발병은 이러한 이중적 사실을 통해 경험과 의식을 두 실체에 부여한다. 반복되는 발병은 언제나 모든 것을, 거듭 정신에도 새롭게 되도록 만든다.—그는 언젠가 이것을 "새롭게 맛본다"라고, 적확하게 명명했다.—이것은 가장 몸에 익은 습관적인 것, 일상적인 것을 보도록 완전히 새로운 눈을 설정한다. 하룻밤은 그 이전 하루와 구분되기 때문에, 모든 것은 아침 녘의 아름다움이 주는 신선하고 햇살이 빛나는 이슬 같은 것을 지니고 있다. 모든 회복은 그에게 자신을 재생시키고 그 안에서 동시에 그를 에워싸는 생명을 재생하도록 하며—고통은 언제나 또다시 승리와 얽혀 있었다.

이미 니체 자신이 자신의 신체적 고통의 본성이 어느 정도 자신의 사상과 저작에 반영되어 있다고 암시한다면, 사유와 고통의 밀접한 연관성은 우리가 그의 창작과 그 전개 과정을 전체로 관찰할 때 더 눈에 띄게 돌출된다. 자신의 선천적 크기에 맞서 성장하는 모든 사람이 겪어내듯이, 사람들은 정신적 삶의 점진적 변화에 맞서는 것은 아니다.—즉 성장의 변화에 대립하는 것이 아니라, 급격한 변천과 변화, 사상에서 병이 들고 사상에서 치유되는 것 말고는 궁극적 근거가 그 어떤 다른 것에서 기인하는 것으로 보이지 않는 리듬을 타고 올라가기도 하고 내려가기도 하는 정신 상태에 맞서 있다.

오직 그 자신의 전체 본성 가운데 가장 내적인 욕구로부터, 오직 가장 고통스러운 치유의 갈망으로부터 새로운 인식이 그에게 열린다. 그러나 그는 그 인식에 완전히 열리지 않았으며, 그 인식에서 휴식을 취하지도 못했고, 인식을 그 자신의 힘에 동화시키지도 못했다.—새로운 열병 같은 것이, 불안하게 밀려오며 넘쳐흐르는 내적 에너지가 다시 그를 덮치기 때문이다. 이 과도함은 궁극적으로 그 자신을 찌르는 가시로 바뀌며 자기 자신을 스스로 병들게 만든다. "지나칠 정도로 넘치는 힘이야말로 힘에 대한 증거다"라고 니체는 《우상의 황혼》 서문에서 말한다. 그의 힘은 이렇게 넘쳐흐르는 가운데 스스로 고통을 가하며, 고통스러운 투쟁으로 날뛰며, 고통과 동요로 흥분되는데, 여기에서 그의 정신은 생산적으로 되고자 한다.[5] "나를 죽이지 못하는 것이 나를 더욱 강하게 만든다"(《우상의 황혼》, 〈잠언과 화살〉, 8)는 의기양양한 주장으로 그는 자기 몸에 채찍질을 한다.—죽게 할 때까지나 죽음에 이르게까지는 아니지만, 그가 필요로 하는 저 열병과 경이로움에 이르기까지 말이다. 이렇게 고통을 간청하는 자는 니체의 전체 정신적 발달사를 통해 그 안에서 본래의 정신적 근원으로서 끌어당겨진다. 그는 이것을 가장 적합하게 다음의 말로써 표명한다: "정신은 그 자체로 생명 속에 파고드는 생명이다. 생명은 그 자신이 겪는 고통을 통해 자신의 앎을 증대시킨다.—너희는 이것을 진작부터 알고 있었는가? 그리고 정신의 행복이란 이런 것이다. 성유를 바르고 산 제물이 되어 눈물로 봉

---

5   "행복과 넘쳐나는 건강함, 그리고 삶의 풍요에서 유래하는 실존의 가혹함, 두려움, 사악함과 문제점들에 대한 지적인 편향은 있는가? 혹시 지나친 풍요 자체에 대한 고통은 없는가? (…) 어쩌면—이것은 정신과 의사에게 묻는 질문이다—건강의 노이로제가 있지 않은가?"(《음악 정신으로부터 비극의 탄생》, 〈자기 비판의 시도〉, 신판 4, 9)

납되는 것이다.—너희는 이것을 진작부터 알고 있었는가? (…) 너희는 단지 정신의 불꽃만을 안다: 그러나 그 정신 자체인 모루는 보지 못하며, 또 그 망치의 가혹함도 너희는 모른다!"(《차라투스트라는 이렇게 말했다》 II, 33〔이름 높은 현자들에 대하여〕)

"영혼의 힘을 길러주는 불행에 있는 저 영혼의 긴장, (…) 위대한 몰락을 바라볼 때 영혼의 전율, 불행을 짊어지고 감내하고 해석하고 이용하는 영혼의 독창성과 용기, 그리고 언젠가 깊이, 비밀, 가면, 정신, 간계, 위대함에서 영혼에 보내진 것:—이것은 고통을 통해, 엄청난 고통의 훈련을 통해 영혼에 보내진 것이 아닌가?"(《선악의 저편》, 225)

되풀이해서 이 과정에서 두 가지가 특히 눈에 띈다: 하나는 그의 존재 안에 있는 사상적 삶과 영혼의 삶의 밀접한 연관성이자 그의 정신이 내면의 욕구와 자극에 의존해 있다는 것이다. 하지만 그다음에 나타나는 특징은 이러한 밀접한 연관성에서 새로운 고통이 생길 수밖에 없다는 것이다. 매번 고도의 영혼의 열정이 요구되는데, 그곳에서 이는 최고의 명료성으로, 인식의 밝은 빛으로 다가올 수밖에 없다. 이 열정은 쾌적한 열기 속에서 흘러나올 필요는 없지만, 그을리게 하는 불꽃과 태워버리는 화염으로 상처를 입을 수밖에 없다: 여기에서도—그가 앞에서 언급한 편지에서 표현했듯이—"고통이 문제"가 되는 것이다.

니체의 신체적 고통이 그의 외적 고독의 원인이었듯이, 그의 예리하게 첨예화된 개인주의에 대한, 니체적인 특별한 의미에서

"고독한 자"로서의 "개별자"를 엄격하게 강조하는 것에 대한 심오한 이유들 가운데 한 가지는 그의 물리적 고통 상태에서 찾을 수밖에 없다. "개별자"의 역사는 완전히 고통의 역사이며 어떠한 보편적 개인주의와 비교될 수 없다.─그 내용은 "자기 충족"이라기보다는 "자기 인내"다. 만일 우리가 그의 정신적 변화의 고통스러운 기복起伏을 살펴본다면, 우리는 그의 수많은 자기 변화의 이야기를 읽게 된다. 그리고 니체가 자신의 철학에 대해 대담한 말로 "이 사상가는 자신을 반박할 어떠한 사람도 필요로 하지 않는다: 반박을 위해서는 혼자만으로도 충분하기 때문이다!"(《방랑자와 그의 그림자》, 249)라고 말할 때, 여기에는 자기 자신과 싸운 오래되고 고통스러운 영웅적 투쟁이 숨겨져 있다.

되풀이해서 가장 혹독한 자기 극복에 적응하며, 새로운 인식 속에 언제나 익숙해지는 그의 탁월한 능력은 새로 얻은 것으로부터 분리되는 것을 매번 더 뒤흔들어놓기 위해 거기에 있는 듯이 보인다. "나는 간다! 네 오두막집에서 떠나 나를 따라 방랑하라!"라고 정신은 그에게 명령하며 반항하는 손짓으로 스스로 집 없는 자로 만들고, 입에 탄식을 담아 새롭게 어둠과 모험, 황무지를 찾아간다. "나는 계속 이 발을 옮겨야 한다. 이 지치고 상처 입은 발을! 그래야만 하기 때문에, 때로 나는 나를 붙잡아둘 수 없었던 가장 아름다운 것을 분노에 차서 바라본다.─그것이 나를 붙잡아둘 수 없기 때문에!"(《즐거운 학문》, 309)

관찰 방식에서 자신에게 정직해지자, 다음과 같은 말은 심지어 그 자신에게조차 들어맞는다: "자신의 이상에 이르는 사람은, 이로써 그 이상마저도 넘어선다."《선악의 저편》, 73)[6]

따라서 사고의 변경이나 변화의 압박은 니체 철학의 심장에 깊이 박히며, 이는 그의 인식 방식을 정하는 데 결정적인 것이 된다. 그가 《선악의 저편》의 후곡後曲[〈높은 산에서Aus hohen Bergen〉]에서 "너무나 자주 자기 자신을 제어하는 격투자가— 얼마나 자주 자신의 힘에 저항하며, 자신의 승리에 상처받고 저지당했던가"라고 설명한 것은 헛된 것이 아니었다.

자신의 신념을 포기할 준비가 되어 있는 영웅주의에서 자신의 내면에서 움직이는 이러한 열망은 바로 신념의 충실[7]이라는 자리를 잡는다. 〈방랑자와 그 그림자들〉(333)에서는 다음과 같이 말한다: "우리는 우리가 가지고 있는 의견을 위해 우리 자신을 화형당하게 내버려두지는 않을 것이다. 우리는 우리의 의견을 확신하지 못하기 때문이다. 그러나 아마 우리는 우리의 의견을 가질 자격과 그것을 변경할 자격을 얻기 위해서 그렇게 할 것이다." 그리고 《아침놀》(370)에서 이 정조는 가장 아름다운 말로 다음과 같이 표현된다: "그대의 사상에 반대될 수 있는 그 어떤 생각이든 억누르지 말고 그대 자신에게 침묵하라! 이것을 맹세

---

6 《즐거운 학문》 253번도 비교할 것: "어느 날 우리는 목적지에 도달해—자부심을 느끼며 우리가 거쳐온 긴 여행길을 가리킨다. 그러나 어느 곳에서나 집에 있다고 잘못 생각하고 있었기 때문에, 그 먼 길을 거쳐올 수 있었던 것이다."

7 따라서 그는 신념을 진리의 적들이라고 부른다: "신념은 거짓말보다 더 위험한 진리의 적이다."《인간적인 너무나 인간적인 I》, 483)

하라! 그것은 사유의 첫 번째 정직성에 속한다. 그대는 매일 그대 자신에 대한 투쟁을 감행해야만 한다. 승리와 진지를 정복하는 것은 더 이상 그대의 일이 아니다. 오히려 진리의 일이다.— 그러나 그대의 패배 역시 더 이상 그대의 일이 아니다!" 그 위에 "사상가는 적을 어느 정도 사랑하는가"라는 제목이 붙어 있다. 그러나 이러한 적에 대한 사랑은 적 속에 미래의 동지가 숨어 있을 수 있으며, 새로운 승리는 굴복하는 자를 고대하고 있다는 어두운 예감으로부터 생겨난다. 이 새로운 승리는 그에게는 언제나 똑같이 고통스러운 자기 변화라는 영혼의 과정이 모든 창조력의 불가피한 조건이라는 예감에서 생겨난다. "우리가 온전히타서 숯이 되지 않도록 우리를 구제하는 것은 곧 정신이다. (…) 불에서 구제된 후 우리는 정신에 의해 움직여져 이 의견에서 저 의견으로 옮겨다니게 된다. (…) 모든 사물에 대한 고귀한 배반자로."《인간적인 너무나 인간적인 I》, 637) "—우리는 배신자가 되어 불성실을 행하고 우리의 이상을 되풀이해서 포기해야만 한다."《인간적인 너무나 인간적인 I》, 629) 이러한 고독한 자는 말하자면 자기 스스로를 강화할 수밖에 없으며, 그가 자기 자신 안에서 스스로 등지고 살아감에 따라 수많은 사상가로 분열될 수밖에 없다.—그는 오직 이렇게 정신적으로 살아갈 수 있었다. 자기 상해의 충동은 단지 하나의 자기 보존의 충동일 뿐이었다. 그가 되풀이해서 고통 속으로 떨어질 때만이, 그는 자신의 고통을 벗어났던 것이다. "나는 발꿈치에서만은 상처를 입지 않는다. (…)

부활은 무덤이 있는 곳에서만 있다! (…) 차라투스트라는 이렇게 노래했다."《차라투스트라는 이렇게 말했다》 II, 46) 생명은 일찍이 그에게 "이 비밀스러운 것"을 말해주었다. 생명은 다음과 같이 말했다. "보라, 나는 항상 자기 자신을 극복해야 하는 존재다."《차라투스트라는 이렇게 말했다》 II, 49)[8]

니체는 자기 존재의 수수께끼가 이러한 것에 대해 했던 것만큼 그 무엇에 대해서도 그렇게 자주 깊게 생각하지 않았다. 따라서 바로 이 일에 관련해 그 어떤 것도 그의 작품보다 더 잘 알려줄 수 있는 것은 없다: 즉 근본적으로 그에게 모든 그의 인식의 수수께끼는 다른 무엇이 아니었다. 그가 자신을 점점 더 깊게 알아가면 갈수록, 그의 철학 전체가 그의 자화상을 거대하게 반영하는 일은 더욱 기탄없이 이루어졌다.─그럴수록 그는 더 순박하게 그의 자화상을 조감도 자체 아래 붙였다. 철학자들 가운데 난해한 체계가 세계 법칙에 대한 자신의 개념을 일반화했듯이, 니체는 세계영혼에 대해 자신의 영혼을 일반화한다. 그러나

---

8 이러한 충동을 통해 그는 그 자신이 진실로 가지고자 했던 것 이상으로 《아침놀》(327)에서 다음과 같이 묘사한 "인식의 돈 주앙Don Juan"으로 발전해갔다: "그는 인식의 가장 높고 먼 별에 이르기까지, 그리고 마침내 절대적으로 인식에 고통을 가하는 것 외에는 사냥할 것이 아무것도 남아 있지 않을 때까지 인식을 사냥하고 음모를 꾸미는 것에 대한 재능과 근질근질거리는 욕구, 즐거움을 갖고 있다. 결국에는 압생트와 질산을 마시는 술꾼처럼. 이렇게 해서 그는 결국 지옥을 갈망한다. 지옥은 그를 유혹하는 최후의 인식이다. 아마 지옥 역시 모든 인식된 것과 마찬가지로 그를 환멸에 빠지게 할 것이다! 그러면 그는 영원히 선 채로 있어야만 할 것이다. 환멸에 의해 단단히 못 박힌 채 그 자신이 돌 같은 손님이 되고, 더 이상 그에게 주어지지 않는 인식의 저녁 식사를 갈망하면서! 왜냐하면 사물들의 세계 전체는 이 굶주린 자에게 한 조각의 먹을 것도 더 이상 건네주지 않기 때문이다."

자신의 모습을 표현하기 위해 다음 장에서 행하듯이 전체 이론을 그 자신에게로 환원해야 하는 것은 아니다.

이에 대한 확실한 이해는 또한 니체가 오로지 그의 정신적 소질과 관련해 고찰되는 곳에서 가능하다. 정신적 소질의 풍부함이 너무나도 다양한 모습을 지녔기에 그는 특정한 질서 안에서 보존될 수 있었다. 모든 개별적인 재능과 정신적 충동의 생명성이나 힘의 의지는 반드시 결코 가라앉지 않는 모든 재능의 경쟁으로 가게 된다. 니체 안에는 끝없는 불화 속에서 상호적이면서 직대직으로 전횡을 휘두르는, 높은 재능을 가진 음악가, 자유정신의 방향을 추구하는 사상가, 종교적 천재와 타고난 작가가 살아 움직인다. 니체 스스로가 이로부터 그의 정신적 개별성의 특수함을 설명하고자 했고, 그에 대한 자세한 대화를 늘어놓았다.

그는 성격에 대해 두 가지 크고 중요한 그룹을 구분했다. 다양한 움직임과 충동이 조화 속에서 건강한 통일성을 이루는 그러한 성격이 있고, 충동과 움직임이 서로 가로막고 싸우는 그러한 성격이 있다. 그는 첫 번째 그룹을―개체적 개인 안에서―모든 국가 조직 이전에 있던 무리 시대의 인류 상태와 비교했다: 그곳에서 개별자는 오직 폐쇄적인 무리 전체에서 자신의 개별성과 힘의 느낌을 지니는데, 여기에서는―충동이 그 진수를 만드는―폐쇄적 인성 전체에서 개별적 충동을 소유하는 것과 같다. 마치 인간이 만인의 만인에 대한 투쟁에서 살게 되듯이, 이 두 그룹의 본성은 이에 대해 그 내면에서 살게 된다.— 인성 자체는 어느 정도는 거대한 독단적·충동적 인성으로, 즉 다수의 주체Subject-Vielheit로 풀어 없어지게 된다. 이러한 상태는 밖으로부터 모든 것을 지배할 수 있는 보다 상위의 힘이나 보다 강력한 권위가 만들어질 때만이 극복될 수 있다. 마치 오직 하위 권력들이 그것을 위해 존재하는 국가조직법처럼 말이다. 왜냐하면 앞에서 서술한, 본성에서 완전히 본능적으로 일어나는 것—개별자를 전체에 자리매김하는 것—이것은 여기에서 충동들 상호 간의 엄격하고 고정된 위계질서로서 비로소 얻어지고 전제專制적 개별 욕망들을 강요할 수밖에 없게 된다.[9]

우리가 알게 되는 사실은 니체가 개별자의 고통을 통해 자기 주장의 가능성 전체를 열어놓았다는 것이다. 마치 한 송이 꽃에 둘러싸여 있듯이 끊임없는 인내와 상처를 통해 최고의 능력과 창조의 가능성이 있다는 근본 사상과 더불어 그의 후기 데카당스설의 근원적인 의미가 여기에 있다. 한마디로 말하자면, 여기에서 이상으로서의 영웅주의가 그에게 열렸다. 본래의 고통스러운 불완전함은 이상과 그 전제성에 항거하며 그를 찢어놓았다: "우리의 결함은 이상을 바라보는 눈이다."(《인간적인 너무나 인간적인 II》, 86)

9　그는 《우상의 황혼》, 〈소크라테스의 문제〉 11에서 "본능들에 맞서 싸우지 않으면 안 된다—이것은 데카당스의 공식이다: 삶이 상승하는 한, 행복은 본능과 같은 것이다"라고 말하며 데카당스한 인간을 선천적인 주인 본성을 가진 자와 구별한다.

그는 《즐거운 학문》(268)에서 "무엇이 영웅으로 만드는가? —최고의 고통과 최고의 희망을 향해 동시에 나가는 것"이라고 말한다. 나는 이것에 대해 그가 언젠가 내게 써주었고, 내게는 그의 견해를 특별히 예리하게 설명하는 것으로 보인 세 개의 아포리즘을 첨부하고자 한다:

"영웅적 이상주의의 반대는 조화로운 전체 진화의 이상이다.—아름다운 반대이자 매우 소망할 만한 가치가 있는 반대! 그러나 단지 근본적으로 선한 인간을 위한 이상일 뿐이다(예를 들면 괴테)."[10]

두 번째: "영웅주의—이것은 어떤 목적을 추구하지만, 그것에 대립되는 것을 전혀 염두에 두지 않는 어떤 인간의 정조."

세 번째: "위대함을 추구하는 인간은 보통 악한 인간들이다. 스스로를 견뎌내는 것은 그들의 유일한 기질이다." "악한böse"이라는 단어는 여기서는 앞에서처럼 흔히 하는 판단이라는 의미에서도, 일반적으로 어떤 판단이라는 의미에서도 "선한gut"이라는 단어로 생각해서는 안 되며, 단순히 어떤 사태를 나타내는 것으로 생각해야 할 것이다. 그 자체로 이것은 니체에게는 언제나 인간 영혼에서의 "내적 전쟁"을 나타낸다.—후일 그가 "본능에

---

10 덧붙여 말하면, 니체는 괴테를 몇 년 후 (《우상의 황혼》에서와는) 전혀 다르게 파악한다. 여기에서 그는 괴테에게서 그 자신의 조화롭지 못한 본성의 대척자를 본다.—후일에는 이에 대해 조화롭지 못했지만 그 자신의 형성과 헌신을 통해 조화로운 인간으로 변형된 그 자신과 매우 유사한 정신을 본다.

서의 무정부상태"라고 부른 것과 같은 것이다. 그의 마지막 창조 시기에, 특별한 사상적 발달 과정에서 니체에게 이러한 영혼 상태의 모습은 인류의 문화 이미지에까지 확장되었다. 여기에서 모토는 다음과 같다: 내적 전쟁=데카당스, 승리=초인류를 창조하기 위한 인류의 몰락. 그러나 그에게 근본적으로 문제가 되는 것은 그 자신의 영혼의 모습이다.

즉 그는 조화롭거나 통일성 있는 본성의 소질, 그리고 영웅적이거나 다층적인 본성의 소질을 행위하는 인간과 인식하는 인간이라는 두 유형으로 구분한다. 다른 말로 하자면, 그의 존재와 대립되는 유형과 그 자신의 존재 유형으로 구분한다.

분리되지 않는 자, 붕괴되지 않는 자, 본능적 인간, 주인 본성은 그에게는 행위하는 인간이다. 만일 이러한 인간이 자신의 자연적 발달 과정에 따르는 것이라면, 그의 존재는 언제나 스스로 훨씬 확실하고 든든하게 첨예화되어야 하며, 자신의 억압된 힘은 건강한 행위로 풀어놓아야만 한다. 외부세계가 그에게 할 수 있는 한 대립하도록 만드는 장애물은 동시에 그에 대한 자극이나 촉진을 담고 있다. 왜냐하면 그에게는 외부를 향한 용기 있는 투쟁보다 더 자연스러운 것은 없으며, 불굴의 건강은 그 어느 곳에서도 그의 전투의 유능함에서만큼 증명되지 못한다. 그의 지성Intellekt은 작을 수도 있고 클 수도 있다: 그 어떤 경우에도 이 지성은 이러한 생생한 존재의 힘에 봉사하며, 그 힘을 돕거나 필요로 하는 것에 봉사한다.— 이 지성은 자신의 목적에서 그 힘과 대립하지 않는다. 이 지성은 그 존재의 힘을 붕괴시키지 않으며, 자신의 길을 따르지도 않는다.

인식하는 인간은 완전히 다르다. 충동을 보호하고 보전하도록 자신의 충동을 튼튼하게 결합하는 것을 찾는 대신에 니체는 이 충동을 가능한 한 분산시킨다. 그것이 포괄할 수 있는 영역이 넓으면 넓을수록 더 좋으며, 그 충동이 촉각을 확장하며 만지고 보고 듣고 냄새 맡는 사물이 많으면 많을수록, 이 충동은 그에게 자신의 목적을 위해, 즉 인식의 목적을 위해 더 쓸모 있어진다. 왜냐하면 그에게는 이제부터 "삶은 인식의 수단"(《즐거운 학문》, 324)이기 때문이다. 그는 자신의 동료들을 큰 소리로 부른다: "우리는 스스로 우리의 실험이자 실험용-동물이 되고자 한다!"(《즐거운 학문》, 319) 이렇게 그는 스스로 자의적으로 통일체라는 것을 포기한다.―그의 주체가 다성적이면 다성적일수록 그에게는 더 좋다:

"예민하고 온화하게, 거칠고 세련되게
친근하고 유별나게, 더럽고 깨끗하게
바보와 현자의 은밀한 만남
나는 이 모든 것이고, 이 모든 것이 되려고 한다.
뱀이요 돼지이며 비둘기가 되려고 한다!"
(《즐거운 학문》, 〈농담, 간계 그리고 복수〉, 11)

그는 말하는데, 왜냐하면 인식하는 자는 "우리 안에 있는 신, 악마, 양, 벌레에게 감사"해야만 하기 때문이다. "누구도 쉽게 그 궁극적 의도를 간파할 수 없는 표면에 나타난 영혼과 배후에 숨겨진 영혼을 가지고 있으며, 그 누구의 발도 마지막까지 내달릴 수 없는 전경과 배후를 가지고 있다. (…) 우리는 천성상 굳게 맹세한 시기심 많은 고독의 친구다. …"《선악의 저편》, 44) 인식하는 자는 "가장 긴 사다리를 갖고 있는, 그리하여 가장 깊은 심연까지 내려갈 수 있는" 영혼을 갖는다. 즉 "… 자기 자신의 내면으로 더없이 멀리 뛰어들고, 그 속에서 방황하며 배회할 만큼 더없이 광활한 영혼, (…) 자기 자신에게서 달아나버리는, 더없이 큰 동그라미 속에서 자기 자신을 따라잡는 저 영혼, 어리석음이 가장 달콤하게 말을 걸어오는 더없이 현명한 저 영혼, (…) 그 안의 모든 사물이 흐름과 역류, 썰물과 밀물을 지닌, 자기 자신을 더없이 사랑하는 저 영혼"《차라투스트라는 이렇게 말했다》 III, 82(〈중력의 악령에 대하여〉 19))을 갖는다.

그러한 영혼을 가지면 사람들은 "천 개의 다리와 천 개의 촉각"《선악의 저편》, 205)을 갖게 되며, 스스로 낯선 존재로까지 뻗어나가기 위해 언제나 스스로 달아나려고 생각한다. "비로소 자기 자신을 발견했을 때, 우리는 때때로 자신을 상실하고 또다시 발견하는 법을 터득해야 한다: 그가 사상가라는 것을 전제로 한다면 말이다. 즉 사상가에게 하나의 인격에 묶여 있다는 것은 항상 해롭기 때문이다."《인간적인 너무나 인간적인 II》, 〈방랑자와 그 그림자〉, 306) 다음의 시구는 이와 똑같은 것을 말하고 있다.

"나는 자신을 이끄는 것조차도 싫어한다.
내가 좋아하는 것은, 산과 바다의 동물들처럼
나를 잠시나마 잊고,
아름다운 옆길로 빠져 생각에 잠기는 것.
이윽고 나를 먼 곳에서 집으로 불러들이는 것,
나 자신을 자기 자신에게로 유혹하는 것."
《즐거운 학문》, 〈농담, 간계 그리고 복수〉, 33)

이 짧은 시에는 "고독한 자"라는 제목이 붙어 있다. 다시 말하면 이는 외부세계의 요구나 투쟁으로부터 가능한 한 떨어져 있는 자를 말한다. 왜냐하면 그러한 내면적인 삶이 점점 더 완벽하게 혼미해지고 그 자신의 충동 안에서 전쟁이나 승리, 패배, 획득에 의해 움직이면 움직일수록, 그에 따라 내면적 삶은 밖을 향해 점점 더 전투할 수 없게 되기 때문이다. 그의 정신적인 자기 침몰이나 자기 확장이라는 고독 속에서 이 내면적 삶은 오히려 밖의 시끄럽고 상처난 삶의 사건들로부터 자신을 소중하게 지키는 외투를 찾는다.—이는 물론 투쟁과 상처 속에 있다. 또한 이러한 인식하는 자에 대한 묘사도 타당하다: "—이는 끊임없이 이상한 일들을 체험하고 보고 듣고 의심하고 희망하고 꿈꾸는 인간이다: 그는 자기 자신의 사상에 의해 밖에서도, (…) 자기에

게 독특한 사건이나 번갯불에 얻어맞는다."(《선악의 저편》, 292)

왜냐하면 그의 내면에서 여러 충동 간의 전투적 입장은 지양되는 것이 아니라 오히려 상승되는 것이기 때문이다: "그러나 인간의 근본 충동이 바로 여기에서 영감을 불어넣는 천재성으로 (또는 악령과 요마로) 어느 정도까지 수완을 부릴 수 있었는가를 생각하는 사람은 (…) 그 충동 가운데 하나하나의 충동은 바로 자신을 기꺼이 현존재의 최종 목적으로, 다른 모든 충동의 정당한 주인으로 드러내고자 한다는 사실을 발견하게 된다. 왜냐하면 모든 충동은 지배욕에 차 있고, 또 지배자로서 철학적 사유를 하고자 하기 때문이다."(《선악의 저편》, 6)

그러므로 인식하는 자의 인식은 바로 "그가 어떤 사람인지,—다시 말해 그의 본성의 가장 내면적인 충동들이 어떤 위계질서 속에 상호 정렬되어 있는지를 보여주는 결정적인 증거를 제시한다."(《선악의 저편》, 6)

하지만 인식을 통해 이와 같은 내적 전쟁에 새로운 의미를 부여하는 변화가 이루어진다. 즉 이 의미는 구원하며 해방시킨다는 뜻이다. 인식 과정에서 모든 충동에 공통된 하나의 목적이 주어지며, 충동들 가운데 각각의 충동이 그와 같은 모든 것을 얻고자 하는 한, 그 추구하는 방향이 주어지는 것이다. 이렇게 함으로써 임의가 산산조각 나고, 자의의 전제가 무너진다. 충동들은 그 "다수적 주체"에 붙어 있지만, 그러나 이러한 것을 그 충동들에 종사하는 것이자 도구로서 명령하는 보다 높은 힘의 아래

두게 된다. 충동들은 야생적이고 전투적인 것으로 남아 있지만, 그 전쟁의 목적에서 보면 알지도 못한 채 투쟁하며 피를 불러오는 영웅이 된다.—영웅적 이상은 이기심 한가운데 세워지며, 이기심에 도달하기 위해 유일하게 가능한 길을 위대성으로 제시한다. 무정부상태의 위험은 확실한 "충동과 정동情動(Affekt)의 사회구조"에 맞춰서 제거된다.

나는 니체가 말로 표현한 진술을 기억하고 있는데, 이는 자신의 본성의 포괄적인 폭과 심연에 대해 인식하는 자의 이러한 즐거움을 매우 주목할 만하게 표현한 것이다.—즉 이는 그가 자신의 삶을 이제 "인식하는 자의 실험"(《즐거운 학문》, 324)이라고 파악할 수 있는 데서 나온 즐거움이었다: "나는 감춰진 수많은 지하실과 지하 공간을 지니고 있고 비바람에 견디는 오랜 성城에 비교할 수 있다. 나는 나 자신 안에 가장 은밀하게 숨겨진 어두운 통로로 완전히 들어가보지 않았고, 내 지하의 작은 방에 아직 도착하지 못했다. 그러한 것들은 모두 기초공사가 되어야만 하는 것이 아닌가? 내 심연에서 대지의 온갖 표면으로 기어올라 갈 수 있어야 하는 것이 아닌가? 우리는 모든 어두운 통로에서 우리 자신으로 되돌아가야만 하는 것이 아닌가?"

또한 《즐거운 학문》(249)에서 "인식하는 자의 탄식"이라는 제목을 달고 있는 아포리즘은 이와 같은 느낌을 준다: "오 나의 탐욕이여! 이 탐욕스러운 영혼에는 공평무사함이란 없다. 오히려 모든 것을 갈망하는 자아, 수많은 개인을 통해 이루어진 것을 자신의 눈으로 보고, 자신의 손으로 움켜쥐려는 자아만이 있을 뿐이다.―과거 전체를 다시 불러내려는 자아, 그에게 속한 것이면 어떤 것도 잃어버리려 하지 않는 자아만이! 오 나의 탐욕의 불꽃이여! 오 내가 수백 가지 존재로 다시 태어날 수 있다면!"

이러한 방식으로 조화롭지 못하고 품위 없는 본성의 모든 것을 포괄하고 삼켜버리는 것은 놀랄 만한 강점이 된다. "우리가 우리 영혼의 성격에 상응하는 건축물을 원하고 또한 짓기를 감행한다면, (…) 미로가 우리의 모범이 되어야만 할 것이다!"(《아침놀》, 169)―그러나 영혼이 스스로를 잃어버리는 미로가 아니라, 그 소용돌이에서 영혼이 인식하기 위해 밀고 지나가는 것이다. "춤추는 별을 탄생시킬 수 있기 위해서는 자기 안에 카오스를 지니고 있어야만 한다." 차라투스트라의 이 말(I, 15〔〈차라투스트라의 머리말〉, 5〕)은 그 본래의 존재 정령이 되거나 가장 본래적으로 변용되기 위해서, 별 같은 존재가 되거나 빛이 되기 위해 태어나는 영혼에 적용된다. 니체는 이것을 "밝은 종류의 그림자"(《《인간적인 너무나 인간적인 II》》, 〈방랑자와 그 그림자〉, 258)라는 이름으로 묘사했다: "아주 어두운 사람들 바로 곁에는 밝은 영혼을 가진 사람이 마치 그들에게 묶여 있는 듯이 거의 규칙처럼 존재한다. 밝은 영혼을 가진 사람은 어두운 영혼을 가진 사람들이 던지는 음화陰畵적인 그림자와 같다."

이렇게 밝은 영혼을 가진 사람은 마치 자신 안에서 불타 없어지게 하는 본성이 점점 더 강하고 어둡고 전제적이고 위험해지면 질수록 더 빛을 낸다.—모든 그의 성향은 연료로서 이러한 성스러운 불빛 안으로 던져진다. 이것이 일어나는 방식은 인식하는 자의 관점과 더불어 바뀐다: "인식"이 무엇인가에 대한 니체의 견해는 그의 여러 정신 시기에 따라 다르며, 이 풍부한 천재 성향이 출렁대며 일으키는 투쟁에서 그가 "충동의 내적 위계질서"라고 부른 것 또한 매번 그 시기에 따라 자리를 바꾼다. 그의 [정신적] 발달 과정의 역사란 근본적으로 그러한 위치 바꿈의 변화하는 모습들에서 이루어지는데, 이는 그의 마지막 창조적 시기에 그의 내면적 삶 전체가 철학이론에 반영되었다고 말할 수 있다: 즉 그에게 어두운 영혼과 밝은 영혼은 인간적인 것과 초인적인 것을 대표하는 것이 된다.

앞에서 묘사한 영혼의 과정 자체는 모든 변화를 관통하며, 그의 근본 특성 속에 남게 된다. 니체는 "성격이 있는 자는 언제나 되풀이되는 자신의 전형적인 체험도 하게 된다"(《선악의 저편》, 70)고 말한다. 이것은 언제나 되풀이해 나타나는 그의 전형적 체험인데, 이 체험에서 그는 언제나 스스로를 다시 세우고 자기 자신을 넘어서며,—이 체험에서 그는 결국 스스로 자신 안으로 넘어갔으며 몰락해갔다.

이 점에서 그는 몰락하지 않을 수 없었다. 왜냐하면 언제나 새로운 치유나 고양에 의해 그를 확실하게 만드는 그와 같은 과정 속에 이미 이러한 방식의 정신적 발달 과정의 병리적 계기 역시 숨어 있기 때문이다. 이것은 처음 보자마자 눈에 들어오는 것은 아니다. 오히려 우리가 생각해야 할 점은, 최소한 건강이란 마치 조화로운 힘의 전개라는 고요한 평화 속에 있는 것처럼 자기 자신을 치유할 줄 아는 힘 안에 숨어 있을 수밖에 없다는 것이다. 심지어는 점점 더 좋아지는 건강도 그렇다: 왜냐하면 건강이란 상처를 내고 열을 야기하는 것에서조차 스스로를 붙잡아매고 스스로 증명할 수 있다. 건강이란 질병과 투쟁을 삶과 인식을 위한 자극으로 변화시킬 수 있으며, 그 목적에 맞는 박차나 [모든 것을 환하게 아는] 투시로 전환시킬 수 있다.—건강은 손상 없는 투쟁과 질병을 포함한다. 이러한 방식으로 니체는 소위 마지막에, 소위 그가 가장 심하게 아팠을 때, 자신의 괴로움의 역사를 치유의 역사로 이해하고자 했다. 확실히 이렇게 강력한 본성은 고통과 갈등으로부터 그 자신의 인식 이상理想에서 스스로를 치유하고 총괄하는 것을 좋아했다. 그러나 쾌유하고 나서 본성은 다시금 반드시 고통과 투쟁, 열과 상처를 필요로 했다. 스스로 치유를 한 본성은 그러한 것을 다시금 불러낸다. 이 본성은 새로운 질병의 상태로 흘러들어가기 위해 자기 자신에게 저항하고 마치 억제하지 못하는 듯하다. 모든 인식의 목적이 도달되고 모든 쾌유의 행복이 얻어지면 그 위에는 언제나 다시금 다음과 같은 말이 있다: "자신의 이상에 도달한 자는 이로써 그와 같은 것을 넘어가게 된다." 왜냐하면 "지나친 행복은 그에게 재앙이 되기" 때문이다.(《즐거운 학문》, 〈농담, 간계 그리고 복수〉, 47) 그는 "자신의 행복에 상처를 받았다고"(《차라투스트라는 이렇게 말했다》II, 2(〈거울을 갖고 있는 아이〉)) 느끼게 된다. "스스로 고통을 주는 것―사고에 배려가 없다는 것은 흔히 무감각해지기를 바라는 불만족스러운 내적 심정의 표시다."(《인간적인 너무나 인간적인 I》, 581)

여기에서 건강이란 지엽적인 것으로서 병리적인 것이 스스로를 위한 도구로 그 모습을 바꾸는 아주 탁월하거나 뛰어난 것이 아니라, 양자가 조건을 지으며 서로 포함하는 것이다.―양자는 함께 실로 하나의 동일한 정신적 삶 안에서 고유한 자기 분열을 표현한다.

그러한 내적 분열은 다시 말해 전체적으로 묘사한 영혼의 활동 과정의 기초가 된다. 실은 외견상 그 과정 안에는 여러 분열이나 조화롭지 못한 소질을 지닌 본성의 다수 주체가 보다 상위의 통일성 속에서, 방향을 부여하는 목적 속에서 지양될 수밖에 없다. 그러나 이제 여러 가지로 분열되는 영혼 안에서 이러한 과정은 단일한 충동이 그 밖의 모든 충동을 하위에 두는 방식으로 이루어진다. 다른 말로 하자면, 여러 분열Vielspältigkeit은 점점 더 깊어지는 두 개의 분열Zweispaltung로 환원된다. 여기에서 건강이 두드러지게 질병을 포괄하지 못하듯, 지배적인 충동이 내면 전체를 인식에 종사하도록 할 때, 이 충동은 진정 그러한 내면 전체를 포괄하거나 옮겨놓지 못한다: 인식하는 자는 자신의 정신의 눈으로 자기 자신뿐만 아니라 두 번째 본질을 들여다본다. 하지만 그는 여전히 자기 고유의 본질에 사로잡혀 있다. 그는 자신의 본질을 넘어 파악하는 것이 아니라 그 본질을 쪼갤 수 있을 뿐이다. 인식의 힘은 통합하는 것이 되는 게 아니라 그것에서 멀리 떨어진 채 오히려 분리시키는 것이 된다. 그러나 작은 움직임 외부에 온갖 작은 움직임의 목적이 있는 것처럼 분리의 깊이는 가상을 일깨운다. 이러한 자기기만의 결과 모든 힘은 인식에 고무된 채 움직이는데, 이 힘들은 이렇게 됨으로써 자기 자신이나 그 분열로부터 벗어날 수 있었을 것이다.

사람들이 확실히 믿을 수밖에 없는 것은 다음과 같은 사실이다. 즉 한편으로는 충동적 삶에 방향이 맞추어진 인식의 시선이 엄청난 의식으로 상승되는 그러한 충동적 삶이 있으며, 다른 한편으로는 기분이나 충동의 세계로 인해 사유가 엄청나게 활기를 띤다는 사실을 통해 최소한 일종의 총체적 삶의 연합이 이루어진다는 것이다. 그러나 사상이 모든 내적 움직임의 직접성을 융해하고, 내면의 자극은 다시금 지배받는 사상의 엄격성을 끊임없이 느슨하게 만들 때, 결과는 정반대로 나타난다. 실제로 모든 개별적인 것 전체의 분열은 언제나 점점 더 깊게 이루어진다.

그렇다고 할지라도 명백한 자기기만에서 그렇게 높고도 망설임 없이 구제하도록 만드는 만족이 솟아올라올 수 있게 하는 것은 무엇인가? 끊임없는 질병이나 상처 속에서도 존재 전체를 기쁘게 하고 아름답게 변용시키는 데 가상이 할 수 있는 역할은 무엇이란 말인가? 이러한 물음과 더불어 우리는 본래적인 니체의 문제에 직면해 있다. 이러한 물음이야말로 니체에게서 건강한 것과 병리적인 것이 내밀하게 연관되어 있다는 것을 우리에게 알려준다.

다시 말해 연결되어 있지 않은 개별적 충동들의 다수가, 하나가 지배하고 다른 하나는 종사하는 두 개의 서로 대립된 것처럼 보이는 본성으로 나뉠 때, 인간은 또 다른 존재로뿐만 아니라 보다 높은 존재로 자기 자신을 느낄 수 있게 된다. 그가 자기 자신의 일부분을 희생시킬 때, 그는 종교적 고양 상태에 다가서게 된다. 자신을 내맡기고 헌신하는 영웅적 이상을 실현한다는 생각을 가지는 정신의 동요 속에서 그는 자기 자신에게서 종교적 정감을 분출시킨다.

니체의 모든 커다란 정신적 소질 가운데 그의 종교적 천재성보다 더 깊고 엄격하게 그의 정신적 전체 기관과 연결되어 있는 것은 없다. 다른 시기나 다른 문화적 시기라면 사상가가 되는 일이 이 목사의 아들에게 분명 일어나지 않았을 것이다! 그러나 우리 시대의 영향 아래서 그의 종교정신은 인식의 방향을 찾았고, 마치 그의 건강이 자연스럽게 표현되는 것처럼 본능적으로 그를 매우 독촉하며 몰아댔던 그와 같은 것은 오직 병적인 방식으로 만족할 수 있었다.—즉 그는 이것을 그 자신을 포함하지만, 그의 밖에 놓여 있는 생명의 힘으로 되돌아가는 대신에 자기 자신에게로 되돌아가는 관계를 매개로 해서만 할 수 있었다! 이렇게 그는 얻고자 한 것의 정반대 지점에 도달했다: 즉 그의 존재의 한 단계 높은 통일이 아니라 가장 내면적인 두 가지 분리가, 분리되지 않는 통일적 개체Individuum에 대한 모든 활동과 충동의 결합이 아니라 "분리되는 것Dividuum"을 향한 활동이나 충동의 분열이 그것이다. 아무튼 건강에 도달했는데, 이는 질병을 매개로 하는 것이었다. 진정한 숭배가 있었지만 물론 이는 기만을 매개로 하는 것이었다. 진정한 자기주장과 자기 고양이 있었지만, 물론 이는 자기 상처를 매개로 하는 것이었다.

따라서 폭력적인 종교적 정서 속에서—니체의 모든 인식이 전적으로 이로부터 생겨났는데—자신의 희생과 찬미, 자신의 부정이라는 잔인성과 자신의 신격화라는 쾌락, 고통스러운 질병 치레와 그것을 이겨내는 쾌유, 빛나는 도취와 냉정한 의식 상태는 풀기 어렵게 매듭으로 뒤엉켜 있다. 사람들은 여기에서 끊임없이 서로 제한하는 대립의 밀접한 연결이 있다는 것을 느낀다. 사람들은 최고로 흥분되고 긴장된 힘들이 카오스적인 것이나 어두운 것, 두려운 것으로 과도하게 넘치면서 자의적으로 떨어지는 것을 느낀다. 그다음에 다시 이러한 것으로부터 빛이나 가장 부드러운 것을 향해 돌진하는 것, "충일과 과도한 충일의 곤경으로부터, 그에게서 몰려오는 대립의 고통으로부터"[11] 풀려나는—신을 낳고 싶어 하는 카오스—의지의 돌진을 야기해야만 하는 것이다.

"인간 안에는 피조물과 창조자가 일체되어 있다: 인간 안에

---

11 《음악 정신으로부터 비극의 탄생》, 〈자기비판의 시도〉, 신판, 11.

는 소재, 파편, 과잉, 진흙, 오물, 무의미, 혼돈이 있다. 그러나 또한 인간 안에는 창조자, 형성자, 망치의 강인함, 관찰자의 신성함과 제7일도 있다. …"(《선악의 저편》, 225) 여기에서 보이는 것은, 고뇌와 자기 신격화 각각이 그 자신과 반대의 것을 항상 새롭게 만들어낸다고 할 때, 끊임없는 고뇌와 끊임없는 자기 신격화가 서로 영향을 미친다는 사실이다.—니체가 비슈바미트라Viçvamitra왕의 이야기에 표현된 것을 찾으려고 했던 것처럼 말이다. 이왕은 "수천 년에 걸친 자기 고행으로 그러한 힘의 감정과 자신감을 얻어, 감히 하나의 새로운 천국을 세우고자 했다. (…) 인젠가 '새로운 천국'을 세워본 적이 있는 사람은 누구나 그것을 세우기 위한 힘을 먼저 그 자신의 지옥 속에서 발견했다…"(《도덕의 계보》 III, 10) 그가 이 전설을 기억해내는 다른 문장은《아침놀》 (113)에 있으며, 여기에 권력욕에 굶주린 고통받는 자에 대한 묘사가 직접 이어 나오는데, 그자는 폭력을 가하고 싶어 하는 가장 적합한 대상으로 자기 자신을 선택했다. "자신에 대한 고행자의 승리, 그때 내면으로 돌려진 고행자의 이 눈은 인간이 고통받는 사람과 바라보는 사람으로 분열되는 것을 본다. 그리고 이 고행자의 눈이 바깥 세계를 향하는 것은 자신의 화형식을 위해 그곳에서 장작을 모으기 위해서일 뿐이다. 우월에 대한 충동이 도달하는 이 최후의 비극, 거기에는 자기 자신 속에서 타버리는 한 인물이 있을 뿐이다." 지금까지의 모든 금욕주의자와 그 동기를 묘사하고 있는 이 단편은 다음의 진술로 끝을 맺는다: "우월을 향한 노력이 돌고 도는 것이 종국에는 고행자와 함께 끝나고 스스로 굴러가는 것이 아닌가? 이 순환은 고행자와 동시에 동정하는 신이 붙잡고 있는 근본 정조와 함께 다시 한번 처음부터 진행될 수 있는 것은 아닌가?"

《인간적인 너무나 인간적인 I》(137)에서 그는 다음에 대해 말한다. "금욕의 많은 형식은 자기 자신에 대한 저항의 가장 승화된 표현들에 속한다. 곧 어떤 사람들은 힘과 지배욕을 행사하려는 강한 욕구를 지니고 있어, (…) 결국 자신의 본질의 특정 부분들을 (…) 학대하려고 한다. (…) 이러한 자기 자신의 파괴, 자신의 본성에 대한 이러한 조소, 이처럼 자기를 가볍게 여기는 것에서 종교는 아주 많은 것을 만들어냈으며, 이것은 허영심의 극히 높은 차원이다. (…) 인간은 지나친 요구들로 자신을 억압하고 나중에 폭군처럼 요구하는 그 무엇을 자신의 영혼 속에서 신으로 받드는 데서 참된 쾌감을 느낀다." 그리고 같은 책 138번에 다음과 같은 글이 나온다. "따라서 그에게는 근본적으로 자신의 감정을 발산하는 것만이 중요하다. 그때 그는 자신의 긴장을 완화시키기 위해서 적의 창을 함께 잡고 자신의 가슴을 찌르게 할 것이다." 그리고 142번도 살펴보자. "그는 자신의 자기 우상화를 자기 경멸과 잔혹성으로 채찍질한다. 그는 자신의 욕망의 거친 격동을 (…) 즐긴다. 그는 자신의 격정, 예를 들어 극단적인 지배욕의 올가미를 씌우는 법을 알고 있다. 그래서 그는 극단적인 굴욕의 격정으로 옮겨가고, 내몰린 그의 영혼은 이러한 차이에 의해서 완전히 허물어진다. (…) 그는 결국 이상한 종류의 쾌감을 갈망하게 된다. 그러나 아마도 그 쾌감은 모든 다른 쾌감이 하나의 매듭에 서로 엉켜 있는 것과 같은 쾌락일 것이다. 경험과 본능을 통해 신성함 문제에 관한 권위자의 한 사람이 된 노발리스 Novalis는 언젠가 그 모든 비밀을 소박한 즐거움으로 이야기하고 있다: '안락함, 종교, 잔인함의 연합이 그들의 밀접한 유사성과 공동적인 경향에 대해 진작부터 인간들의 주의를 집중시키지 못했다는 것은 실로 놀랄 만한 일이다.'"

실상 주요 문제에서 적절하게 이루어지는 니체 연구는 종교심리학적 연구이며, 종교심리학의 영역이 이미 명백하게 밝혀지는 한에서만, 그의 존재나 고통, 자기 행복의 의미에 스쳐 지나가는 밝은 빛도 비추어진다. 그의 발달 과정 전체는 어느 정도 "신의 죽음에 대한 감정으로부터"—그의 마지막 저작에 이르기까지 울려 퍼지며, 니체가 광기의 경계선에서 만들었던 이 어마어마한 감정으로부터—그의 《차라투스트라는 이렇게 말했다》의 제4부에 이르기까지 그가 믿음을 잃었다는 사실에서 출발했다. "잃어버린 신"을 위한 대체물[12]을 자기 신격화라는 가장 다양

---

12 《즐거운 학문》(〈농담, 간계 그리고 복수〉, 38)에서 신이 인간을 창조할 때 이루어진 인간의 자기규정에 대해서 다음을 보라:
경건한 자가 말하기를.
"신은 우리를 사랑한다, 우리를 창조하셨으니까!"
"인간이 신을 창조했다!"—그대들 세련된 자들은 이렇게 말한다.
그가 창조한 것을 사랑해야 하지 않을까?
그가 창조했기 때문에 부인해야 한단 말인가?

한 형식에서 찾는 가능성, 이것이 그의 정신과 그의 저작, 그의 질병의 역사다. 그가 관여했고, 니체의 말이 응용될 수 있는 이 신이 부서져버린 후에도 이는 여전히 강력하게 남아 있는 "사고思考 속의 종교적 새싹Nachtrieb"의 역사다(《인간적인 너무나 인간적인 I》, 223): "태양은 이미 저물어버렸다. 그러나 우리의 삶의 하늘은 불타고 있어 우리가 태양을 더 이상 보지 않는다고 해도 여전히 빛을 발할 것이다." 우리는 이에 대해 《즐거운 학문》(125)에서 광인의 엄습하는 감정의 폭발을 읽는다. 그는 소리쳤다. "'신이 어디로 갔느냐고? 너희에게 그것을 말해주겠노라! 우리가 신을 죽였다―너희와 내가! 우리 모두가 신을 죽인 살인자다! (…) 신을 매장하는 자들의 시끄러운 소리가 들리지 않는가? 신의 시체가 부패하는 냄새가 나지 않는가? 신들도 부패한다! 신은 죽었다! 신은 죽어버렸다! 우리가 신을 죽인 것이다! 살인자 중의 살인자인 우리는 이제 어떻게 위로를 얻을 것인가? 지금까지 세계에 존재한 가장 성스럽고 강력한 자가 지금 우리의 칼을 맞고 피를 흘리고 있다. 누가 우리에게서 이 피를 씻어줄 것인가? 어떤 물로 우리를 정화시킬 것인가? (…) 이 행위의 위대성이 우리가 감당하기에는 너무 컸던 것이 아닐까? 그런 행위를 할 차격이 있으려면 우리 스스로가 신이 되어야 하는 것이 아닐까? 이보다 더 위대한 행위는 없었다.―우리 이후에 태어난

이것은 악마의 발굽을 지닌 절름발이의 논리다.

자는 이 행위 때문에 지금까지의 어떤 역사보다도 더 높은 역사에 속하게 될 것이다!'"

니체는 이렇게 고통과 동경이 분출되는 것에 대해 그의 마지막 창조 시기에 "모든 신은 죽었다. 이제 우리는 초인이 살기를 원한다!"(《차라투스트라는 이렇게 말했다》 I, 종결부(〈베푸는 덕에 대하여〉 2))라는 차라투스트라의 말로 대답했다. 그는 이것으로 그의 철학의 가장 내밀한 영혼의 근거를 표현했다.

신에 대한 동경은 그 동경의 고통 속에서 신을 창조하려는 갈구이며, 이것은 어쩔 수 없이 자기 신격화 속에서 표현될 수밖에 없다. 올바로 바라보며 니체는 종교현상 속에서 개별적 요구가 어마어마하게 유지되며 최고의 지복을 향한 의지가 있다는 것을 깨달았다. 모든 종교적인 것 속에 핵심으로 숨겨져 있는 이러한 개인주의나, 모든 종교적인 것에서 자유롭거나 단순하게 흘러나오는 이러한 "숭고한 이기주의"는—이것이 외부로부터 주어진 삶의 힘이나 신의 힘과 관계된다고 추측될 때,—자기 안에서, "인식하는 사람" 안에서 자기 자신에게로 되돌려진다. 그는 지성에 의해 자신에게 강요된 무신성Gottlosigkeit을 주제넘은 결론으로 지닌 채 내면적으로 자신의 것으로 만들게 된다. "만일 신들이 존재한다면, 나는 내가 신이 아니라는 사실을 어떻게 참고 견뎌낼 수 있겠는가! 그러니 신들은 존재하지 않는다." 이 말들은 《차라투스트라는 이렇게 말했다》 II (6)(〈행복한 섬에서〉)에 있으며, 이에 대해서 다른 말로 끝맺을 수 있다: "너의 차

만심 속에도 경배하는 마음이 깃들게 되리라!"(《고매한 자에 대하여》), 55) 분열되고 이중으로 커질 수밖에 없는 "고독한 자"와 "개별자" 위에 떠 있는 위험 전체는 그들 안에서 이야기되었다. "내 주변에는 언제나 한 사람이 더 있다. (…) 언제나 하나에 하나를 곱하는 것이지만, 그것도 시간이 흐르면 둘이 되고 마는구나!"(《차라투스트라는 이렇게 말했다》I, 76(〈벗에 대하여〉))

　　이러한 둘의 속성에 대해 그가 제기한 방식이나 그가 이러한 둘의 속성에 저항하거나 양보했던 방식, 그가 매번 찾았던 방식은—이 모든 것은 그의 다양한 정신 시기의 특징과 마찬가지로 그의 인식의 변화를 조건 짓는다.—그리고 마침내 이 둘의 속성은 그에게 그의 정신을 어둡게 만들고 그의 지성을 숨 막히게 만든 환상이나 비전이 되고, 신체적 본질이 되었다. 그는 오랫동안 자기 자신을 방어할 수 없었다: 이는 니체 자신에게서 "영혼의 운명"(《도덕의 계보》, 서론 XIII)이라는 디오니소스적인 드라마였다. 정신이 자기 자신을 넘어 도달하고자 한 내면적 삶의 고독은 그 마지막보다 더 깊고 고통스러운 곳은 없다. 이러한 운명적인 자기 벽 쌓기 공사 속에 있는 가장 강한 미장이는 자기 벽 쌓기의 허상을 보여주는 부드럽고 빛나는 신적인 가상이며, 그 가상에 본래의 경계를 지우고 숨기는 신기루라고 말할 수 있을 것이다. 밖으로 향하는 모든 발걸음은 결국 신과 세계, 하늘과 지옥이 될 수밖에 없는 이러한 자기의 심연으로 매번 귀환하는 것이다.—모든 발걸음은 한 걸음 더 나아가 그의 마지막 심연으로,

그의 내리막길로 가게 된다.

니체 독자성의 이러한 근본 특징은 마치 뜨거운 양념처럼 그의 철학에서 위대한 것과 의미 있는 것에 섞여 있는 세련된 것과 동시에 열광하는 것의 원인을 포함하고 있다. 이는 젊고 건강한 정신의 싱싱한 혓바닥에 의해 아주 예리하게 맛을 보게 되거나—신앙심 있는 관조의 조용한 평화 속에 숨어 있고, 한 번도 자신의 몸에 대해 전적으로 생산적인 투쟁이나 종교적으로 평가된 자유정신의 연료를 체험한 적이 없는 사람들에 의해 맛을 보게 된다. 그러나 니체가 진정 우리 시대의 철학자가 되도록 했던 것 또한 이러한 것이다. 왜냐하면 그에게서 자신의 깊이 속에서 움직이는 전형적인 모습이 얻어지기 때문이다: 이는 창조적이고 종교적인 힘의 "본능들 가운데 있는 저 무정부상태"인데, 이 힘은 이 전형적인 모습에서 보자면 근대 인식의 탁자에서 무정부상태를 위해 떨어지는 빵 부스러기에 스스로 만족할 수 있도록 하기 위해 너무나 대단한 포만을 갈구한다. 이 전형적 모습은 저 빵 부스러기에 만족할 수 없고, 인식에 대한 그들의 입장을 포기하지 못한다는 사실,—마치 정열적 요구에서 물릴 줄 모르듯이 궁핍이나 결핍에서 지칠 줄 모르는 것—이것은 니체 철학의 모습에서 위대하면서도 경악할 만한 성향이다. 이는 전형적인 모습이 점점 더 새로운 전환 속에 있다는 것을 나타내는 것이기도 하다.—즉 이러한 근대 비극의 문제, 근대적 스핑크스의 수수께끼를 해결하고, 전형적인 모습이 심연에 빠지도록 하는 일련의 폭력적 시도인 것이다.

그러나 바로 그렇기 때문에 니체 저작에서 우리의 자리를 찾기 위해 시선을 두어야만 하는 것은 바로 인간이지 이론가는 아니다.—따라서 그러한 관찰의 이득이나 결과는 그의 진리 속에서 우리에게 새로운 이론적 세계상이 드러나는 데 있는 것이 아니라, 한 인간의 영혼의 모습이 위대성과 질병의 결합 속에 있다는 데 있다. 먼저 니체의 변화 속에서 철학적 의미는 매번 동일한 내적 과정이 진행됨으로 인해 약화되는 것처럼 보인다. 그러나 그 철학적 의미는 깊어지고 예리해진다. 왜냐하면 관점의 변화는 다시금 본질을 검토하기 때문이다. 어떤 이론의 외형적 윤곽선이 매번 변할 뿐만 아니라 분위기, 공기, 빛 전체도 그것들과 함께 변한다. 사상이 서로 논박하는 것을 들을 때, 우리는 세계들이 가라앉고 새로운 세계들이 떠오르는 것을 바라본다. 바로 여기에 니체 정신의 진정한 독창성이 있다: 모든 것이 그 스스로와 그 내적 욕구에 관계하지만, 또한 모든 것에 헌신하면서 상실하기도 하는 그의 본성을 매개로 그에게는 언젠가 자신의 깊이에서 고갈되지 않고, 그래서 그 사상 세계에서 창의적이지 못한 채, 그렇지 않으면 우리가 지성으로 슬쩍 스쳐 지나가는 저 사상 세계의 내적 체험이나 성과가 열린다. 이론적으로 관찰하자면, 그는 종종 낯선 모델이나 거장에 기대지만, 이것이 그 성숙이나 생산 지점을 갖게 되는 것은 그에게는 고유한 생산력에 이르는 계기일 뿐이다.[13] 그의 정신이 느꼈던 가장 사소한 접촉은 자기 안에서 내적 생명의 충일감이나 사상 체험을 불러일으키기에 충분했다: "천재에는 두 종류가 있다. 그중 하나는 무엇보다 낳게 만들기를 원하며, 다른 하나는 기꺼이 수태되고 출산하는 것을 좋아한다."(《선악의 저편》, 248) 의심의 여지 없이 그는 두 번째 유형에 속한다. 니체의 정신적 본성 안에는―위대한 것으로 상승하는―여성적인 것이 놓여 있다.[14] 그러나 그는 첫 번째 자극을 받아들이는 데서도 거의 상관없어 보일 정도의 천재다. 그의 대지의 나라가 수태했던 모든 것을 모두 함께 읽는다면, 우리는 우리 앞에 놓인 몇 개의 눈에 띄지 않는 씨앗 알갱이를 갖게 된다. 우리가 그의 철학에 들어간다면 그림자를 드리우는 나무들이 있는 숲이 스치는 소리를 내게 되며, 거대한 야생적 자연의 아낌없는 성장이 우리를 감싸게 된다. 그의 탁월함은 그가 스스로 "원시림같이 신선하고 한 번도 이용된 적이 없는 힘을 가진

---

13 니체의 발전 과정의 다양한 단계를 직접 규정했던 사상가들을 도외시한다고 할지라도, 그의 많은 사상은 이미 그 이전의 철학자들에게게서도 증명될 수 있다. 니체가 뜻하는 참된 의미에서 보자면 전적으로 중요치 않은 사실이 요즘 너무 요란한 사람들의 소리와 더불어 언급된다. 이 사람들의 소리에는 우연히 한 권의 철학책 혹은 몇몇 철학적 책만을 가지고 노는 소리가 들어 있다. 이 책에서는 의도적으로 니체의 철학사적 위치와 연관을 짓지 않았다. 왜냐하면 이는 그의 이론을 특별한 작업을 하기 위해 유보해야만 하는, 객관적 가치로 환원해 자세하고도 체계적으로 검증하는 것을 전제로 하기 때문이다.

14 그가 이것을 특별하게 받아들였을 때마다 이따금 그는 여성적 천재를 본래의 천재로 여기곤 했다: "동물들은 암컷에 대해 인간들과 다르게 생각한다. 동물들에게 암컷은 생산하는 존재다. (…) 여성은 임신하면 더 부드러워지고, 더 많이 기다리고, 더 겁이 많아지고, 순종적이 된다. 정신적 임신도 여성의 성격과 유사한 사변적 성격을 만든다: 이것은 남성성을 지닌 어머니다."(《즐거운 학문》, 72)

옥토"라고 참된 천재를 언급한 그의 내면으로 떨어지는 저 씨앗 알갱이를 가져오는 데 있었다(〈방랑자와 그의 그림자〉, 118).

모토

"허물을 벗을 수 없는 뱀은
파멸한다. 의견을 바꾸는 것을
방해하는 정신도 이와 마찬가지다.
그들은 정신이기를 그친다."

《아침놀》, 573)

니체가 그의 정신적 삶에서 투쟁해나갔던 변화 과정의 최초 모습은 그의 어린 시절 혹은 적어도 소년 시절의 여명 속에 놓여 있다.

기독교 교회 신앙과 단절한 일이 있었다. 니체의 작품 속에는 이러한 분리가 잘 언급되어 있지 않지만, 이는 그가 변화하는 과정의 출발점으로 여겨질 수 있다. 왜냐하면 이미 이로부터 그의 정신적 발달 과정을 특색 있게 만드는 빛이 비추기 때문이다. 이와 관련해 내가 특히 니체와 자세히 이야기한 주제는 주로 신앙을 버리게 한 이유에 관한 것이다. 종교적 성향이 강한 사람 중 대부분은 지성적인 이유로 고통스러운 투쟁 끝에 자신들의 신앙 관념과 결별하도록 선언하는 쪽으로 내몰린다. 한편 이 과정은, 아주 드문 경우이긴 해도, 심정적 욕구로부터 처음 소원해지기 시작하는 곳에서부터 저항도 없고 고통도 없는 과정이기도 하다: 지성은 이미 그 전에 죽은 것만을 훼손하는 것이다.—하나의 시체가 있었던 것이다. 니체의 경우에는 이 두 가지 가능성이 독특하게 교차했다: 철저한 관념으로부터 그를 근원적으로 해방시킨 데는 지성적 이유만 있었던 것도 아니지만, 또한 오래된 신앙이 그의 심정적 욕구를 중지시켰던 것도 아니다. 오히려 니체는 부모님 목사관의 그리스도교가 그의 내면적 존재에 "마치 건강한 피부처럼" "매끄럽고 부드럽게" 닿아 있었으며, 그 계율 모두를 지키는 것은 마치 본래의 성향을 따르는 것처럼 그에게는 쉬운 일이었다고 강조했다. 이미 정신적으로 깊이 벌어진 틈 때문에 그가 진지한 기독교로부터 결별했을 때, 그는 모든 종교에 대해 마치 타고난 듯한, 다른 사람에게 내줄 수 없는 이러한 재능을, 기독교인들마저도 그에게 보여준 공감의 원인 가운데 하나로 여겼다.

여기에서 처음으로 호의적이고 소중해진 사상의 울타리에서 그를 추동한 어두운 본능은 니체라는 존재가 그 안에 둘러싸여 있다고 느낀 바로 이러한 고향 감정, 이러한 따뜻한 "편안함" 속에서 일깨워졌다. 강력한 발전 과정 속에서 자기 자신에 도달하기 위해 그의 정신에는 영적인 투쟁, 고통과 동요가 필요했다.— 그가 필요로 하는 것은 그의 심정이 고요한 평화 상태에서 멀어지게 하는 것이다. 왜냐하면 그의 창조력은 그의 내면의 정서와 흥분 상태와는 무관하기 때문이다: 여기에서 처음으로 니체의 삶에서 "데카당한 자의 본성" 속에서 고통을 명령하는 자의 현상이 일어난다.

"호전적인 인간은 평화로운 상태일 때 자기 자신에게 덤벼"들며(《선악의 저편》, 76), 그를 쉼 없이 영원히 방랑하는 자로 규정되게 하는 낯선 사상으로 자신을 태워버린다. 그의 정신적 발전 과정이 계속 그를 실낙원에서 멀어지도록 강제할 때, 한편으로는 이러한 부단함 속에서 실낙원을 다시 얻고자 노력하는 그의 끊임없는 갈구가 이제부터 니체 안에서 살게 된다.

이미 그의 변화 과정에 관해 나눈 대화에서 니체는 언젠가 반쯤 농담으로 다음과 같이 말했다: "이제 경과가 시작되며 진행된다─어디로 가는가? 모든 것이 진행된다면 그다음에는 어디로 가는가? [사상의] 모든 조합 가능성이 소진된다면─그다음에는 무엇이 뒤따르는가? 어떻게 진행되는 것인가? 다시 신앙에 도달하는 것은 아닐까? 아마도 가톨릭 신앙에 말인가?" 이러한 표현의 배후 사상은 진지하게 덧붙인 언어로 구석에서 발견된다:

"모든 경우 정지보다는 순환이 있을 수 있다."

자기 안으로 되돌아오는, 결코 정지하지 않는 운동은─이는 진실로 니체의 정신적 특징을 표현하는 것이다. 조합 가능성은 결코 무한하지 않으며, 반대로 매우 제한되어 있다. 왜냐하면 앞으로 나가며 스스로 상처를 입는 열망, 이는 사상을 쉬지 않게 만들며 전적으로 인성의 내적 특질에서 나오는 것이다: 사상이 이리저리 왔다 갔다 하는 것처럼 보이는 한, 사상은 다시금 지배적인 욕구 아래 되돌아오도록 강제하는 영혼의 과정에 항상 묶이게 된다. 우리는 어느 정도까지 니체 철학이 실로 하나의 순환循環을 묘사하는지, 어떻게 결국 그 남자가 그의 가장 내밀한, 누설한 적 없는 몇 가지 사상 체험 속에서 다시 소년기에 접근하는지, 그래서 그의 철학 과정이 "굽이굽이 돌고 돌아 다시 그 근원으로 되돌아가는 강을 보라"(《차라투스트라는 이렇게 말했다》III, 23[〈왜소하게 만드는 덕에 대하여〉])라는 말에 해당하는지를 보게

될 것이다: 니체가 그의 마지막 창조 시기에 영원회귀라는 신비적 학설에 도달한 것은 우연이 아니다: 순환의 모습—영원한 반복 속에서 영원한 변화라는 모습—은 그의 저작의 입구에 걸려 있는 놀라운 상징이자 비밀 기호처럼 있다.

니체는 그의 첫 "문학적인 어린아이 장난"(《도덕의 계보》, 서문 3)으로 소년 시절에 나온 〈악의 기원에 대하여Über den Ursprung des Bösen〉라는 글을 언급한다. 여기에서 그는 "당연한 것이지만" 신을 "악의 아버지"로 만들었다. 또한 나와 나눈 대화에서, 이 글이 슐포르타에서 문헌학적 의무교육을 받던 시기, 즉 그가 이미 철학적으로 골똘히 생각하며 지내던 시기에 내던져진 채로 있었다는 것의 증거가 된다고 언명했다.

니체를 그의 어린 시절부터 학습기를 거쳐 문헌학적 활동을 했던 긴 시기까지 추적한다면, 그의 발전 과정이 처음부터 어떤 자기 강제의 영향 아래 전적으로 외적인 방식에 따라 진행되는지를 분명히 알게 된다. 이미 엄격한 문헌학적 훈련은, 그의 풍부한 창조력이 텅 비어 있던 젊은 혈기를 가진 이에게 그러한 방식을 강제할 수밖에 없었다. 그러나 이것은 특히 그의 스승 리츨의 지도 방향에서 보자면 타당한 것이었다. 방법이나 문제의 측면에서 리츨의 주요 관심은 형식적 관계나 외형적 연관성에 있었던 반면, 저작의 내적 의미는 뒤로 물러선 채 있었다. 니체의 전반적 (사고의) 특징은 그가 후에 자신의 문제를 오로지 내면의 세계에서 가져오며, 논리적인 것을 심리적인 것 밑에 두는 경향이 있다는 것에서 잘 나타난다.

하지만 이러한 엄격한 훈육과 장애 많은 지반 위에 있었던 것은 그의 정신이 일찍 성숙한 결실을 거두게 하고, 탁월함을 유지하게 했다. 일련의 뛰어난 문헌학적 연구는[1] 그가 공부하던 시기부터 시작해 바젤의 교수 시절에 이르는 길을 보여준다. 철학이나 예술을 공부하며 니체의 정신적 부유함 전체가 너무 일찍 폭발했고, 이것이 처음부터 그를 저 속박 없는 상태로—그의 몇몇 후기 저작에 접근하는—유혹했을 것이라는 사실은 믿을 만한 일이다. 그의 "다양한 충동"을 고려해보면 문헌학의 냉혹한 엄격성은 한 시기 동안 [니체의 정신을] 통합하며 유지하는 결속을 부여했지만, 한편으로는 그 안에서 많은 것이 잠든 채 구속되어 있게 했다.

---

1 니체의 문헌학적 작업에는 다음과 같은 것이 있다: 〈테오그니스의 잠언모음집의 역사Zur Geschichte der Theognideischen Spruchsammlung〉, 라인박물관Rheinischen Museum, Bd. 22; 〈그리스 서정시 비판 논고Beiträge zur Kritik der griechischen Lyrik〉, I. 〈시모니데스의 다나에 비탄Der Danae Klage von Simonides〉, 라인박물관, Bd. 23; 〈디오게네스 라에르티오스의 기원Der Laertii Diogenis Fontibus〉, 라인박물관, Bd. 23 und 24; 〈라에르티오스의 저작Analecta Laertiana〉, 라인박물관, Bd. 25; 〈디오게네스 라에르티오스의 문헌학과 비판 논고Beiträge zur Quellenkunde und Kritik des Laertius Diogenes〉, 바젤 교육기관의 축하서Gratulationschrift des Pädagogiums zu Basel, Basel, 1870. — 〈플로렌스의 헨리 스테파노에 따라 이후 다시 호메로스와 헤시오도스가 책에서 말한 경쟁Certamen quod Homeri et Hesiodi e codice Florentino post H. Stephanum dennu〉, ed. F. N., 《프리드리히 리츨이 편집한 립시엔시스 문헌학회 기록in den Acta societatis philologae Lipsiensis ed. Fr. Ritschl》, Vol. I; 〈호메로스와 헤시오도스에 대한 플로렌스 논고. 그들의 성과 경쟁der florentinische Tractat über *Homer und Hesiod*, ihr Geschlecht und ihren Wettkampf〉, 라인박물관, Bd. 25 und 28. 라인박물관(1842~1869)에서 나온 처음 24권에 대한 《색인》도 니체가 작업했으며, 이 색인 책은 리츨의 구상에 따라 편찬된 것이다.

어느 정도까지는 니체의 무시당한 강한 재능이 그를 고통스럽게 만들고 어지럽혔지만, 다른 한편 니체는 그보다 적지 않게 깊은 고통을 느끼게 했던 자신의 전공을 따라갔다. 특히 그에게는 거부할 수 없는 음악에 대한 갈망이 있었는데, 그래서 그는 사상에 귀 기울이고자 했던 한편으로, 종종 음에 귀 기울일 수밖에 없었다. 울려 퍼지는 불평 소리와 같은 그의 두통이 음악 연습을 할 수 없게 만들 때까지 저 갈망은 몇 년 동안 그와 동반했다.

그러나 후기의 철학 세계에 대해 니체의 문헌학 세계가 만든 대립이 얼마나 컸던가. 하지만 한 시기로부터 다른 시기로 건너가는 것을 중재하는 특징들이 없는 것은 아니다.

니체의 정신적 방식이 그 생산적 성향을 형성하고 더욱 강화했던 순간에도 이러한 대립을 예리하게 하는 것처럼 보이는 리츨의 지도 방향은 심지어 니체의 정신적 방식의 어떤 특별함에서도 발견된다. 니체의 정신 안에는 어떤 형식적·예술적 완성에 대한 갈구나 학문적 물음을 엄격히 제한하거나 주어진 관점에 집중하는 것을 통해 학문적 물음을 거장匠적으로 처리하는 경향이 있었다. 니체에게는 한 과제를 자의적이고 집중적인 방식으로 제한함으로써 이와 같은 과제를 순수 예술적 방식으로 끝내고자 하는 욕망이, 그의 본성의 근본 충동과 밀접한 연관성 속에서 스스로 창조한 것을 다시금 덧붙이고자 하는 욕망이, 궁극적으로 해결된 것이나 과거의 것을 자신으로부터 밀어내려는 욕망이 있었다. 문헌학자에게는 과제와 문제의 변화를 이끌어내는 일이 저절로 주어졌다. 니체의 특징적 문구로 이것을 표현하면 다음과 같다: "해명된 일은 우리의 관심을 끌지 못한다."《선악의 저편》, 80) 문헌학자는 이렇게 할 수 있었을 것이다. 왜냐하면 실상 밝혀진 어둠은 더 이상 몰두할 필요 없이 완전히 해결된 문제이기 때문이다. 그러나 니체 사상에서 종종 나타나는 변화를 조건 짓는 데는 여러 이유가 있으며, 따라서 여기에서 문헌학 세계와 철학 세계의 대립이 어떻게 설명되는지, 니체가 어떻게 자신에게 낯선 위장 속에서—냉정한 문헌학적 위장 속에서—외형상의 이러한 정신적 자기 종속으로부터 자신을 관찰했는지 살펴보는 것은 매우 흥미로운 일이다.

문헌학자는 결코 자신의 신조를 통해 문제에 혹은 자신의 인간적 내면에 접근하는 것이 아니다. 문헌학자의 문제는 결코 자기 것으로 만들어지지 않으며, 과제를 해결할 필요가 있을 때 문헌학자는 오랫동안 그 문제를 붙잡고 있게 된다. 이와 관련해 니체에게, 문제에 몰두한다는 것, 인식한다는 것은 무엇보다 다른 문제에 몰두한다는 것을 뜻했다. 진리에 대해 확신한다는 것은 그에게는 체험을 극복하게 된다는 것, 즉 그가 말했듯 "더미 위로 내던져진다"는 것을 의미했다. 니체는 어떻게 우리가 운명을 자기 안으로 받아들이는지, 인간 전체를 파악하는지, 사로잡게 되는지를 생각했: 니체는 사상을 생각했다기보다는 오히려 사상을 살아냈다. 그러나 그는 정열적 열정으로, 끝없는 헌신으로 사상을 살아냄으로써 그 사상에서 지쳐갔다.—마치 마음껏 펼쳐진 운명처럼, 사상은 다시 그에게서 떨어져나왔다. 자연스럽게 그러한 자극을 따를 수밖에 없는 냉정함을 통해서 비로소 니체는 자신의 정복된 인식을 순전히 지성적으로 작용하도록 만들었다. 그다음에야 그는 조용하면서도 명백히 검증된 이해력에 바탕을 두고 인식을 따라갔다. 철학적 인식 영역에서 니체의 주목할 만한 변화 욕구는 점점 더 새로워지는 정신적 방식에 대한 갈망으로 조건 지어졌고, 따라서 니체에게 완전한 명료함은 언제나 권태와 고갈의 부대 현상일 뿐이었다.

그러나 정신적 소진 속에서조차 니체의 문제들은 그를 떠나지 않았다. 권태는 단지 문제들을 해결한 데 따를 뿐이며, 이 해결을 통해 현재의 동요가 생기게 한 원천은 파묻혀버린다. 따라서 니체에게 해결책을 발견하는 일은 기분 전환을 가리키는 하나의 표식이다. 왜냐하면 문제는 계속 유지될 수 있으며, 새로운 해결책을 시도할 수 있기 때문이다. 니체는 진지하게 증오하면서 (문제를) 해결하도록 그를 몰아댔던 모든 것, 그에게 해결책을 찾도록 도와준 모든 것을 추적했다. "해명된 일은 우리의 관심을 끌지 못하"기 때문에, 니체는 근본적으로 어떤 문제의 궁극적 해명을 알고자 하지 않았으며, 겉보기에 완수된 사유의 완벽한 만족을 표현하는 단어는 그에게는 삶의 비극을 나타내는 것이었다: 니체는 그가 연구한 문제들이 더는 그의 관심을 끌지 않기를 원한 것은 아니었다. 그가 원했던 것은 이 문제들이 그의 영혼의 심층에서 그를 파헤치는 일을 계속하는 것이다. 따라서 그는 문제를 그에게서 빼앗는 해결을 싫어했으며, 늘 회의懷疑의 예민함이나 과도한 예민함을 통해 해결책을 찾는 데 몸을 기울였고, 고통에 즐거워하며—그가 즐겁게 부가했던 손해나 그 자신의 고통에—그의 문제들을 다시 자신에게 억지로 되돌려주려고 했다. 따라서 이제 우리는 니체에 대해 이렇게 정당하게 말할 수 있다: 사유 방향이나 고찰 방식에서 이러한 정열적 정신을 지속적으로 붙잡고 있다는 것, 새로운 변천이나 변화를 불가능하게 만들 수밖에 없는 것, 이것은 궁극적으로 그에게는 해명되지 않은 채 남을 수밖에 없다. 이는 문제를 해결하고자 하는 모든 시도의 에너지에 반대하는 것이며, 치명적인 수수께끼에서 그의 이해력이 상처를 입는 것이자—수수께끼에서 마치 십자가를 매는 것과 같은 것이다. 마침내 이러한 길 위에서 그의 내면의 동요가 억지로 박차를 가한 이해력 이상으로 더 심해졌을 때, 그때야 그에게는 더 이상 회피나 도주가 없었다. 하지만 니체에게 내면의 동요는 마지막 시기에 이르러 필연적으로 어둠, 고통, 비밀속에서 없어지게 된다. 즉 폭풍우가 치는 바다처럼 그 사상들을 덮치는 감정의 흥분에 휩쓸려 사상의 광란 속으로 없어진다.

니체가 보여준 지그재그 길을 마지막까지 따라가는 사람은 니체가 두려움 속에서 마지막으로 해명하거나 문제를 해결하기에 앞서, 궁극적으로 영원한 신비의 수수께끼로 추락하는 지점 가까이 접근하게 된다.—

하지만 니체의 정신적 재능은 두 가지로 특징지어지는데, 이는 후일 철학자로서의 니체에게 나타나는 것과 동일한 방식으로 문헌학자에게도 나타났다. 첫 번째 재능은 부드럽고 확실한 손으로 만져야 사라지거나 왜곡되지 않게 할 수 있는, 예민한 것을 다루는 섬세함의 재능이자 천재성이었다. 내 생각에 이는 니체를 후일 심리학자로서 위대하다기보다는 섬세하다고 여기게 하는―섬세함에 바탕을 둔 파악이나 조형에서―것과 같다. 인식하는 자의 시선에 "사물의 금사세공"(《바그너의 경우-Der Fall Wagner》, 3)이라고 표현한 바 있듯이, 니체가 언젠가 사물에 사용한 이 표현은 그의 재능을 가장 잘 드러내준다.

이러한 흐름과 연관해서 감추어진 것이나 내밀한 것을 추적하는 경향은 숨겨진 것을 밝히는 것, 즉 어둠을 밝히는 시선이나 앎에 구멍이 있는 것을 본능적으로 느끼며 보완하고 따라가는 것이다. 니체의 천재성의 많은 부분이 여기에 있다. 이것은 고도의 예술적 힘과 밀접한 연관성을 갖는데, 여기에서 섬세한 것이나 개별적인 것을 보는 시선은 놀랍게도 각각의 연관성이나 전체상을 크고도 자유롭게 응시하는 것으로 확장된다. 엄밀한 문헌학적 비판 작업을 하면서 그는 텍스트에서 빛바랜 것이나 망각된 것을 성실히 읽어내기 위해 이러한 재능을 발휘했다.[2]―그런데 이러한 노력을 기울이는 과정에서 동시에 니체는 자신이

---

2   그가 읽어냈던 것은 그가 일찍이 "잘 읽을 것"을 설명하면서 말했던 내용이다: "이것(문헌학)은 깊이 생각하면서 결론을 성급하게 내지 않고, 섬세한 손과 눈으로, 천천히, 깊이, 전후를 고려하면서 읽을 것을 가르친다."(《아침놀》, 서문 5)

순수하게 진행해온 연구를 마무리하게 되었다. 이는 그의 가장 의미 있는 문헌학적인 작업, 즉 〈디오게네스 라에르티오스의 기원Quellen des Diogenes Laertius〉 작업으로 이끈다.

왜냐하면 이 저작에 몰입하는 일은 니체에게 고대 그리스 철학자들의 삶과 모든 그리스인의 삶의 관계를 추적하는 단서가 되었다. 니체의 이후 저작에서 그는 이를 언급한다(《인간적인 너무나 인간적인 I》, 261). 우리가 주목하는 것은 그가 어떻게 전승 파괴에 사로잡힐 수 있었는지, 즉 "가장 강력하고 순수한 유형의 형상 아래서" 그것의 상실된 모습을 가공하고, 그 모습을 모방해 만들고, 매혹적으로 변화시켜나가면서 결함이나 훼손된 부분에 어떻게 천착할 수 있었을까 하는 점이다. 그는 "그러한 유형을 만드는 조각가의 작업실처럼" 저 시대의 황혼 속을 들여다본다. 그곳에는 훨씬 더 높은 철학자 유형에 대한 단서가 있을 수 있다고, 훨씬 상위의 철학자 유형으로서, 아마 플라톤이 "소크라테스의 마법에서 벗어났을 것"이라는 생각이 놀랍게도 니체를 사로잡는다. 그러나 이 모든 것은 단순히 문헌학자에서 철학자로 넘어가는 것 이상이다. 무미건조하게 비판하는 방식을 강요받았을 때, 니체가 애타게 갈망했던 창조적 사상에서 나타나는 것은 이미 그의 공명심의 최후이자 최고의 지점이다. 니체는 추상적 철학을 전공하는 길 위에서 철학으로 입문한 것이 아니라, 가장 내면적 의미에서의 철학적 삶에 관한 심층적 견해를 향한 길 위에서 철학으로 들어갔다. 만약 니체의 모든 〔사상적〕 변화를 통해 이러한 만족할 줄 모르는 정신적 투쟁이라는 목적을 드러내고자 한다면, "그때까지 발견되지 않은 새로운 철학적 삶의 가능성"(《인간적인 너무나 인간적인 I》, 261)을 발견하려는 동경 외에 더 적합한 용어를 찾을 수 없을 것이다.

저 문헌학적 저작은 일련의 후기 작품들에 가까이 있다.— 이는 규모가 큰 건물에 들어가는 벽에 반쯤 숨겨진 작은 문과 비교될 수 있다.— 이 문을 열 때, 우리의 시선은 이미 내부 공간에 있는 긴 틈새를 끝까지, 가장 어두운 구석까지 스치며 지나간다. 이 경계에 서서 그곳을 살펴보는 사람은 돌을 쌓아올리며 전체를 연결하는 강제적 힘을 놀라움 없이는 생각할 수 없다: 무수히 많은 옆길과 감추어진 은닉처가 미궁을 의도하는 것이라고 할 때, 호사스러운 풍요로 이 일부를 전부 장식했던, 그러한 옆길과 은닉처의 일부와 놀이하면서 해체했던 힘을 생각하게 된다.— 그러나 옆길과 은닉처는 냉혹한 결론을 지닌 채 언제나 그 저작들의 주요 특징으로 창조되었다.

그러나 니체는 그리스 연구에서 자신의 가장 내적인 노력의 예감이나 내밀한 동경의 목적에 대한 전망을 열어놓았는데, 또한 이는 그가 이러한 목적에 접근할 수 있었던 길도 제시했다. 왜냐하면 이는 니체에게 고대 헬레니즘 세계의 문화 이미지 전체를 제시했기 때문이다. 니체에게 이 문화 이미지는 침몰된 예술과 종교의 모습을 펼쳐 보이는 것이었으며, 니체는 그것을 관조하는 한편, 갈증난 표정으로 "신선함이 가득한 생명"을 들이마셨다. 이렇게 니체는 문화사적, 미학적, 역사철학적 연구 작업으로 자신의 학식을 세웠고, 형식주의를 극복했다.

따라서 그에게 문헌학의 의미는 변화하고 깊어졌다. 문헌학, "이것은 뮤즈도 아니며 우미의 여신도 아니지만, 신들의 여사제다. 뮤즈들이 우울해하며 슬픔에 젖어 있는 우둔한 농부들을 위로하러 찾아가는 것처럼, 이 여사제는 어두침침한 색조와 형상에 가득 찬 세계로, 치유될 수 없는 아주 깊은 고통이 가득한 세계로 들어가서, 멀리 떨어져 있는 푸른빛 행복의 마법나라가 비추는 환한 빛의 신의 모습에 대해 위로를 담아 설명한다."

이 말들은 니체의 바젤대학 취임 기념 공개강의록인 〈호메로스와 고전문헌학Homo und die Klassische Philologie〉(24)에서 가져온 것인데, 이 강연록은 친구들을 위해 (바젤에서 1869년에) 인쇄되었다. 2년 뒤(바젤에서 1871년에) 같은 정신적 방향의 연장선에 있는 다른 짧은 저작이 출간되었다: 〈소크라테스와 그리스 비극Sokrates und die griechische Tragödie〉은 비교적 완벽한 형태를 갖추었는데, 이는 단지 사상의 연관성을 외견상으로 자리 변경하며 1872년에, 니체의 위대한 최초의 철학 저작《음악 정신으로부터 비극의 탄생》(라이프치히, 프리치E.W. Fritsch 출판사. 지금은 나우만C.G. Naumann 출판사3)으로 출간되었다. 이 두 작업에서 니체는

---

3   이 책을 출판했을 때 문헌학자 동료 집단에서 가장 강한 불쾌감이 터져나왔다. [이 책의] 저자는 경멸의 대상이었던 철학자 쇼펜하우어의 학설뿐만 아니라 그 당시 비방받던 "미래 음악가" 리하르트 바그너의 예술관의 기초를 세우는 일을 실행에 옮기고자 했다. 지금

자신의 문화철학적 수행 작업을 더 엄격한 문헌학 토대 위에 세웠다. 이 모든 것은 니체의 이름을 문헌학 전문가 집단에서 확산하는 데 기여했다. 하지만 이는 결국 특정 철학의 닫힌 세계관으로 들어가기 위해 니체가 자신의 본래 전공에서 예술과 역사를 통해 남겨두었던 길을 드러낸다. 다시 말해, 리하르트 바그너의 세계관이자 그의 예술적 노력이 쇼펜하우어의 형이상학과 연관되는 길이었다. 니체의 작품을 펼치면, 바이로이트의 거장〔리하르트 바그너〕의 영향권 안에 있다.

바그너를 통해 비로소 니체에게는 문헌학 세계와 철학 세계의 완전한 융합이 이루어졌으며, 니체가 세네카Seneca의 격언 "이전에 문헌학이었던 것이 철학이 되었다philosophia facta est quae philologia fuit"를 뒤집었을 때, 〈호메로스와 고전문헌학〉에서 맺은 저 용어야말로 참이 되었다. "이것을 통해 언급해야 할 문제는

은 독일 고전 문헌학계의 탁월한 대표자에 속하지만〔당시〕문헌학적 혈기를 지닌 젊은이였던 빌라모비츠 묄렌도르프Ulrich v. Wilamowitz-Möllendorf는, 품위를 내던지고 자신의 동료 집단이 지닌 편견의 대변자가 되었다. 그는 니체의 저작을 정당하게 평가하지 않고, 〈미래문헌학! 니체의 '비극의 탄생'에 대한 응답〉(베를린, 1872)이라는 팸플릿에서 한쪽으로 치우친 문헌학적 관점으로 격렬하게 공격했다. 이런 공격에 대해 무엇보다 이 책이 언급했던 사람들, 즉《북독일 알게마이네 차이퉁Norddeutsche Allgemeine Zeitung》(1872년 6월 23일 자)에 실린 니체에 대한 공개 편지를 통해 예술가인 바그너가, 그리고 당시 이미 그리스 고대 세계에 관한 깊은 지식을 갖추었던 에르빈 로데Erwin Rohde가 대응했다. 뛰어난 논쟁서《문헌학 이후. 한 문헌학자가 리하르트 바그너에게 보내는 글Afterphilologie. Sendschreiben eines Philologen an Richard Wagner》(라이프치히, 1872)에서 로데는 대적자가 마련한 기반 위에서, 빌라모비츠가 행한 반론과 고발을 거부했고, 이에 대해 빌라모비츠는 그 후 〈미래문헌학! 두 번째 장. 프리드리히 니체의 '비극의 탄생'을 구출하려는 시도에 대한 응답〉(베를린, 1873)이라는 재항변의 글로 대답했다.

모든 개별적인 문헌학적 활동이란 철학 세계관에 둘러싸이고 포괄되어야만 한다는 것인데, 이 세계관에서 모든 개별적인 것이나 낱개의 것은 물리쳐야 할 것으로 증발되고 오직 전체나 통일적인 것만이 유지되는 것이다."

니체를 여러 해 동안 바그너의 제자로 만들었던 마술은 특히 니체가 그리스적 삶 안에서 이상으로 열어놓았던 예술 문화의 똑같은 이상을 바그너가 독일적 삶 안에서 실현하고자 했다는 점에서 설명된다. 쇼펜하우어의 형이상학과 더불어 이러한 이상이 신비적인 것으로, 비다을 알 수 없는 의미 있는 영역으로 상승하는 것 외에 근본적으로 다른 것이 아니다.—마치 모든 예술적 삶이나 예술 인식의 형이상학적 해석을 통해 그 이상이 여전히 담고 있는 어조처럼 말이다. 우리가 〈소크라테스와 그리스 비극〉을 주저 《음악 정신으로부터 비극의 탄생》에서 담고 있는 것의 보충이나 확장과 비교할 때, 이 어조를 가장 의미 있다고 느낀다. 이 책에서 니체는 모든 예술 발달을 두 개의 대립된 "자연의 예술 충동"의 활동으로 환원하고자 했다. 그는 그리스인의 두 예술 신에 따라 이 충동을 디오니소스적인 것과 아폴론적인 것으로 표현한다. 첫 번째의 것을 그는 기쁨에 넘치는 환희 속에서, 고통과 쾌락의 뒤섞임 속에서, 기쁨과 공포로 인해 디오니소스 축제의 자기 망각적 도취 상태에서 펼쳤던 열광적 요소로 이해한다. 이것들 안에서 현존재의 일상적 제약이나 한계는 부정되며, 개인은 다시 자연 전체와 융해되는 것처럼 보인다. 개체화의 원리는 깨진다. "존재의 어머니들에 이르는 길, 사물의 가장 내면적 핵심에 이르는 길은 열려 있다."(86) 도취의 생리학적 현상을 통해 이 충동의 존재는 우리에게 더 가깝게 다가온다. 그에 상응하는 예술이 음악이다. 모든 조형력의 신인 아폴론 속에서 체현되는 형식 조형적 충동은 그와는 반대의 것을 형성한다. 이 안에서 적절한 제한, 모든 거친 움직임으로부터의 자유와 지혜에 가득 찬 고요가 하나가 된다. 이것은 "개별화 원리의 신격화"로서, 숭고한 표현으로 여겨질 수밖에 없다. "이 법칙은 개인, 즉 그와 같은 것의 한계 준수, 헬레니즘적인 의미에서의 척도인 것이다."(17) 이것을 통해 상징화된 충동의 힘은 생리학적으로 꿈의 세계의 아름다운 가상을 드러낸다. 그의 예술은 조각가의 조형적인 것이다.

처음부터 투쟁하는 이 두 충동의 화해와 결합 속에서 니체는 적대하는 두 예술 신의 화해의 결실로서 디오니소스적 예술작품이자 아폴론적 예술작품인 아티카 비극의 기원과 본질을 인식한다. 신의 고뇌를 축하하는 디티람보스 합창에서 생겨난 비극은 근원적으로 그 가수가 디오니소스적 흥분을 통해 변화하며 매혹적이 되어감으로써 비극 자체가 스스로 신의 공복公僕으로서, 사티로스로서 느끼게 되고, 그 자체로 디오니소스의 주인이자 지배자를 바라보는 합창일 뿐이다. 합창이 스스로 만들어내는 이러한 전망과 더불어 그의 상태는 아폴론적인 완성에 이른다. 드라마는 디오니소스적 인식과 활동을 아폴론적인 것으로 감각화한 것으로 완벽하다. "비극이 뒤엉켜 있는 저 합창의 부분들은 어느 정도 본래적 드라마의 모태다."(41) 합창의 부분들은 그와 같은 것의 디오니소스적 요소인 데 반해, 대화는 아폴론적 속성을 만든다. 이 대화 안에서 장면상 아폴론적 현상으로서 드라마의 주인공이 말을 한다. 이 아폴론적 현상에서 근원적으로 비극적 주인공인 디오니소스는 그 뒤 모두에게 신성이 숨겨져 있는 단순한 가면으로서 객관화된다.

이 책의 결론부에서는 니체가 자신의 여러 발전 시기와 정조의 변화가 마치 그의 정신의 직접적인 표현이 아니라 어느 정도는 단지 자의적으로 걸치고 있는 가면, 즉 그 뒤에서 신적으로 탁월한 디오니소스적 자기가 영원히 동일한 것으로 머무는 "아폴론적 가상"인 것처럼 묘사하는 것을 볼 수 있다. 이때 우리는 니체가 마지막에 다시 한번 이 사상으로 소급되는 것을 볼 것이다. 또한 이러한 자기 기만의 원인을 결론부에서 알게 될 것이다.

니체가 디오니소스적인 것에 부여하는 의미는 그의 사상 전반에서 특징적이다: 그는 문헌학자로서 디오니소스적 문화의 의미와 더불어 고대 세계에 이르는 새로운 접근로를 찾았다. 철학자로서 니체는 이러한 의미를 그의 최초 세계관의 토대로 만들었다. 그의 모든 후기 변화를 넘어서 이 의미는 그의 마지막 창조 시기에 다시 나타난다. 쇼펜하우어와 바그너의 형이상학과의 연관성이 끊어지는 지점에까지 실로 변화했다. 그러나 니체는 당시 이미 자신의 감춰진 영혼의 움직임이 하나의 표현을 찾았던 곳에 여전히 머물러 있었다. 이는 그의 마지막 가장 고독하고 내적인 체험의 모습이나 상징으로 변화된 것으로 보인다. 이에 대한 근거는 니체가 디오니소스적인 것의 도취 속에서 자신의 동질적 본성을 느꼈다는 데 있다: 즉 슬픔과 기쁨, 자기 상처와 자기 신성화의 비밀스러운 존재의 통합,—모든 대립이 서로를 조건 짓고 삼켜버리며, 또다시 그것으로 되돌아오는 상승하는 감정생활의 저 과도함.

소크라테스라는 이름으로 세례받은 이론적인, 모든 직관에서 이반되어 나온 인간의 정신적 방향이 디오니소스적인 것과 그것에서 태어난 예술 문화에 대한 가장 예리한 대조를 만든다. 《비극의 탄생》에서 니체는 소크라테스의 이러한 정신적 방향의 발달을 우리 시대에 이르기까지 모든 세기의 철학과 학문을 통해 아주 특징적으로 묘사하고자 했다. 소크라테스와 더불어—그의 이성론은 헬레니즘적 본능을 억제하기 위해 이 근본적 헬레니즘적 본능에 반대했는데—"변증법에 유리하게 그리스적 취향은 전복되었으며", 이성-통찰을 통해 존재의 마지막 근거를 탐색하고 수정할 수 있다고 생각한 저 이론적인 것이 승리하는 행진이 시작되었다. 니체가 후에 철학은 "전혀 경계를 넘어서지 못하며 스스로 괴로워하고 그 안으로 들어갈 권리를 거부하는" 금욕설로 환원된다고 재치 있게 말하듯이(《선악의 저편》, 204), 칸트의 비판이 이론적 인식의 한계를 제시했을 때, 이는 비로소 이러한 낙관주의에 종말을 준비한 것이다. 니체에 따르면 이러한 것을 통해 철학은 결국 탐구되지 않은 존재에 이르는 접근로와 직관적 인식의 길 위에서 그 변형에 이르는 접근로를 열어놓았던 쇼펜하우어를 통해 철학을 갱신하기 위한 공간을 마련했다.

1873년에서 1876년 사이에 니체는 앞서 출간한 작품의 정신과 감각을 담고 있는 네 개의 짧은 저작을 포함한《반시대적 고찰》이라는 제목의 저서를 출간했다. 이는 "시대에 저항하는 것이며, 이를 통해 시대에 그리고 희망컨대 다가오는 시대에 걸맞게" 작용하는 것으로 규정된다. 〈다비드 슈트라우스, 고백자와 저술가David Strauss, der Bekenner und der Schriftsteller〉라는 제목을 단 첫 번째 저서는 그 당시 지나치게 칭송을 받던 책《낡은 신앙과 새로운 신앙Der alte und der neue Glaube》에 대한 비판 속에서, 현대적 교육의 편협한 지성주의에 대한 힘찬 공격 속에서 나왔다. 그 근본 사상이 니체의 마지막 저서들에서 비록 변형되기는 하지만, 디오니소스적인 것에 대한 견해가 적지 않게 분명히 반복되는 두 번째 최고의 가치 있는 저서 〈삶을 위한 역사의 공과Vom Nutzen und Nachtheil der Historie für das Leben〉는 지속적인 관심의 대상이다. 역사라는 용어는 완전히 일반적으로 파악하자면, 여기에서 본능적 삶에 대립되는 사상적 삶―현재에 있는 것이나 생성하는 것의 생명력 가득한 것에 대립되는 지나간 것에 대한 인식, 존재했던 것에 대한 지식을 나타낸다. 이 저서는 "어떻게 지식을 삶에 종속시킬 수 있는가?"라는 물음을 다루며, 저자의 관점을 "역사가 삶에 종사하는 한, 우리는 역사에 봉사하고자 한다"는 문장으로 정확하게 표현한다. 망가뜨리고 부담을 주고 어떤 곳이든 파고들어가는 사상적인 것의 영향에 대립해 인간의 가장 중요한 정신적 기능이 완전히 흠결 없는 상태로 남아 있는 한 역사는 삶에 종사한다. "… 한 인간, 한 민족과 한 문화의 조형력,—내가 의미하는 것은 스스로 고유한 방식으로 성장하고, 과거의 것과 낯선 것을 변형시켜 자기 것으로 만들며, 상처를 치유하고 상실된 것을 대체하고 부서진 형식을 스스로 복제할 수 있는 저 힘을 말한다."(1)〔10 → 1〕 그렇지 않으면 우리 안으로 단지 흘러들기만 하는 낯선 풍요의 카오스가 우리 안에서 생겨난다. 우리는 이 풍요를 제어할 수 없고 동화시킬 수 없으며, 따라서 그 다양성은 우리 인성의 통일적인 것이나 유기체적인 것을 심하게 손상시킨다. 이렇게 되면 우리는 아주 다양한 생각, 기분, 가치판단이 끊임없이 서로 뒤엉켜 싸우는 투쟁의 수동적 무대가 된다. 우리는 자신을 주인으로 만들지 못한 채 하나의 승리나 다른 하나의 패배 때문에 고통을 당한다.

그의 후기 저작에서 중요한 역할을 하며 니체가 여러 차례 언급한 데카당스 개념에 대한 해석이 여기서 처음 등장한다. 데카당스의 위험에 대한 이러한 첫 묘사가 니체의 영혼 상태에 대한 서술을 아무런 이유 없이 기억나게 만든 것은 아니다.—우리는 여기에서 이미 그와 같은 것의 영적 근원을 분명히 인식할 수 있다. 압도적인 인식이나 사상의 흐름이 부단하게 몰려오도록 정열적인 정신에 원인을 제공했던 것은 내밀한 고통이다.―그의 모든 생각이나 지식이 자신의 내면적인 삶에 작용하도록 하는 힘이 있어서, 내적으로 서로 충동하며 싸우는 풍부한 체험이 닫힌 인성의 한계를 깨도록 위협을 가했던 것이다. 그는 이 저서 〔삶을 위한 역사의 공과〕의 서문에서조차 다음과 같이 말한다: "나에게 고통스러운 느낌을 불러일으켰던 경험은 대부분 나 자신에게서 왔으며, 단지 비교를 위해 다른 이들로부터 일부 얻었다는 점을 (⋯) 숨겨서는 안 될 것이다."[4] 그가 자신 안에서 찾아낸 것은 그에게는 시대 전체의 보편적인 위험이었으며,―후에는 심지어 니체를 구원자이자 구조자로 부르는 인류 전체를 위한 위험으로 고조되었다. 그러나 이러한 상태의 결과는 독특한 이중 의미를 지니는데, 이는 전체 저서를 관통해가면서 정통한 니체-독자의 관심을 끈다: 즉 지배적인 시대정신에 대해 그의 의구심이 불러일으키는 것, 그 자신의 영혼 문제와는 본질적으로 다른 것이 있기 때문에, 그는 구별 없이 두 가지 서로 완전히 다른 것에 반대하는 것이다. 그중 하나는 차갑게 만들고 마비시키는 편협한 지성 교육의 영향이 불러일으키는 전적으로 풍부한 영혼적 삶의 위축이다: "현대인은 결국 엄청난 양의 지식 돌멩이를 몸에 달고 다니는데, 이 돌멩이는, 동화에서 말하듯이, 때가

4　《인간적인 너무나 인간적인 II》, 신판, 서문 IV. "내가 '역사적 질병'에 반대하며 말했던 것을 나는 그 질병으로부터 서서히 수고롭게 치유할 줄 알았던 한 사람으로 말했던 것이다'라는 문장을 비교해볼 것.

되면 본격적으로 몸 안에서 덜커덩거린다."(36〔4번〕) "내면에는 뱀과 같은 느낌이 자리 잡고 있다. 즉 토끼 한 마리를 통째로 삼킨 다음 조용히 햇볕에 누워 가장 필요한 동작 외에는 꿈쩍도 하지 않는 뱀의 느낌 말이다. (…) 지나쳐 가는 사람은 누구나 그런 교양이 소화불량 때문에 파멸하지 않았으면 하는 소망만을 가지고 있다."(37〔4번〕)—다른 하나는 그러나 바로 너무 결렬하고 자극적이며 선동적이고 정신적인 것이 심리적 삶에 미치는 영향에 대한 것이며, 그러한 것을 통해 야기된 서로 연관성 없는 거친 충동력의 투쟁에 대한 것이다.

영혼의 우둔함과 영혼의 광기에서처럼 차이가 있다. 니체에게 가장 추상적인 사상은 그를 직접적인 힘이나 예측할 수 없는 힘으로 매료시켰던 정서적 힘으로 전환되곤 했다. 그가 제시한 우리 시대의 상에는 두 가지 대립된 지성적인 것의 영향이 뒤섞여 있으며, 그것들 가운데 하나에 대한 관계에서—영혼적 삶이 카오스적인 상태로 해방되는 관계에서—그에게는 유사한 방식으로 두 가지 서로 다른 원인이 상호 융합된다. 중요한 것은 순수한 지성적 영향뿐만 아니라, 즉 지성적인 것이 본능적인 것에 대해 갖는 위험뿐만 아니라, 우리에게 유전되고 동화된 오래전부터 흘러온 시대의 영향에 관한 것이다. 이는 과거 언젠가는 지적 원천에서 나왔지만, 지금은 충동과 감정 평가의 형태로 우리 안에 살고 있는 영향이다.

닫힌 인성은 밖으로부터 오는 위험뿐만 아니라 그 자신이 지니고 있고 그것과 더불어 태어난 저 위험, 즉 모든 늦둥이의 유산인— 왜냐하면 늦둥이는 혼종이기 때문이다—"저 본능의 모순"을 위협한다.

이러한 의미에서— 학습하고 경험한다는 의미에서—"역사"가 가져오는 손해를 극복하는 방법은 비역사적인 것으로 전환하는 데 있다. 니체는 비역사적인 것을 그것이 없다면 삶도 있을 수 없는, 무의식으로의, 비非지식을 추구하는 의지로의, 지평을 닫는 것으로의 귀환이라고 이해한다. "살아 있는 모든 것은 단지 지평 안에서만 건강하고 강하고 생신적일 수 있다."(II, [1번]) "… 비역사적인 것은 그 안에서 삶이 스스로 생성되는 무언가를 감싸는 분위기와 비슷하다." "이것은 사실이다: 인간은 사유하고 숙고하고 비교하고 분리하고 결합하면서 저 비역사적인 요소를 제한함으로써, 또 저 에워싸는 안개구름 안에서 밝은 섬광이 발생함으로써, 그리고 삶을 위해 과거를 사용하고 이미 일어난 것에서 다시 역사를 만드는 힘을 통해 인간이 된다. 그러나 역사의 과잉 속에서 인간은 다시 인간이기를 중지한다."(12f.; [II, 1]) 인간의 힘은 그가 견디고 이겨내는 역사적인 것의 척도에서 측정된다.— 즉 인간 안에 있는 비역사적인 것의 힘에서 측정된다: "한 인간이 지니고 있는 가장 깊은 천성의 뿌리가 강할수록 그가 과거로부터 습득하거나 갈취하는 것은 더 많아진다. 가장 강력하고 거대한 천성이 있다고 상상한다면, 그에게는 역사적 의미가 너무 무성해서 유해한 영향을 끼칠 수 있는 그러한 역사적 의미의 한계가 없다는 것을 알 수 있을 것이다. 이 천성은 자기 것이든 가장 낯선 것이든 과거의 모든 것을 자기 쪽으로, 자기 안으로 끌어당겨 마치 피처럼 바꿀 것이다. 그러한 천성은 정복하지 못하는 것을 망각할 줄 안다. 정복하지 못하는 것은 더 이상 존재하지 않으며, 지평은 닫혀 완전하고, 동일한 인간의 저편에 열정, 학습과 목표가 있다는 사실을 상기시켜주는 것은 아무것도 없다."(II, 〔1〕) 그러한 정신은 역사를 세 가지 방식으로 움직인다. 이는 역사가 세 방향 가운데 어느 한 방향으로 빠지지 않고 대체로 추동될 수 있는 방식이다. 그는 과거의 위대한 인물에 자신의 시선을 두거나 위대한 인물들을 잃어버리지 않은 채로 고무된 선행자나 동료로서 그들을 자신의 업적이나 의지와 연관시킬 때 역사를 기념비적 역사Monumentalgeschichte로 바라본다. 그는 자신이 이전에 살았던 장소처럼—그에게는 가장 사소한 것마저도 가치 있고 의미 있어 보이는 자신의 어린 시절로—과거의 것 모두에서 이리저리 거닐 때, 골동품적 역사antiquarische Geschichte로 침잠해 들어간다: "… 그는 성벽과 성문, 평의회 법령, 대중 축제를 소년 시절의 그림일기처럼 생각하고 그 모든 것 속에서 자기 자신을, 자신의 힘과 자신의 근면과 자신의 욕망, 자신의 판단과 어리석음과 장난기를 다시 발견한다. 그는 혼잣말로 여기서 살 수 있었다고 말한다. 왜냐하면 여기서 살고 있으며 여기서 살 것이기 때문이며, 우리는 끈질기고 하룻밤 사이에 꺾이지 않을 것이기 때문이다. 그렇게 그는 이 '우리'라는 말로써 무상하고 기이한 개별적 삶 너머를 바라보며, 스스로를 가족의 정신으로, 종족의 정신으로, 도시의 정신으로 느낀다."(28, 〔II, 3〕) 마침내 세 번째로 그는 미래를 세우며 과거를 파헤치기 위해서 역사를 또한 비판적으로 본다. 여기서 그에게 필요한 것은 가장 큰 생명력이다. 왜냐하면 몽상가나 수집가가 되는 위험보다 더 큰 위험은 부정하는 자로 있는 것이다. "위험한, 즉 삶 자체에 위험한 과정은 언제나 있다: (…) 왜냐하면 우리는 과거 종족의 결과이기 때문이다. (…) 이 연쇄 고리로부터 벗어난다는 것은 불가능하다. (…) 기껏해야 우리는 물려받은 유전적 천성과 인식을 충돌하게 만든다. (…) 우리는 새로운 습관, 새로운 본능, 제 2의 천성을 심어서 이 천성을 시들어 죽게 한다. 이는 우리가 유래한 과거와 반대로 그로부터 자신이 유래하고 싶은 과거를 마치 후천적으로 만들려는 시도다. (…) 그러나 가끔 승리를 쟁취하기도 하고, (…) 이상한 위안도 있다. 다시 말해 저 첫 번째 천성도 언젠가 두 번째 천성이었고, 저 승리하는 두 번째 천성도 첫 번째 천성이 될 거라는 사실을 안다는 위안이 그것이다."(33f.; 〔II, 3〕)―우리는 역사에 대한 이 세 가지 고찰 방식을 어떤 의미에서 니체의 발전 과정의 세 시기에 적용할 수 있다. 즉 문헌학자에게 적합한 골동품적 고찰 방식으로 시작해서, 위대한 스승의 발치에 있는 제자로서 기념비적 견해를 따랐으며, 그의 후기 실증주의적 시기를 비판적 시기로 설명할 수 있다. 그러나 니체가 이 마지막 시기까지 극복한 후, 그에게 세 관점은 앞에서 제시한 바 있듯이, 이 저서에 포함된 사상이 비밀스러운 방식이나 인상적인 방식으로, 극단적이고 역설적인 첨예화로 반복될 수밖에 없는 하나의 유일한 관점으로 융합되었다: 역사적인 것은 개별적 삶에 예속되어 있는데, 이 개별적인 삶의 끊임없는 조건은 비역사적인 것이다.—그가 역사적인 것이자 동시에 비역사적인 것으로 기술한 강한 천성은 모든 과거의 유산이며, 따라서 체험이 가득 차 어마어마하지만, 자신의 풍요로움을 진정 생산적으로 만들 줄 아는 유산이다. 왜냐하면 그는 이 유산을 진정 소유하고 이것을 지배하는 것이지, 그것에 사로잡히거나 지배당하는 것이 아니기 때문이다. 그러나 상속인이나 늦둥이는 이때 언제나 새로운 문화의 첫 아이이며, 과거의 담지자로서 미래의 형성자다: 그가 뿌리는 부富는 미래에도 열매를 가진다. 그는 가장 먼 과거로 잠겨 사라져버리며, 가장 먼 미래를 가리키며, 비록 그것들 안에서 현재가 최고의 힘을 모으고 나눌지라도, 자신의 시대에서 언제나 낯선 자로 서 있는 위대한 "반시대적인 자" 가운데 한 사람이다.

여기에 니체의 마지막 창조 시기의 사상을 표현하는 최초의 단서가 있다: 현재로부터 과거를 전체로 해석하고, 따라서 미래를 가장 멀리 떨어진 전체로서 영원히 그 목적과 의미에서 규정할 수 있는 인류 전체의 창조 정신이 개별자다.

아주 표면적으로 고찰하자면, 이러한 통찰의 뿌리는 옛 문화를 이해하며 스스로 강해지도록 니체를 이끈 문헌학 세계에 도달한다. 안다는 것과 존재한다는 것은 그의 정신적 특성에는 언제나 하나다: 니체에게 고전 문헌학자가 된다는 것은 그리스인이 된다는 것 이상의 뜻이 있다. 확실히 이것은 고대와 근대의 대립에서 첨예화되는 그를 괴롭히는 본능적 모순을 더 강하게 하는 것에 틀림없으며, 그러나 동시에 또한 그것을 정복하기 위한 수단을 포함하기도 한다. 즉 과거를 통해, 현재에 앞서며, 미래를 세우는 것이다: 한 시대의 인간으로부터 오래된 문화의 늦둥이이자 새로운 문화의 첫 아이가 되는 것이다.[5]

그러한 두 명의 "반시대적인 인간"에게—앞선 시대에 맞는 인간과 미래에 맞는 인간에게 니체의 《반시대적 고찰》의 마지막 두 장 〈교육자로서의 쇼펜하우어Schopenhauer als Erzieher〉와 〈바이로이트의 리하르트 바그너Richard Wagner in Bayreuth〉가 헌정되었다. 넘쳐흐르는 감흥과 함께 세워진 이러한 두 개의 창조 정신의 입상에서 특히 분명해지는 곳은 어느 정도까지 반시대적인 것을 얻고자 하는 문화가 천재의 문화 속에서 최고점에 이른 곳이다. 인류는 천재 안에서 교육자, 지도자, 선구자뿐만 아니라 본래적이고 배타적인 궁극의 목적을 갖는다. 오직 그것을 위해서만 그밖의 "자연이 빚어낸 상품"이 존재하는 그러한 "숭고한 개별자"에 대한 관념은 니체가 벗어난 적이 없던 쇼펜하우어적인 근본

---

5   《반시대적 고찰》, 서론: "내가 옛 시대의, 특히 그리스 시대의 자식이라는 점에서, 현대의 자식인 내가 나 자신에 대해 그토록 반시대적 경험을 했다는 것을 (…) 또한 숨기지 않아야 할 것이다."

사상 가운데 하나다. 니체의 내면의 정신은 이기적인 것이 이상적-자기적인 것으로 어마어마하게 상승하는 데 대한 그칠 줄 모르는 갈증을 겪었다. 이 이상적-자기적인 것은 최고의 인간 운명의 어두운 면뿐만 아니라, "고독한 것"이나 "영웅적인 것"에 대한 갈증 속에 있다. 창조 시기 중기에 그는 외견상 이러한 근원적인 천재 관념으로부터 벗어났다. 왜냐하면 천재 관념은 위대한 "개별자"가 초인적 의미 속에서 돋보이게 만들 수 있었던 형이상학적 배경을 잃어버렸기 때문이다.—마치 보다 고차원적이고 진정한 세계에서 나온 하나의 인물처럼 말이다. 그러나 천재 숭배 사상은 니체가 그의 발전 과정의 마지막에 천재적 광기로 파악하고, 그다음에는 다시 자신에게서 형성했던 것에 대한 단서를 숨기고 있었다. 왜냐하면 형이상학적 해석을 보완하기 위해 그에게는 천재에 대한 긍정적 삶의 가치가 이에 대한 쇼펜하우어적 견해를 넘어서 상승되었으며, 이러한 후자의 견해는 그 자신의 이미지에 대한 나약한 반대 이미지만을 제공하기 때문이다.

다시 말해 천재 숭배가 인간의 신체에서 형이상학적인 것의 숭배로 남아 있는 한, 그는 감각과 존재에서 서로 동등한 가치를 지녔던 그러한 "개개인들"의 계속되는 일련의 고리로 확장되었다. 이 개개인들은 인간적인 것의 발달선의 부분들로 여겨지는 것이 아니다. 이것들은 "하나의 과정을 계승하는 것이 아니라 (…) 무시간적-동시적으로 산다". 이것들은 "생성의 거친 강물의 흐름으로 일종의 다리"를 만든다. "… 거인이 시간의 황량한 틈을 통해 다른 거인을 부르고, 그들의 발밑에서 기어 다니는 소란스럽고 방자한 난쟁이들의 방해를 받지 않고 고차원적인 정신의 대화를 지속한다."(〈삶에 대한 역사의 공과 91〉, 〔9〕) 〔인류〕 발달사 전체를 그 일어난 사건뿐만 아니라 그 법칙에서 규정하는 것은 이러한 "난쟁이들"이기 때문에, 다음의 하나는 확실하다: "인류의 목적은 그 종말에 있는 것이 아니라 최고의 표본들 속에 있다."(같은 곳)

그러나 최고의 표본들 역시 인간적인 것 일반의 깊이 속에서 형이상학적 존재로 잠자고 있던 것만을 표현하기 때문에, 그들은 인간 대중과 본질의 차이를 통해서보다는 본질의 드러남을 통해서, 신적인 벌거벗음에 의해서 구별된다.—반면 대중의 인간은 그의 참된 본질을 넘어 천 번을 펼쳐지는 층들을 지니고 있는데, 이 층들 모두는 세계와 삶의 표피에 속하는 것이며 여기에서 도저히 알 수 없을 정도까지 경화되는 것이다. "위대한 사상가가 인간을 경멸한다면, 그는 그의 나태함을 경멸하는 것이다. 나태함 때문에 인간이 공장에서 생산된 상품처럼 보이는 것이다. (…) 대중에 속하지 않으려는 인간은 자신에게 반反해서 편안해지려는 것을 멈출 필요가 있다."(〈교육자로서의 쇼펜하우어 1〉〔4 → 1〕) 따라서 모든 사람을 위한 애정 어린 교육이나 노력은 깊은 의미에서 모든 사람을 동일하게 여기는 이러한 고찰 방식의 결과다. 왜냐하면 이 고찰 방식은 각각의 접시에 담긴 형이상학적 핵심을 존중하기 때문이다. 이것은 노예 상태나 전제에 대한 니체의 후기 요구로부터 떨어져 있는 것이다.

그러나 니체의 후기 철학에서처럼 이러한 형이상학적 배경이 파괴된다면, 초감각적 존재가 현실적인 것의 무한한 생성으로 용해된다면, 개별자는 최고의 정도 차이에 해당하는 본질 차이를 통해서만 대중을 넘어설 수 있다: 본질이 이러한 생성 과정의 정수精髓를 대표한다고 할 때, 대중의 인간이 그것을 단지 맹목적, 단편적으로 체험하고 자기 안에서 표현할 수 있는 반면 초감각적 존재는 이와 같은 생성의 과정을 가능한 한 전체 속에서 포괄한다. 이러한 개별자는 어느 정도 유일한 자로서 역사라고 불리는 오랜 발달 과정에 의미를 부여할 수 있을 것이다. 그 자신은 쇼펜하우어적 인간처럼 초감각적 자료로부터 만들어지는 것이 아니지만, 이를 위해 그는 철저히 창조자이며, 형이상학자들이 믿듯이 세계에 사물의 의미를 대체할 수 있을 것이다. 따라서 한결같이 높으면서 서로 연결되어 있는 산등성이처럼 인간의 번잡한 활동을 벗어나는 서로 대등한 수많은 개별자들 대신에 니체의 마지막 철학에는 전체적 인간의 정상頂上으로 표현되는 위대한 고독자만이 있다. 위를 향해 있으면서 그는 수많은 개별자들보다 훨씬 고독하다. 왜냐하면 그는 발전 과정의 최종점으로서 종의 최고 표본이기 때문이다. 아래를 향해 있으면서 그러나 그는 그들보다 훨씬 엄격하고 주인과 같다. 왜냐하면 대중과 삶은 그 자체로, 혹은 형이상학적으로 아무것도 의미하지 않기 때문이다. 그는 비로소 자신의 정상에 이르러서야 그들에게 특정한 위계질서를 부여할 수밖에 없다. 왜 그와 더불어 천재 숭배가 엄청나게 커졌는지는 쉽게 이해할 수 있다. 왜냐하면 쇼펜하우어적 인간이 처음부터 사물의 보다 높은 질서로 고양되는 형이상학적 해석이 부족하기에 그는 거대한 것이라는 수단에 의해서만 확신할 수 있기 때문이다.

다음 것은 니체의 최초 철학적 시기의 네 가지 사상이며, 마지막까지 그 견해가 거듭 변화했다고 할지라도 그가 몰두한 것은 바로 디오니소스적인 것, 데카당스, 반시대적인 것, 천재 숭배 등이다. 우리가 니체를 찾아냈듯이, 이러한 사상 역시 재발견된다. 니체가 자신의 철학에서 자신을 점점 더 개인적으로 표현해감에 따라 자신의 철학을 더욱 특징적으로 만든다. 니체의 사상을 변화나 다양성에서 고찰한다면, 그의 사상은 거의 예측할 수 없고 너무나 복잡해 보인다. 하지만 그 사상에서 언제나 똑같이 있는 것을 끄집어내고자 한다면, 그 문제들의 단순함과 지속성에 놀라게 된다. 니체는 자신에 대해 "언제나 다른 자이며 언제나 그와 동일한 자"라고 말할 수 있었다.

바그너-쇼펜하우어의 세계관이 니체에게 깊은 의미를 갖는다는 것, 그가 후일 여전히 전력을 다해 투쟁하며 그의 정신적 삶과는 정반대 방향에서 다시금 그들의 근본 사상에 접근했다는 것은 이와 같은 것이 그의 본성 전체와 얼마나 대립되는지를, 자기 안에서 잠자고 있던 것을 그 본성에서 얼마나 말했는지를 나타낸다. 문헌학 세계에서 이러한 철학 세계로 끌어올려지면서, 그는 의심의 여지없이 사슬이 끊어진 죄수처럼 느꼈다. 이전에는 그의 최선의 힘이 묶여 있었다면, 지금은 호흡해도 무방하며, 그 안의 모든 것이 해방되었다. 그의 예술가적 본능은 바그너 음악을 시현示現하며 마음껏 즐거워했다. 종교적·도덕적 고양 상태에 대한 그의 엄청난 소질은 이러한 예술에 대한 형이상학적 해석 속에서 끊임없는 고양의 가능성을 향유했다. 그의 포괄적이고 근본적인 지식은 그리스 세계에 대한 그의 견해에 반영된 새로운 세계관을 형성하는 데 기여했다. 바그너라는 인물 속에서 예술적 천재는 사실이 되고, 그 안에 마치 "구원하는 은총의 땅"이 있었기 때문에 니체에게는 인식하는 자, 즉 학문적 매개자의 자리가 떨어졌다: 이와 더불어 그는 철학자의 과제 속에 머물러 있었다. 그러나 획득된 인식 자체는 그의 예술적·종교적 특질을 완전히 전개하는 단서만을 만들었다. 바로 이것이 그의 정신을 표현하기 위한 특질들의 가치를 나타낸다. 그가 늙은 철학자들의 삶에 대해 연구했을 때, 문헌학 공부를 하는 동안 이미 동경했던 것이 여기서 진리가 되었다: 사유는 체험이 되었고, 인식은 새로운 문화를 만드는 공동 작업과 공동 창조가 된 것이다. 모든 영혼의 힘은 사상 속에서 함께 작용할 필요가 있었던 것이다: 그는 온전한 인간 전체를 요구했다. 니체는 자신의 글 〈소크라테스와 고전문헌학Sokrates und die klassische Philologie〉의 말미에서 외칠 때, 오직 해방된 황홀함에만 여기서 그가 즐긴 표현을 부여했다:

"아! 영혼의 힘을 바라보는 자는 영혼의 힘과 투쟁해야만 한다는 것이 이 투쟁의 마력이다!"

그의 개별적인 정신적 소질이 여기에서 자유롭게 살아서 전개되는 것처럼, 니체의 삶에서 이 시기는 개인적 숭배나 우러러보는 그의 내면의 저 깊고도 여성적인 욕구에 완전한 만족감을 주었는데, 이 욕구는 후일 고통스럽게 자신에 대해서 만족할 수밖에 없었다. 전체적으로 볼 때, 바그너-쇼펜하우어 철학이 그에게 깊은 행운을 부여했다면, 그에게 여기서 가장 가치 있는 것은 바그너에 대한 개인적 관계이자 절대적 숭앙이었다. 니체의 열광은 그 안에서 그가 마치 자기 존재의 이상처럼 실현할 수 있다고 믿었던 자신 밖에 서 있던 인간에게서 촉발되었다. 그러한 믿음을 갖는 행운은 니체의 초기 철학 저서의 사상을 넘어 후기 저서들의 특징과 대조를 이루는 건강한 무엇, 거의 단순한 것을 뒤덮는다. 이러한 사실은 그의 스승인 바그너와 철학자 쇼펜하우어의 모습에서 그를 볼 수 있다고 할 때, 그 자체로 명백히 드러난다. 왜냐하면 본능적 수치심으로 그는 자신을 의식적 방식으로 "인식하는 자의 대상과 실험"이 되도록 만드는 기술, 그가 후일 위대하고 병들 수밖에 없었던 기술을 거부하기 때문이다. "인간은 어떻게 자신을 알 수 있는가? 인간은 어두운, 베일에 싸여 있는 존재다. 토끼가 일곱 겹의 피부를 지니고 있다면, 인간은 일흔 번 곱하기 일곱 번씩이나 피부를 벗겨야 하며, 그래도 '그게 정말 너야, 이제 껍질이 아니야'라고 말할 수 없다." "게다가 그런 식으로 자신을 파헤치고, 가장 가까운 길로 자기 본질의 수직 갱도로 내려가는 것은 고통스럽고도 위험한 시작이다. 이렇게 할 때 그는 쉽게 상처를 입을 수 있으며, 어떤 의사도 치유할 수 없게 된다."(〈교육자로서의 쇼펜하우어 1〉〔7 → 1〕) 따라서 그는 본래의 자기 자신을 갈구하는 젊은이들에게 다음과 같이 외친다: "무엇이 너의 영혼을 끌어당겼고, 무엇이 너의 영혼을 지배하는 동시에 행복하게 했는가? 이 일련의 소중한 대상들을 자신 앞에 세워보라. (…) 아마도 하나의 법칙, 네 본래의 근본 법칙을 너에게 알려줄 것이다. 이 대상들을 비교해보라. (…) 어떻게 그 대상들이 네가 지금까지 너 자신에게 기어 올라갔던 사다리가 되었는지를 보라. 왜냐하면 너의 진정한 본질은 네 안에 깊이 감추어져 있는 것이 아니라 (…) 헤아릴 수 없을 정도로 너보다 높이 있기 때문이다."(같은 곳)

고통스러운 자기 분석을 하는 동안 그에게 후일 완전히 없어져버린 개방성으로 그는 처음부터 열정적으로 그러한 젊음을—탁월한 "안내자이자 동시에 훈육자"(〈교육자로서의 쇼펜하우어 2〉〔14 → 2〕)를 욕구했던 동기를 드러낸다. "청년 시절 어떤 다른 것보다 더 자주, 더 절박하게 내게 떠올랐던 생각에 잠시 머무를 필요가 있다. 내가 과거에 정말 제멋대로 소망에서 이탈해갔을 때, 운명이 나 자신을 교육하는 끔찍한 노고와 의무를 덜어준 것이라고 나는 생각했다. 내가 적절한 시기에 교육자가 되려는 철학자를, 자기 자신보다 더 신뢰하기 때문에 더 생각할 필요도 없이 복종할 수 있는 진정한 철학자를 발견함으로써 말이다."(〈교육자로서의 쇼펜하우어 [2]〉, 8f.) 그가 이러한 목적을 위해 얼마나 쇼펜하우어라는 사상가 뒤에서 이상적 인간인 쇼펜하우어를 발견해내고자 했는지,[6] 얼마나 바그너에 대해 그 양면적 본성의 깊은 유사성에서 출발했는지를 관찰하는 것은 매우 흥미로운 일이다. 실제로 이 책의 첫 장에서 표현했듯이 그가 묘사한 바그너의 천성적·정신적 소질과 그가 지닌 소질의 다성성多聲性이 일치하는 것은 놀라운 일이다. 그는 〈바이로이트의 리하르트 바그너 [3]〉(13)에서 다음과 같이 말한다: "그의 모든 충동은 측량할 수 없는 것을 추구했고, 현존재의 기쁨에 사로잡힌 모든 기질은 개별적으로 분리되고자 했으며 스스로를 만족시키고자 했다. 그러한 기질들이 충족되면 될수록 혼란은 더욱 커졌고, 기질들이 서로 교차됨으로써 적개심도 더욱 강해졌다."

그다음을 보자. 바그너가 "정신적·윤리적" 장년기에 들어서자 이러한 "다양성"은 결말과 동시에 본래 "자기 안의 균열"에 이른다. "그의 본성은 무서울 정도로 단순화되었고, 두 개의 충동 혹은 영역으로 분리되고 말았다. 저 밑바닥에서는 격렬한 의지가 급류를 이루면서 뒤집고 있었는데, 그것은 모든 길, 동굴, 협

---

6 〈교육자로서의 쇼펜하우어 [2]〉(19): "나는 그에게서 내가 오랫동안 찾던 저 철학자와 교육자를 발견했음을 예감했다. 실은 단지 책으로 발견했을 뿐이다. 이 점이 큰 단점이었다. 그래서 나는 책을 더욱 샅샅이 통독하고 그의 위대한 유언을 읽어야만 했던 생생한 인간을 상상해보려고 애썼다. 그는 단순한 독자 이상, 즉 그의 아들과 제자가 되고자 했고 될 수 있었던 사람만을 자신의 상속자로 삼겠다고 약속했다."

곡을 통과해 밝은 빛을 원하고 권력을 갈망하는 의지였다."(〈바이로이트의 리하르트 바그너 (2)〉, 10) "… 모든 흐름은 때론 이 골짜기를, 때론 저 골짜기를 통과해서 아주 어두운 협곡을 뚫고 지나갔다:—이와 같이 반쯤 지하를 뚫고 나가는 듯한 밤에 한 개의 별이 그의 머리 위에 떠 있는 듯이 보였다. …"(〈바이로이트의 리하르트 바그너 (2)〉, 12) "우리는 바그너의 다른 영역을 응시해 보자. 바그너가 자신의 내부에서 체험하고 종교적 비밀인 양 경외시하던 아주 독자적인 근원적 경험이 있다: (…) 자신의 본질의 한 차원은 다른 차원에 정절을 지킨다는 점, (…) 창의적이고 순진한 밝은 차원은 어둡고 무절제한 폭력적인 차원에 정절을 지킨다는 점은 놀라운 경험과 인식이었다."(〈바이로이트의 리하르트 바그너 (2)〉, 13)

"두 가지 매우 심오한 힘의 상호 행위 속에는, 즉 한 힘이 다른 힘에 헌신하는 데는 위대한 필연성이 존재하는데, 그 필연성을 통해 바그너는 홀로 온전히 머물며 또한 자기 자신을 유지할 수 있었다."(〈바이로이트의 리하르트 바그너 (3)〉, 13)

이 저서의 마지막에서 니체가 바그너의 음악적 천재성을 일종의 그의 영혼 상태가 반영된 것이라고 이해했을 때, 바그너의 음악 역시 그 자신과 유사한 특질로부터 파악하고자 한다:

"… 어떻게 그의 음악이 어떤 매몰찬 결심과 더불어 운명처럼 혹독한 극의 진행에 예속되는지, 반면 이 예술의 불같은 영혼이 언제 일체의 속박 없이 자유와 황야 속을 돌아다니고자 갈망하는지 말이다."(《바이로이트의 리하르트 바그너 [9]》, 82)

"모든 소리를 내는 개체들, 그들의 열정적인 싸움, 그리고 모든 대립의 소용돌이 위에는 힘찬 심포니 같은 지성이 사려 깊게 부유하고 있다. 싸움에서부터 끊임없이 일치를 낳는 지성 말이다."(《바이로이트의 리하르트 바그너 [9]》, 79)

"어려움이 열 배나 배가되고 그가 입법자의 쾌락이라는 전적으로 거대한 관계 속에서 지배할 수 있는 경우 바그너는 더 이상 바그너가 아니다. 격렬하게 서로 저항하는 많은 것을 단순한 리듬으로 제어하고, 요구와 욕망의 혼란스러운 다양함으로 하나의 의지를 관철해나간다. …"(《바이로이트의 리하르트 바그너 [9]》, 80)

그러나 바로 그들 양면적 천성의 이러한 유사성을 니체는 결국 고독한 행로에서 그의 정신이 지속적으로 발전하도록 이끌 수밖에 없었다. 이러한 것은 니체를 끝내 바그너로부터 떼어낼 수밖에 없었다. 니체가 이 시기에 정점에 도달하자, 어쩔 수 없이 그를 아래로 이끌 수밖에 없었던 첫걸음 역시 이미 확정되어 있었다. 그가 후일 사신의 가당치 않은 책《바그너의 경우》(서론)에서 "내 가장 큰 체험은 치유다. 바그너는 단순히 내 질병에 속한다"라고 주장했을 때, 이는 사태의 완전한 반전처럼 보인다. 왜냐하면 그가 바그너와 결별한 후 오랫동안 그의 발전 과정은 질병을 향해 있었기 때문이다. 우리는 니체의 바그너 시기를 니체에게 건강이 극복된 시기라는 의미에서 말할 수 있다. 그러나 니체의 주장에서 진실을 일부러 못 들은 체할 필요는 없다: 즉 그가 당시 자신의 정점에 도달하지 못했고, 그가 그 시기에 얼마나 건강하고 행복했는지 말이다.

그는 이러한 건강을 위대함이라는 대가를 치르며 얻었을 것이다. 문하생 시절 장인匠人이 되기 위해서 그는 자기 자신으로 되돌아갈 수밖에 없었다. 그러나 강박적 필연성을 지녔던 그의 본성은 종교적인 의미에서 문하생을 요구했기 때문에, 문하생과 장인이 자기 자신에게서 하나가 되는 가능성만이 남게 된다.— 그것에 고통을 받든지, 아니면 두 가지가 병적으로 융합되며 몰락하든지 말이다. 차라투스트라의 "정상과 심연—이것이 지금 하나로 마무리된다"는 말은 위대함을 향한 그의 길에 해당한다.

우리는 니체가 바그너로부터 벗어난 것에 대해 여러 해석을 할 수 있었다. 우리는 그것을 순수하고 이상적인 동기로부터—거부할 수 없는 진리를 향한 욕망으로부터—또한 인간적인-너무나도 인간적인 동기로부터 설명하고자 했다. 그러나 실제로는 그 안에는 양자가 아주 유사한 방식으로 교차되어 있었다. 즉 이러한 것이 이미 니체의 최초의 변화 속에, 그의 신앙으로부터의 전향 속에 그러한 경우가 있었던 것처럼 말이다. 그가 완전한 만족감이나 영혼의 평화, 정신적 고향을 발견했고, 바그너의 세계관이 그에게는 "건강한 피부"처럼 연약하고 매끈했다는 바로 그 상황이 피부를 벗겨내도록 그를 간지럽혔으며, "그의 지나친 행복이 불쾌함"으로 드러나게 만들었고, 그로 하여금 "자신의 행복에서 상처받게" 만들었다. 그의 자유정신의 방향이 이러한 방식으로 발달했다는 것에 그의 "자유정신 활동의 근원에 대한 추측" 일반(《인간적인 너무나 인간적인 I》, 232)이 적용되는데, 이 적용은 주어진 세계관에서 너무나 강한 느낌의 열락을 통해 생겨난 것이다. "적도 지방에서 태양이 이전보다 더 큰 불덩어리로 바다에 떨어지면 빙하가 증가하는 것처럼, 매우 강력하게 뻗어가는 자유정신 활동도 어느 곳에서 느낌의 불덩어리가 특별히 증대했다는 증거일 수 있다."

스스로 원했고 스스로 찾았던 괴롭힘에서 비로소 그의 정신에 호전적이고 혹독한 무장武裝이 자라났고, 이러한 무장을 하며 그는 자신의 낡은 이상에 대항해 출전했다. 확실히 그는 이것을 고상하고 아름다운 것을 포기하면서 자신을 마지막 의존성에서 벗겨내는 해방이라고 느꼈다. 그러나 이러한 자기해방은 체념 행위를 표현하는 것이었다. 그는 사람들이 상처 자체를 가격加擊

했을지라도 상처로 고통을 받듯이, 체념으로 고통스러워했다.

바그너가 파르지팔Parsifal 작품으로 가톨릭화된 경향에 이르렀을 때 최종적으로 그와 결별했고, 이는 니체가 바그너에게 전적으로 기대하지 않았던 것이다. 반면 저 격렬한 변화 속에서 니체의 정신적 발전 과정은 영국인과 프랑스인의 실증주의 철학으로 향했다. 니체가 바그너로부터 떨어져 나간 것은 단지 정신의 분리만을 의미하는 것이 아니라 아버지와 아들, 형제간의 가까운 관계처럼 두 사람이 가까이 서 있던 관계가 파손된 것이다. 그들 가운데 누구도 완전히 잊어버리고 완전히 견뎌낸 사람은 없었다. 바그너가 죽기 반년 전인 1882년 가을 여전히 바이로이트 축제가 열리는 동안—파르지팔이 초연되는 동안—장인匠人 앞에서 니체에 관한 이야기를 꺼내려는 일이 있었다. 니체는 그 당시 근교, 즉 튀링겐 지역의 작은 마을인 도른부르크 근교의 타우텐부르크에 머물렀고, 니체의 오랜 〔여자〕 친구인 마이젠부크는 비록 부당한 일이라 해도, 성공한다면 니체를 움직여 바이로이트로 오게 하고 바그너와 화해하게 할 수 있다고 생각했다. 그렇게 하는 사이 이 시도는 실패하고 말았다. 바그너는 크게 흥분해 방을 떠났고, 그 이름을 언젠가 다시 자신 앞에서 말하는 것을 금지시켰다. 바그너와 결별하면서 그를 비난하는 자신의 입장을 간략하게나마 묘사한 다음과 같은 니체의 편지 팩시밀리Facsimile가 이 시기에 나왔다.

내가 이 간략하게 묘사된 내용을 읽을 때, 니체가 마치 내 앞

친구여, 지금까지 모든 일이 잘 되고 있습니다. 여덟 날이 지나 일요일이면 우리는 다시 보게 되겠지요.

당신에게 보낸 내 마지막 편지가 당신 손에 도달하지 않은 것이지요? 나는 14일 전 일요일에 편지를 썼습니다. 이러한 상황은 내게는 고통스러운 일이지요: 당신에게 보내는 그 편지 속에서 나는 매우 행복한 순간을 묘사했습니다: 수많은 좋은 것들이 한꺼번에 내게 다가왔는데, 이러한 것들 가운데 당신의 승낙 편지만이 결실이 없습니다!―

나는 당신에 대해 많은 생각을 했습니다. 그리고 정신 속에서 기분을 북돋고 마음을 움직이며 쾌활한 많은 것들을 당신과 함께 나눔으로써 내가 마치 존경하는 친구와 연결되어 있다는 것을 체험합니다. 얼마나 새롭고 낯설게 오랜 은둔자가 내게 나타나는지!―얼마나 내가 나 자신에 대해 웃어야만 하는지 당신이 알 수만 있다면!

바이로이트에 관해서 말하자면, 나는 그곳에 있지 않아도 된다는 사실에 만족해하고 있습니다. 하지만 이런저런 이야기를 당신 귀에 속삭이면서 온통 당신 곁에 유령처럼 있을 수 있다면, 내게는 파르지팔의 음악마저 견딜 수 있는 것이 될 것입니다(그렇지 않다면 그 음악은 내게는 견딜 수 없는 것입니다).

내가 소망하는 바는 당신이 이전에 내 작은 책《바이로이트의 리하르트 바그너》를 읽는 것입니다. 친구 레가 이 책을 가지고 있습니다. 나는 이 사람과 그의 예술에 관련해 많은 것을 체험했습니다.—아주 오랜 열정이 있었습니다: 나는 그것에 대해서 다른 말을 하지 않겠습니다. 여기서 요구된 체념이나 결국 필요해진 나-자신을-다시 찾는 일은 내 운명에서 가장 혹독하고 우울한 일이 될 것입니다. 바그너가 내게 마지막으로 쓴 말은 파르지팔의 훌륭한 헌사 증정본에 있습니다. "내 귀중한 친구 프리드리히 니체에게. 리하르트 바그너, 상급-교회장로." 바로 같은 시기에 내가 보낸 책《인간적인 너무나 인간적인》이 〔그에게〕 도착했습니다.—그리고 이로 말미암아 모든 것은 분명해졌지만, 또 모든 것이 끝났습니다.

모든 가능한 일 가운데 얼마나 나는 바로 이러한 것, 즉 "모든 것은 분명하지만, 또 모든 것이 끝났다"는 것을 체험했던가요!

내 친구 루여, 지금 우리 두 사람에 대해 "모든 것이 시작에 있지만, 모든 것은 분명하다"고 생각할 수 있다는 것은 얼마나 행복한 일인지, 나를 믿으세요! 우리 자신을 믿읍시다!

당신의 여행이 잘되었으면 하는 소망을 담아서.

친구
니체
도른부르크 근교의 타우텐부르크에서(튀링겐)

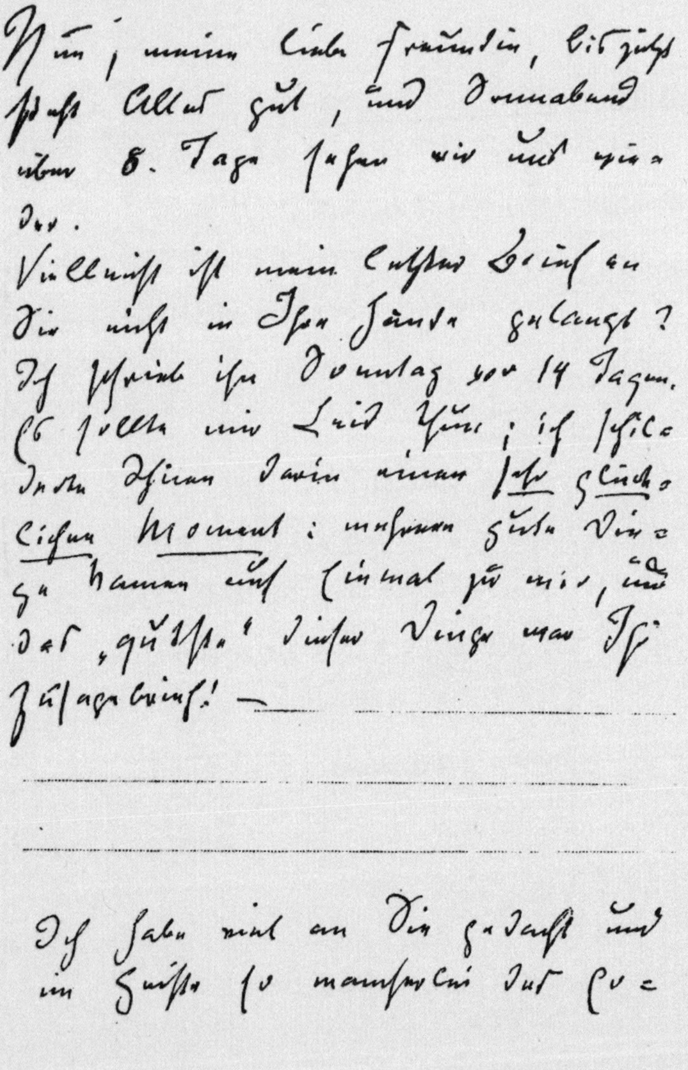

Empfinden, Wünschen und Leiden mit
Ihnen getheilt — dass ich sie und
meine nächsten Freundin verbunden
geglaubt habe. Wenn Sie wüssten,
wie neu und fremdartig mir alten
Einsiedler das vorkommt! — Wie oft
habe ich über mich lachen müssen!

Was Bayreuth betrifft, so bin
ich zufrieden damit, nicht dort zu
sein. Und doch, wenn ich ganz
geistesschwach in Ihrer Nähe sein
könnte, dort und immer in Ihr
Ohr summend, so sollte mir so-
gar die Musik zum Parsifal
erträglich sein (sonst ist sie mir
nicht erträglich.)

Ich möchte, dass Sie vorher noch
meine kleine Schrift „Richard
Wagner in Bayreuth" lesen. Denn
Rée besitzt sie wohl. Ich habe

so viel in Bezug auf diesen Mann
und seine Kunst verliebt — als was
eine ganze lange Passion : ich
finde dazu andere Worte dafür. Die
ihm geforderte (Mäßigung), das
ihm endlich nöthig werdende Wieder-
sehen - Wiederfinden gehört zu dem
Göttlichsten und Melancholischsten in
meinem Schicksal. Die letzten ge-
schriebenen Worte W... an mich
stehen in seinem schönen Widmungs-
Exemplare des Parsifal, "Meinem
theuren Freunde Friedrich Nietzsche.
Richard Wagner, Ober-Kirchenrath."
Genau zu gleicher Zeit lief, uns
uns gesendet, bei ihm mein Buch
Menschliches Allzumenschliches ein —
und damit war Alles blau, aber
auch Alles zu Ende.
Wie oft habe ich, in allen mög-

liebes Dingen, gerade dies uralte
Alles Neu, aber auch Alles zu Ende!"
"Und wie glücklich bin ich,
meine geliebte Freundin Lou,
jetzt in Bezug auf uns Beide
denken zu dürfen » Alles im
Anfang und doch Alles Neu!«
Vertrauen Sie mir! Ver-
trauen wir uns!

Mit den herzlichsten Wün-
schen für Ihre Mutter
Ihr Freund
Nietzsche.

Tautenburg bei Dornburg
(Thüringen)

에 있는 것처럼 보였다. 즉 니체가 스위스를 거쳐 이탈리아로 여행하며, 바그너와 잊지 못할 시간을 보냈던 장소인 루체른 근교의 트립센 주택을 나와 함께 방문했을 때처럼 말이다. 오랜 시간, 오래도록 그는 호숫가에 말없이 앉아 깊은 회상에 잠겼다. 그러고 나서 그는 젖어 있는 모래땅에 무언가를 그리며 나직한 목소리로 지난 세월에 대해 이야기했다. 그를 올려다보았을 때, 그는 울고 있었다.

바그너 세계와 쇼펜하우어 철학에서 내적·외적으로 벗어났을 때, 니체에게 가장 심각한 육체적 고통이 일어났다. 니체는 당시 육체적으로나 정신적으로나 그를 몸과 영혼의 죽음 가까이 몰아댄 격렬한 동요와 고통 속에서 살고 있었다. 그의 병은 생산력이 점점 강해지는 시기에, 학문적 연구나 철학적 문제, 현대의 정신적 경향, 바그너 예술, 음악 자체 등에 너무나도 광범위하고 소모적으로 몰두하던 시기에 발병했다. 1880년대 말 또한, 마지막 운명적인 두통이 마찬가지로 엄청난 정신적 창조력과 활동성 뒤에 발병한 것은 확실히 우연이 아니다. 작업 능력이 왕성한 가운데 그가 가장 건강하고 활력이 있다고 느꼈던 바로 다음 시기에, 그는 언제나 질병에 가까이 갔다. 의도적이지 않은 한가함과 안정의 시간들은 그에게 다시금 회복을 가져다주었고 파국을 막았다.

이러한 과정은 그야말로 육체적으로는 그의 정신적 삶의 "과도한 건강 상태"라는 특이한 병리적 흐름과 같은 그 무언가를 반영하는 것이었는데, 이러한 과도한 건강 상태는 그 정점에 이른 이후 질병 상태로 흘러넘쳐가곤 했다. 그러나 그는 이러한 질병 상태로부터 자신이 지니고 있는 엄청난 천성의 집요한 힘으로 언제나 다시 건강으로 뚫고 나갔다.

그가 고통을 극복하고 자기 안에 작업할 수 있는 힘으로 가득 찬 것을 느끼는 한, 심지어 고뇌마저도 그의 생명 가득한 강건함이나 자기주장을 훼손시킬 수는 없었다. 1878년 5월 12일에도 그는 바젤에서 쓴 한 편지에서 의기양양하게 장난스러운 톤으로 다음과 같이 적는다: "건강이 흔들거리며 위험하다. 그러나─'내게 건강이 무슨 상관이란 말인가!'라고 말할 뻔했다."

그러나 그다음에 뒤따라오는 것은 1879년 4월 23일에[7] 앞으로 다가올 수밖에 없는 교수직 사퇴에 대한 암시다: "내 상태는 동물 학대이자 연옥이다. 나는 이것을 부인하지 않겠다. 아마도 내 학문 활동이 중단될지 모른다. 아마도 활동 모두가, 어쩌면 (…) 등" 그리고 쓰라린 불평불만이 뒤따라 나온다: "아무것도 도울 수 있는 것이 없는 것처럼 보인다. 고통이 가득 차 있다. (…) 그러나 언제나 '견뎌내라! 체념해라!'라는 말뿐이다. 아, 사람들은 인내에 지쳤다. 우리는 인내하기 위한 인내를 필요로 한다!"

마침내 니체는 1879년 5월 15일 제노바에서 보내는 편지에

7　원텍스트에는 1878년 12월 14일의 편지로 표기되어 있는데, 이 날짜는 잘못된 것이기에 고쳐 적었다.─옮긴이

고요한 체념의 목소리로 다음과 같이 적는다:

"내 상태는 좋지 않다. 그러나 나는 고통을 견뎌내는 데 숙달된 자이며 내 무거운 짐을 계속 끌고갈 것이다.─하지만 너무 오래 지속되지 않기를 나는 희망한다!"

이 편지 이후 곧 그는 교수직을 내려놓았고, 고독이 영원히 그를 에워쌌다. 그의 교수 활동 포기는 그를 힘들게 했고,─이는 또한 기본적으로 앞으로의 모든 엄밀한 학문 작업의 포기이기도 했다. 머리와 눈은─그는 스스로를 환자라고 불렀다. "지금 유감스럽게도 8분의 7은 맹인이며 고통 속에 15분 정도 있는 것 말고는 더 이상 읽을 수도 없는 환자다."(레에게 보내는 편지)─이제 광범위한 연구에 의해 그의 사상이 물적으로 쌓이는 것을 계속 방해했다. 니체가 얼마나 포괄적이고 다방면으로 연구에 착수했는지는 바젤대학과 교육기관에서 행한 엄청나게 다양한 강연이 보여준다.

확실히 니체는 그 당시 헬레니즘 세계를 연구하는 것에 관심을 집중했고, 철학적으로 특정 형이상학적 체계의 굴레에 묶여 있었다. 그러나 이러한 체계의 압박으로부터 그가 뒤늦게 해방된 것은 또 다른 건강의 관계에서 보자면 더 우호적으로 작용할 수밖에 없었을 것이다. 그가 당시 형이상학자의 눈으로 세계상과 인간 삶의 근본 특징을 찾을 수 있다고 생각했던 그리스적 삶의 문화 모습은 학문적으로 지속적인 작업을 하는 과정에서 점차 세계 발전의 총체적 모습으로 확장되었을 것이다. 섬세한 체득과 예술적 추후 조형력이라는 천재성 속에서 그는 바로 역사 철학적 수행능력을 크게 행하도록 예정되어 있었다. 산출하고자 하는 그의 열망은 지나치게 주관적인 것으로 빠져들어감으로써 방해를 받은 듯하다. 사상이 영감을 불러일으키고 휘몰아대며 열정적 성질의 것이라면, 그 사상이 묶여 있지만 그것에 지배당하는 소재는 더 포괄적이고 엄밀해질 수밖에 없을 것이라고 그는 종종 느꼈다. 따라서 우리는 그의 작품에서 마지막까지 외부로 확장해나가고 그의 사상을 학문적으로 정당화하려는, 언제나 새롭긴 하지만 부질없는 노력을 만나게 된다.—그 안에는 포획된 독수리의 헛된 날갯짓 같은 것이 있다. 그는 건강을 통해 스스로를 자기 사상의 소재로 삼고, 자아를 철학 세계상 밑에 붙여놓고 이것을 자신의 내면에서 뽑아내는 일을 필요로 했다. 아마도 그는 다른 사례에서라면 완전히 고유한 것을—따라서 완전히 유일한 것을 이루지 못했을 것이다. 그러나 니체의 운명 속에 나타난 이러한 전환점을—자기 고독이나 자기 폐쇄에 대한 엄청난 압박을—깊이 생각하지 않고는 알아차릴 수 없다. 우리는 니체가 여기에서 자신에게 남겨놓은 위대함을 지나쳐버렸다는 느낌을 벗어날 수 없다.

이 자리에서 니체를 둘러싼 시간은 밤이 되었다. 그의 지금까지의 이상, 그의 건강, 그의 작업 능력, 그의 영향권—그의 삶에 빛과 광채, 열기를 주었던 모든 것은 그에게서 하나씩 차례로 사라져갔다. 마치 폐허 속에 묻힌 것 같은 엄청난 붕괴가 있었다. 그의 "암흑기Dunkel-Zeiten"(《방랑자와 그의 그림자》, 191)가 시작되었다.

뒤따르는 니체의 저작들은 이전의 저작들처럼 그에게 이미 준비되어 있던 충일감에서 퍼온 것이 아니며, 그가 도달했다고 믿었던 하나의 목적에서 집필된 것이다.—이 저작들은 오히려 그가 얼마나 밤을 지새웠으며 서서히 앞으로 손을 더듬어나갔는지를 설명해준다. 이 저작들은 고통스럽고 투쟁적이며, 마침내 어두운 목적을 향해 나아간 승리에 찬 발자국들이다.

몇 년 뒤 니체는 이 시기에 대해 다음과 같이 고백한다(《인간적인 너무나 인간적인 II》, 서문의 도입부 [3]): "혼자서 그 길을 계속 갔을 때 나는 전율했다: 얼마 되지 않아 나는 병이 들었는데, 그것은 병보다 더한 것이었다. 즉 나는 우리 현대인들에게 열광적인 것으로 남아 있는 모든 것에 끝없는 실망으로 지쳐버렸다. …" 그러나 우리는 폐허 잔해를 헤쳐나가는 그를 한탄을 늘어놓는 자로 본 것은 아니다.—당연히 그는 이것을 저 저작들의 자극이라고 표현한다: "여기 고뇌하고 곤궁에 처한 한 인간이 마치 고뇌하는 사람도 곤궁에 처한 사람도 아닌 것처럼 말하고 있다."(서문 [5])

매번 그는 새로운 창조자이자 새로운 발견자가 된다. 그는 폐허의 세계 아래 깊이 내려가며, 그 마지막 토대 밑을 파내고 뒤집어 헤치며, 밤에 적응된 눈으로 숨겨진 보물과 대지 안의 비밀을 탐색해낸다. 꾀를 부려 빠져나가고 미끄러져 들어오는 두 번째 대지의 인간 트로포니오스Trophonius인 그는 또한 심층에서 저 위에 있는 세계를 설명하거나 그 수수께끼를 해석할 줄 알았다. 우리는 니체를 이렇게 바라본다: "〔그는〕 지하에서 작업하고 있는 한 사람, 뚫고 들어가고, 파내며, 밑을 파고들어 뒤집어엎는 사람이다. (…) 오랫동안 빛과 공기를 맛보지 못하는 고통도 쉽게 드러내지 않으면서 그는 얼마나 서서히, 신중하게, 부드럽지만 가치 없이 전진하고 있는가." 이와 관련해 니체가 이 시기를 회고하는 것으로 기대할 만한 물음이 있는데, 이 물음은 앞으로의 그의 발전사에 대한 고찰에서 답변되어야 할 물음이기도 하다: "그는 자신이 자신의 아침, 자신의 구원, 자신의 아침놀에 도달할 것을 알고 있기 때문에, 자신의 긴 어둠과 이해하기 어렵고 은폐되어 있으며 수수께끼 같은 일을 감수하고자 하는 것이 아닐까?"(《아침놀》 신판, 서문 〔1〕)

이러한 자기 연민과 자기 경탄의 감정으로 니체는 우리가 이제부터 살펴볼 정신 시기를 회상한다. 우리가 알게 되는 것은 다음과 같은 것이다: 특징적인 것은 새로운 세계관을 획득하기 위해 처음부터 니체는 투쟁과 상처라는 값을 치렀다는 점이다. 이로 인해 깊은 질병이 왔고, 그다음에 이로부터 새로운 건강을 찾았다. 따라서 그의 독창성은 당시 그가 추론했던 통찰과 이론 자체가 아니라, 이러한 것들을 파악하기 위해 낡은 이상에서 벗어

루 폰 살로메에게 3

1882년 7월 3일 스티베에 있는 루 폰 살로메에게 보내는 편지

내 친구여,

이제 내 위의 하늘은 밝습니다. 어제 정오에는 마치 생일인 듯한 일이 내게 일어났습니다. 그들은 약속을, 이제 누군가가 내게 해줄 수 있을지도 모르는 가장 아름다운 선물을 보냈습니다.—내 여동생은 체리를 보냈고, 토이브너Teubner는《즐거운 학문》세 부분의 첫 교정본을 보내왔습니다. 게다가 원고의 마지막 부분을 썼고, 그럼으로써 6년(1876~1882) 동안 썼던 작품이 완성되었습니다. 내 온전한 "자유정신"이여! 오, 얼마나 오랜 세월이란 말인가! 얼마나 많은 고통이 있었단 말인가! 얼마나 지독한 외로움과 삶의 지겨움이었단 말인가! 마치 죽음과 삶에 저항하는 것처럼 이 모든 것에 저항하며 나는 이러한 약제를 지었는데, 작고 작은 줄무늬만 있고 구름 한 점 없는 하늘을 지닌 이러한 내 사상이여:—오 나의 친구여, 이러한 모든 것을 생각할 때마다 몸을 떨고 감동했고, 이것이 얼마나 성공적일지 알지 못했습니다: 자기 연민과 승리의 감정이 나를 꽉 채웁니다. 왜냐하면 이것은 승리이며 보다 완벽한 승리이기 때문입니다. 심지어는 내 몸의 건강마저도, 어디서 오는지 잘 모르겠지만, 다시 나타났기 때문입니다. 누군가는 내가 이전보다 더 젊어 보인다고 말합

니다. 하늘은 내가 어리석지 않도록 보호합니다!—하지만 당신이 내게 조언하는 지금부터 나는 잘 상의할 것이며, 두려움을 느낄 필요는 없을 것입니다.—

겨울에 관해서 나는 진지하게 오직 빈만을 생각했습니다: 내 여동생의 겨울 여행 계획은 내 계획과는 전적으로 무관하며, 여기에는 어떤 저의도 없습니다. 유럽의 남쪽은 이제 내게서 멀어졌습니다. 나는 더 이상 외롭게 있고 싶지 않으며, 인간이 되는 것을 다시 배우고자 합니다. 아, 이 과제에서 나는 거의 모든 것을 더 배워야만 합니다!—

친구여, 감사합니다. 당신이 말했듯이 모든 것이 잘될 겁니다.

레에게도 진정한 마음을 보냅니다!

당신의
프리드리히 니체

도른부르크 근교의 타우텐베르크에서(튀링겐)

Meine liebe Freundin,

Nun ist der Himmel über mir hell! Gestern Mittag ging es bei mir zu wie als ob Geburtstag wäre: Sie sandten Ihre Zusage, das schönste Geschenk, das mir jetzt Jemand hätte machen können — meine Schwester sandte Kirschen, Trübner sandte die drei ersten Druckbogen der „Fröhlichen Wissenschaft"; und zu allem dem war gerade der allerletzte Theil des Manuscriptes fertig geworden und damit das Werk von 6 Jahren (1876—1882), meine ganze „Freigeisterei"! Oh welche

Jaha! Welche Übel aller Art,
welche Verunsanierungen und Lebens-
überdrüsse! Und gegen Alles das,
gleichsam gegen Tod und Leben,
habe ich eine Arzenei meines Aug-
nes gebraucht, wehe meine Gedanken
brennen mit ihrem trennen kleinen
Neuschen unvermittelten Himmels über
sich: — ob liebe Freundin, so
oft ich an das Alles denke, bin
ich erschüttert und gerührt und weiß
nicht, wie das Buch hat gelingen
können: Schlaf-Mitleid und
das Gefühl des Dinges erfüllen
mich ganz. Denn ich bin ein,
und ein vollständiger — denn sogar
meine Gesundheit des Leibes ist
wieder, ich weiß nicht woher, zum Vor-
!

... gekommen, und Jedermann
sagt mir, ich sähe jünger aus als
je. Der Himmel behüte mich vor
Thorheiten! — Aber von jetzt ab,
wo Sie mich bewachen werden,
werde ich gut bewahren sein und
brauche mich nicht zu fürchten. —

Was den Winter betrifft, so
habe ich wehmüthig und ausschließlich
an Wien gedacht: Die Winter-
pläne meiner Menschen sind ganz
unabhängig von den meinigen, es
giebt dabei keine Nebenzwecke.
Der Winter überhaupt ist mir jetzt
und war dann gleich. Ich will
nicht mehr einsam sein und wieder-
kommen, Mensch zu werden. Ach,
an diesen Personen habe ich fast
Alles noch zu lernen! —

Nehmen Sie meinen Dank,
liebe Freundin! Es wird Alles
gut, wie Sie es gesagt haben.

Nehmen Sie das Herz-
liebste!

Ganz Ihr
F. N.

Tautenburg bei Dornburg
Thüringen.

난 힘에 있다고 말할 수밖에 없을 것이다. 그는 대부분의 사람들처럼 지성적 발달로 고양된 독립심이나 고유한 정신 활동의 의식에 도달한 것은 아닌데, 이 지성적 발달은 황량하고 성숙하지 못한 사상으로 이어져 우리에게는 중요치 않거나 냉담한 것으로 여겨졌던 것이다. 그는 이전에 있던 것에 오직 폭력적 반란을 통해서 도달했는데, 여기에서 지성적 근거들은 정조의 변화를 제한한다기보다는 동반하는 것이었다. 어쨌든 니체는 마치 새로운 사상을 만난 듯이 어떤 비독립성 속에서 그 사상을 받아들이고, 그것을 또다시 비판도 없이 먼저 받아들이는 것으로 보인다. 왜냐하면 그의 온 힘은 그사이 완벽하게 가장 내면적인 체험을 필요로 했고, 새로운 이론 자체는—니체가 좋아하는 표현을 사용하자면—오직 잠정적인 "전경의 철학"을 형성했기 때문이다. 반면 숨겨진 배경에서 보자면 영혼이 삶에서 투쟁하는 데 본래의 중요한 과정이 진행되고 있었다.

니체가 옛사람들과 더불어 빨리 성장하면 할수록, 새로운 것으로의 도약이 친숙한 정신 토대로부터 완전히 뿌리 뽑히는 것을 거칠게 요구하면 할수록, 변화의 내적 의미는 더욱 깊어진다. 어떤 의미에서 니체가 낯선 사유 방식에 잠정적으로 헌신하는, 외견상 내면적 의존성이 가장 영웅적인 독립성의 힘을 보증하는 것이라고 말할 수 있다. 가장 소중한 사상이 그를 은밀히 유혹하는 한편, 그는 저항 없이 스스로를 사상계에 내맡기며, 그 사상계에 대해서는 스스로 낯선 자로, 내밀하게는 여전히 반대자로서 느낀다. 그러나 마음속에 있는 아름다운 말로 하자면 다음과 같다: "승리와 정복된 진지는 더 이상 네 일이 아니라 진리의 일이다.―그러나 네 패배 역시 더 이상 네 일이 아니다."(《아침놀》, 370. '사상가는 자신의 적을 어느 정도 사랑하는가.')

니체의 갑작스러운 정조 변화에 따르며 그의 실증주의적인 첫 작품을 파악하고자 할 때,―이 작품은 놀랍게도 기대치 않게 그의 정신에서 배태된 것이다―우리는 이것을 염두에 두어야만 한다. 1876년에야 비로소 《반시대적 고찰》의 마지막 부분이자 넘쳐흐르는 영감 속에서 쓰인 책인 〈바이로이트의 리하르트 바그너〉가 출간되었고, 이미 1876년/1877년 겨울에는 그의 잠언 모음집의 첫 부분인 《인간적인 너무나 인간적인. 자유정신을 위한 책》(1778년 5월 30일 사망일을 기념해 볼테르Voltaire에게 헌정함)이 〈혼합된 의견과 잠언들〉이라는 부록을 달고 나왔다(켐니츠: 에른스트 슈마이츠너Ernst Schmeitzner 출판사, 1878). 정당한 것이지만 그가 이 시기에 작품에 대해 썼던 말은 다른 책에는 적용되지 않는다: "내 저서들은 오직 내가 극복한 것에 대해서만 말했다. 거기에는 다른 모든 것과 더불어 내게 적이었던 내가 있다."(《인간적인 너무나 인간적인 II》 신판, 서문 〔1〕, VIII) "이제 고독하게 (…) 나는 나 자신에게 적이 되었고 바로 나에게 고통을 주고 혹독하게 대했던 모든 것의 편을 들게 되었다."(같은 책 신판, 서문 〔4〕, VIII) 이 책은 당시 그의 정신 상태를 명백히 반영했으며, 두 가지 서로 전혀 다른 상태를 품고 있는 듯 보인다: 우선 여전히 독립적이지 못한 실증주의자로서의 니체로, 그는 새로 받아들인 이론에서 독자적인 사상을 알려주는 것이 아니라 그가 현재 서 있는 상태에 대해서만—그 새로운 "피부"에 그는 거의 수동적으로 옷을 입었다—알려준다. 나머지 하나는 투쟁하며 인내하는 자로서의 니체인데, 그는 단호히 이전의 이상에서 벗어나고자 싸우며 이러한 투쟁 속에서 열심히 만든 독창적 사상과 삶이 감동으로 가득 차는 것을 털어놓는데, 이렇게 충족되는 과정에서 그는 낡은 자신을 저지하며 스스로 상처를 입는다. 니체가 바그너와 그의 견해에 쏟은 공격의 열정과 무자비함 또한 이러한 사실로부터 설명된다. 자신의 신념을 정확히 변화시킨 이 사람이야말로 고요하고 신중한 공정성을 수행할 수 있는 사람이다.—이것은 순전히 지성적인 이유에서가 아니라 그 자체로 자기 본성의 "인간적인 너무나 인간적인" 깊이에서 그런 것이다. 고통스러운 저항 속에서 떨어져 나왔고, 그로 인해 상처를 입고 충격을 받으며, 자부심을 숨기는 내밀한 상처에 가득 찬 그러한 사상 외에 우리는 그 어떤 사상을 멀리 내던진 적도, 격렬하게 앞으로 내던진 적도 없다: 그 안에는 잊을 수 없는 사랑의 반향으로서 미움이 있다.

　니체의 변화가 갑작스럽게 내면적으로 일어나는 것은 전적으로 그 변화가 개인적 관계에서 출발했다는 사실을 보여준다. 낡은 인식 이상에 대한 투쟁에서 가장 쓰라린 가시가 우정의 절교였듯이, 니체에게 또한 새로운 인식 유형은 다시금 인성 안에서 체현되었다. 절교로 그가 빠졌던 고독이 고통스러울수록, 니체와 파울 레의 관계는 더 밀접해졌다. 왜냐하면 그가 레에게 언젠가 글을 쓴 것처럼 "그렇게 홀로 있는 고독한 사람에게는 여기 여럿이 함께 있는 사람보다 더 소중한 사상이야말로 '친구'다."(1880년 10월 31일, 이탈리아에서)

리하르트 바그너와의 관계가 니체가 그에게 헌신하고 그를 우러러보던 배타성에 의해—그의 문하생에 의해—특징지어졌다면, 그가 레와 우정을 맺는 일은 친구들이 멀리 떨어져 살았고, 레가 니체와 여러 장소에서 만나기 위해 때때로 서프로이센의 자기 거처를 떠날 수 있었다는 사실에 의해서조차 방해받지 않는 그 이상의 정신적 동맹을 형성하고 있다. 이미 1877년 11월 19일에 여전히 정서적 동맹 그룹 안에 살고 있던 바젤에서의 니체는 레가 병에 걸려 오랫동안 친구들로부터 떨어져 있다고 여긴 이러한 멀어짐에 대해 하소연한다.

"친구여, 나쁜 질병의 악령이 완전히 그대에게서 물러났다는 소식을 곧 듣고 싶습니다. 있는 그대로의 모습과 지난해 모습대로 내게 머무는 것 외에 새로 시작하는 당신의 삶의 해에는 더 바랄 것이 없었으면 좋겠습니다. (…) 내가 당신에게서 배운 것에 대해서는 올해 당신 때문에 전혀 말하지 않았듯이, 나는 내 삶에서 우정의 편안함을 그렇게 가진 적이 없었다는 것을 당신에게 말할 수밖에 없습니다. 내가 당신의 연구에 대해 들었을 때, 당신의 교제에 대한 언급은 언제나 나를 촉촉이 적십니다. 우리는 서로 잘 소통하기 위해 창조되었습니다. 내 생각에 우리는 언제나 동시에 서로 방문하려는 생각을 갖고 그 땅의 경계에서 서로를 환영하는 좋은 이웃처럼 항상 반 정도의 도상에 이미 있다고 느낍니다. 이것은 아마도 공간적으로 크게 멀리 떨어져 있음을 (…) 극복하려는 내 힘보다는 약간은 당신의 힘에 달려 있는 듯합니다. 새해에는 이러한 관계에서 무언가 희망해도 좋을까요? 부탁이 뻔뻔하다 할지라도 현재 있는 최고의 친구에게는 부탁해서 안 된다는 것에 대해 나 자신은 몹시 곤궁하고 허약합니다.—우리 사이에는 인간적인 것에 대한 좋은 대화가, 내가 점점 더 무용하다고 느끼는 편지글이 아니라 사적인 대화가 있습니다."

니체의 육체적 고통이 그를 더욱더 고독 속으로 밀어넣으면 넣을수록, 모든 인간으로부터 떨어져 이 고통을 견디기 위해 그가 은둔하며 살 수밖에 없으면 없을수록, 그는 자신의 외로운 홀로 있음을 "둘이 있음"으로 만드는 친구 관계에 더 동경을 갖게 된다: "매일 열 번씩 나는 당신과 함께 있었으면 하는 소망을 가집니다."(바젤에서의 편지, 1878년 12월 14일) "그러나 나는 항상 정신에서 내 미래를 당신의 미래와 연결시킵니다."(제노바에서,

1879년 5월) "나는 많은 소망을 포기했어야만 했습니다. 그러나 아직 당신과 함께 살아가는 소망은 아닙니다.—내 '에피쿠로스의 정원'이여!"(나움부르크에서, 1879년 10월 말일)

니체가 겪었던 결렬한 고통과 발작은 당시 그에게 죽음을 생각하도록 일깨웠고, 이것은 매 재회의 순간에 특히 깊은 느낌의 의미를 부여했다. "당신은 내게 얼마나 많은 친구들을 만들어주셨습니까, 내 소중한, 특별히 소중한 친구여!" 그는 그러한 친구를 향해 외쳤다. "나는 당신을 다시 한번 보았고, 내 마음이 얼마나 기억하고 있는지, 이 6일 동안 얼마나 지속적으로 편안한 도취 상태였는지를 느꼈습니다. 당신에게 고백하자면, 나는 더 이상 재회를 바라지 않습니다. 내 건강의 동요는 고통을 멈추기에는 너무 깊습니다. 온갖 자기 극복이나 인내가 내게 소용 있는 일인지요! 소렌토에서 보내던 시기에 여전히 희망이 있었지만, 모두 지나가버렸습니다. 그래서 건강했었다는 것을 나는 높이 평가하고 있습니다. 내 마음의 소중한 친구여!"

이 두 친구는 그들의 연구가 여러모로 공통의 것을 가지고 있었을 때, 그해에 일치된 견해에 도달했다. 레는 니체에게 그가 필요로 하던 책을 전달하고 눈의 고통에 시달리는 그에게 책을 읽어주었으며, 때로는 편지로, 때로는 사적인 교류와 생각의 교류를 끊임없이 하며 니체와 더불어 살았다.

니체는 오래 지속된 이별의 시간 이후 다음과 같이 썼다.

"내 소중한 친구여, 우리가 함께 있는 것을 위해—내가 이러한 행운을 또 체험한다면, 많은 것이 내 안에서 준비되어 있었습니다. 한 상자의 책들 역시 그 순간을 위해 준비되어 있으며, '레의 이름으로Réealia'라는 제목이 붙어 있습니다. 그 안에는 당신이 기뻐할 훌륭한 것들이 있습니다. 가능한 한 영국에서 유래했지만[8] 독일어로 번역되었고 큰 글씨로 인쇄된 유익한 책을 내게 보내주실 수 있습니까?—나는 8분의 7 정도가 맹인으로 거의 책 없이 살고 있지만, 당신 손을 거쳐온 금지된 과실을 기꺼이 취하고자 합니다. 양심이 이제 하나의 역사를 가지며 내 친구가 이 양심에서 역사가가 되었기 때문에, 양심 만세. 당신이 걷는 길 위에 행운과 구원이 함께하기를! 마음으로 당신 곁에 있으면서

프리드리히 니체 드림."

이렇게 그는 항상 친구에게 여러 말투로 다시 편지를 썼다.

---

8 니체는 당시 영국의 학자들과 철학자들에게 경탄하며 살았다. 이 철학자들에 대한 입장은 후일 정반대로 돌변했다:《인간적인 너무나 인간적인 II》 184번에서 그는 이들을 "완전하고 풍요롭고 넘쳐나는 본성을 가진 사람들"이라고 부르며, 레에게 보내는 편지에서 현대의 영국 철학자들을 접하게 된 것을 "지금까지 존재하는 유일하게 훌륭한 철학적 교제"라고 부른다. 이에 상응해서 그가 이 시기에 그의 이전 스승인 쇼펜하우어를 여전히 높이 평가한 것은 유일한 일이다. "그(쇼펜하우어)를 종종 영국적으로 (…) 보이게 했던 것은 냉혹한 사실의 감각과 명석함, 이성"이다.(《즐거운 학문》, 99)

"당신이 행하고 계획하는 모든 좋은 일이 식탁에 차려지며 내 식욕은 당신이 알고 있듯이 레주의Réealismus를 향해 아주 살아 있습니다!"

그래서 레주의는 니체가 철학적 사실주의Realismus를 수용하고 낡은 이상주의를 묻어버린 근원적 형태가 되었다. 니체는 익명으로 출간된 레의 짧은 첫 작품《심리학적 고찰Psychologische Beobachtungen》(베를린: 카를 던커Carl Duncker 출판사, 1875)을 ─ 문장이 라 로슈푸코La Rochefoucauld의 정신과 문체로 되어 있다 ─ 높이 평가했을 뿐만 아니라, 필자에게 보내는 편지가 보여주듯이, 이 책을 지나치게 높이 평가했다. 레가 좋아하는 작가들은 이제 그 또한 좋아하는 작가가 되었다. 라 로슈푸코, 라 브뤼에르La Bruyère, 보브나르그Vauvenargues, 샹포르Chamfort 같은 프랑스 잠언주의자들이 이 시기에 특히 니체의 문체와 사유에 영향을 주었다. 프랑스의 철학적 작가들 가운데 그는 레와 함께 파스칼과 볼테르를, 소설가 중에서는 스탕달과 메리메Mérimée를 선호했다. 그러나 니체에게 레의 저작《도덕적 감각의 기원Der Ursprung der moralischen Empfindungen》(켐니츠: 에른스트 슈마이츠너 출판사, 1877[9])은 훨씬 깊은 의미를 지녔으며, 이 저작은 다음 시기에 어느 정도 니체의 실증주의적 신앙고백을 만들어냈다. 이를

---

9   이는 니체의《인간적인 너무나 인간적인 I》, 37에 언급된다.

통해 그는 레가 합류했던 영국 실증주의자들에게로 갔으며, 니체 역시 곧 모든 유사한 독일 저작보다 이들을 선호했다. 실증주의가 그에게 미친 주된 매력은 주로 레가 자신의 저작에서 다루었던 물음, 즉 도덕적 현상 발생의 물음에 대한 대답에 있었다. 레에게 이 물음은 이타적 감각 승인의 근거에 대한 물음과 일치하는 것이었다. 레의 연구는 주로 지금까지 형이상학의 윤리적 체계를 향해 있었다. 바그너와 쇼펜하우어의 윤리는 이타주의와 그 형이상학적 감정의 가치에 기초했기에, 니체는 바로 레의 책에서 황량한 세계관에 대해 투쟁하는 가장 적합한 무기를 찾을 수밖에 없었다. 《도덕적 감각의 기원》은 니체의 주요 연구 대상이었다. 우리는 레의 첫 작품을 그 발생사를 통해 그 이전의 이상이 무화되는 것을 통찰하려는 시도로 간단히 나타낼 수 있다. 인간의 편견과 오류에 대한 분석과 역사를 총괄적으로 철학하는 것은 이러한 길 위에 있다. 형이상학자는 심리학자와 역사학자가 되며, 냉정하고 일관된 실증주의의 기반 위에 서게 된다. 그는 도덕적 가치판단과 현상을 근원적 공리 근거의 유용성, 습관, 망각으로 되돌리는 유명한 작업에서 가장 밀접하게 영국 실증주의학파에 자신을 갖다 붙인다. 따라서 그의 이론에 별다른 설명이 필요한 것은 아니다. 그가 끄집어내왔던 방향을 제시하는 것으로 충분하다. 《인간적인 너무나 인간적인》에 나오는 다음과 같은 문장을 비교해보자: "도덕적 감각의 역사는 다음과 같은 주요 단계를 거친다. 첫째, 사람들은 행위의 동기는 전혀 고려하지 않고 오직 이롭거나 해로운 결과를 기준으로 개별 행위들을 선하거나 악하다고 부른다. 그러나 사람들은 곧 이런 명칭의 유래를 잊고, 그 행위의 결과는 고려하지 않는 채 행위 자체에 '선' 또는 '악'의 특징이 내재해 있다고 잘못 생각한다."(I, 39) "망각이 없다면 이 세계는 얼마나 도덕적으로 보잘것없어 보일까! 어떤 시인은, 신이 인간의 존엄이라는 사원의 문 앞에 망각을 문지기로 세워두었다고 노래할 수 있었을 것이다."(I, 92) 소위 도덕이 행위에서 발생했던 그 길을 우리는 다음과 같은 말로 나타낼 수 있다: "— 현재는 습관, 유전, 교육으로 행해지며, (참된 것이) 더 유용하고 더 명예로운 것이기 때문에 근원적인 것이다."(II, 26) 더 나아가 〈방랑자와 그의 그림자〉(40)에서는 다음과 같이 말한다: "도덕적 감각에서 망각의 의미: 원시 사회에서 공동의 이익을 위한 의도에서 우선적으로 권장되던 동일한 행위가, 나중에 다른 세대에서는 다른 동기들에서 행해졌다: 다른 동기들이란 그러한 행위를 요구하고 권장했던 사람들에 대한 공포나 외경심에서 혹은 유년 시절부터 그러한 행동이 주위에서 행해지는 것을 보며 생긴 습관에서 혹은 그러한 행위는 어디서나 기쁨과 동의하는 얼굴 표정을 만들어내기 때문에 그렇게 하고 싶은 호의에서, 혹은 그 행위가 칭찬받기 때문에 가지는 허영심에서 나온 것들이다. 근본 동기, 즉 유용성이라는 동기가 망각된 그러한 행위들이 도덕적 행위라고 불린다." 인류의 역사에서 이미 언급했던 방식으로 생겨난 것이 개별적 인간에게 종교적으로 제약되고 각인된 의미 개념의 총화로서 전승될 때, "우리 양심의 내용은 유년 시절에 우리가 이유 없이 규칙적으로 요구받았던 모든 것이다."(52) "풍습은 이익이 되거나 손해를 끼친다고 생각되는 것에 대한 예전 사람들의 경험을 표현한다. 그러나 풍습에 대한 감정(인륜Sittlichkeit)은 그러한 경험 자체가 아니라 풍습의 오래됨, 신성함, 자명성과 관련되어 있다."《아침놀》, 19)

이미 제목이 특징적으로 해석하듯이 전 저작을 통해 다음과 같은 이야기가 따라 나온다: 파괴의 사상 작업, 지금까지 신성하고 영원하고 초인간적으로 불린 것이 "너무니 인간적인 측면"을 지녔다는 것에 대한 가차 없는 폭로 등 냉정한 편견과 과장으로 니체가 자신에게 저항했던 것을 살펴보기 위해서 그의 이전 철학적 시기에 대립적 해석을 겪었던 네 가지 사항, 즉 "디오니소스적인 것", "데카당스 개념", "반시대적인 것", "천재 숭배"의 의미에 관해 그의 현재 견해를 추적해보는 일은 유용하다. 여기에서는 디오니소스 대신에 일찍이 너무 비방을 많이 받은 소크라테스가 새로운 진리 사원의 보호자이자 사원 관리자로 서 있다. "모든 것이 잘 진행되면, 사람들이 도덕적-이성적으로 자신을 향상시키기 위해 성서보다 소크라테스의 회상록을 손에 드는 시대가, 그리고 가장 소박하고 영원한 중개자이자 현자인 소크라테스를 이해하기 위해 몽테뉴와 호라티우스Flaccus Quintus Horatius를 선각자와 안내자로 이용할 시대가 올 것이다. 소크라테스에게는 아주 다양한 철학적 삶의 양식의 길들이 거슬러 올라가 통하고 있다. 그것은 근본적으로는 다양한 기질의 삶의 양식으로, 이성과 습관을 통해 확립되었으며, 모두 그 정점에서 삶에의 그리고 자기 자신에의 기쁨을 가리키고 있다. …"(《방랑자와 그의 그림자》, 86) 디오니소스적인 것, 정동의 상승, 자기 망각적 자기 도취에 대해 소크라테스적인 것, 이성과 현명한 냉정함의 승리는 "학문적 인간은 예술적 인간이 더 발전된 것이다"(《인간적인 너무나 인간적인 I》, 222)라는 문장 속에서 정점에 이른다. 그리고 모든 것이 통찰 대신에 도취에 근거하고 있다는 것은 "그 자체로 예술가가 이미 퇴보한 존재"(《인간적인 너무나 인간적인 I》, 159)이기 때문이다. 따라서 그리스인에게 소크라테스 정신의 부활은 엄청난 진보를 의미했다. "낯선 것으로부터 형식을 차용하고 창조해내지는 않지만 그것을 가장 아름다운 가상으로 개조해내는 것,─그것이 그리스적인 것이었다: 이용하기 위해서가 아니라 예술적으로 현혹하기 위해 모방하며, (…) 정리하고, 미화하며 평이하게 만들어준다.─호메로스부터 기원후 3, 4세기의 소피스트들까지는 이렇게 계속된다. 그들은 전적으로 겉모양, 화려한 말, 열광적인 몸짓으로 순전히 속이 빈 가상과 소리와 효과를 바라는 정신을 가진 사람들을 상대하던 자들이었다.─그렇지만 이제는 학문을 창시한 그 예외적인 그리스인의 위대함을 존중하자. 그들에 대해 말하는 사람은 인간 정신의 가장 영웅적인 역사를 설명하는 것이다!"(《인간적인 너무나 인간적인 II》, 221; 또한 당시 "이성적인 사유의 새로운 발명에 대한 환호"에 대해서는 《아침놀》, 544를 비교할 것.) 따라서 판단이나 근원적인 사유 추리로부터 감정적인 모든 것이 유래한다는 것은 정동적 삶이 최고의 삶이라고 그것을 지지하는 사람들과 대립된다. "감정은 궁극적인 것도, 근원적인 것도 아니다. 감정의 배후에는 판단과 가치 평가가 존재하며, 이는 감정의 형태로 (…) 우리에게 유전된다. 감정에서 비롯되는 영감은 어떤 판단의—더구나 흔히 잘못된 판단의!—자손이다. 그리고 이런 판단은 어쨌든 너 자신의 것이 아니다! 자신의 판단을 신뢰하는 것—이것은 우리 내부에 깃든 신들보다는 우리의 조부나 조모, 더 나아가 그들의 조부모에게 복종하는 것을 의미한다."《아침놀》, 35) 감정을 이성적 사유 아래 두지 못하게 저지하려는 "고귀한 열광자"는 이를 통해 "지성의 나쁜 습관"에 빠지도록 유혹한다(《아침놀》, 543). "이 열광적 술고래들은 인류에게 많은 해악을 끼쳤다. (…) 그렇다고 할지라도 저 열광자들은 전력을 다해 삶 속에서의 삶으로서의 도취의 믿음을 심는다: 가공할 믿음을 말이다! 야만인들이 지금 '화주'火酒로 인해 급속도로 타락하고 멸망하는 것처럼 인류 대부분은 (…) 취하게 만드는 감정의 정신적 화주에 의해 서서히 그리고 철저히 (…) 타락되었다: … "《아침놀》, 50) "… 그들은 또한 가장 추악한 현실에 대한 인식이 아름답다고 생각하지 않는다. (…) 인식하는 사람의 행복은 세계의 아름다움을 증대시킨다. …: 플라톤과 아리스토텔레스처럼 근본적으로 서로 다른 두 사람은 무엇이 최고의 행복인지에 대한 견해에서 일치했다…: 그들은 그것을 인식에서, 즉 발견하고 발명하는 숙련된 지성의 활동에서 발견했다.(… '직관'에서도 아니고, …환상에서도 아니며, (…) 창작에서도 아니다. …) …!"(《아침놀》, 550) 이것으로 지금까지의 천재 숭배[10]는 꺾인다: "아, '천재'의 값싼 명성이여! 그의 왕좌는 얼마나 빨리 세워지고, 또한 그의 숭배는 얼마나 빨리 관습적이 되었는지! 여전히 사람들은—오래된 노예 본성에 따라—힘 앞에 무릎을 꿇는다. 그러나 존경받을 만한 가치가 있는지 확정되어야 할 경우에는 힘 속에 깃든 이성의 정도만이 결정적인 의미를 갖는다.(《아침놀》, 548)— 엄격하고 단순한 정신을 위한 시대는 시작되었으며, 예술가적 독창성의 과도한 숭배는 '발전하는 인류의 남성화'에 대립해 있다.(《인간적인 너무나 인간적인 I》, 147) 외견상 천재는 "인간의 더 높은 존엄성과 의미를 위해 투쟁하는 것"처럼 보인다. "그는 삶에 대한 찬란하고 심오한 해석을 결코 포기하지 않으며, 소박하고 단순한 방법과 결론들도 거부한다." "어떤 형태든, 비록 그 형태가 다소 간결해 보이더라도, 참된 것에 대한" 보다 높이 있는 "학문적 몰두"에 대립해 물러서는 대신에 말이다.(《인간적인 너무나 인간적인 I》, 146) 우리가 소위 "영감"에 대해 연구할 때 드러나는 것은 만들어내는 상상력의 기적이 아니라 또한 "판단력"만이 살펴보며 정리하고 선택하며 예술

10　《인간적인 너무나 인간적인 I)의 "허영심에서 오는 천재 숭배"(162)와 "천재 숭배의 위험과 이익"(164)을 비교할 것.

작품을 생산해낸다는 것이다.—"우리가 지금 베토벤의 노트에서 그가 가장 훌륭한 멜로디를 단계적으로 간추려, 많은 발상 중에서 그 멜로디를 특별히 발췌했다는 사실을 알 수 있듯이 말이다. (…) 예술적 즉흥이라는 것은 진지한 태도로 노력해서 엄선된 예술사상과 비교한다면 낮은 자리에 위치한다."《인간적인 너무나 인간적인 I》, 155) 따라서 천재는 대부분 가정되는 것 이상의 높은 수준으로 학습할 수 있다: "재능과 타고난 능력에 대해서만 말하지 마라! 타고난 재능이 거의 없이도 위대해진 여러 사람의 이름을 들 수 있다. 그러나 그들은 위대한 사람이 되었고, '천재'가 되었다. (…): 그들은 모두 하나의 거대한 전체를 만드는 일을 감행하기 전에, 우선 부분을 완전히 만드는 것을 배우는 숙련된 장인의 성실함을 가지고 있었다. 이를 위해 그들은 시간을 쏟았다. 왜냐하면 그들은 눈부시게 만드는 전체의 효과보다 작은 것, 지엽적인 것을 잘 만드는 일에서 더 많은 즐거움을 느꼈기 때문이다."《인간적인 너무나 인간적인 I》, 163) 천재성의 경이를 설명하거나 과소평가하려는 욕구는 니체 사상에서 바그너의 경이에 해당하는 곳, 바로 여기에 있다. 후일 그의 마지막 정신시기에서처럼 천재에—이번에는 그 자신의 천재에—말을 거는 욕구나 천재를 최고로 찬미하려는 욕구는 강하다. 심지어 여기에서는 모든 진정한 위대성이 운명으로 나타난다. 왜냐하면 이 위대성은 "수많은 허약한 힘과 싹을 짓누르기" 때문이다. 반면 개별적인 위대한 사람이 사는 것뿐만 아니라 이와 마찬가지로

"훨씬 약하고 섬세한 본성을 가진 사람에게도 공기와 빛의 혜택이 추어친다"(《인간적인 너무나 인간적인 I》, 158)는 것은 정당하고 바랄만한 가치가 있다. "거대한 것에 호의적인 편견: 사람들은 분명히 거대하고 뚜렷한 모든 것을 과대평가한다. (…) 극단적인 본성을 지닌 사람들은 너무나 큰 주의를 끈다. 그러나 그들에게 사로잡히기 위해서는 훨씬 낮은 문화가 필요하다."(《인간적인 너무나 인간적인 I》, 260)

그는 보편성에서 빠져나왔다고 스스로 이해하고자 하는 사람들의 오만을 비난하기 위한 말을 찾지 못하고 있다. "사람들이 자신은 1마일 앞서 있으며 전 인류가 우리의 길을 지나갈 것이라고 믿는 것은 망상이다. (…) 우리는 그렇게 쉽게 오만하고 고립된 의견을 지지해서는 안 된다."(《인간적인 너무나 인간적인 I》, 375) 왜냐하면 이러한 망상은 대부분 우리 행동거지의 동기에 대한 덧없는 자기기만에 토대를 두고 있기 때문이다. 진정한 사상가는 인간들 사이에 있는 신분 차이를 너무 강하게 강조하는 것이 부당한 일이며, 인간적인 것이, 심지어는 가장 고귀하고 최고의 감동에서조차, 여전히 "너무나 인간적인 것"으로 남는다는 것을 알고 있다. 이러한 통찰로 그는 그 밖에도 스스로를 어떤 단계에 세우고 바로 그것을 통해 자신의 부족한 존재에 대해 생각하며 자신을 고양할 수 있게 된다. "아마도 사유의 이러한 용기가 극단적인 오만으로서 인간과 사물을 초월해 있다고 느낄 정도로 커져가는 미래, 현자가 가장 용감한 사람으로서 차기 차신을 바라보고 존재하는 것 대부분을 자신 아래 있는 것으로 바라보는 미래가 있는 것은 아닐까?"(《아침놀》, 551) 따라서 현자는 인간적인 행동을 자신의 너무나 인간적인 것으로 검증하는 성향을 갖는다: "극단적인 행위를 허영으로, 평범한 행위를 습관으로, 비열한 행위를 공포로 환원해 이해한다면, 잘못 생각하는 일이 거의 없을 것이다."(《인간적인 너무나 인간적인 I》, 74) 허영의 의미는 인간 행위의 주요한 동기로서 더욱 새롭게 강조되고 언급된다.—레의 책에서도 특별한 장이 여기에 바쳐진 것처럼 말이다: "자신에게 허영심이 있다는 것을 부인하는 사람은 자신을 경멸하지 않기 위해서 본능적으로 그것에 눈 감을 정도의 야만적 형식으로 보통 그 허영심을 소유하고 있다."(《인간적인 너무나 인간적인 II》, 38) "허영심이 없다면 인간의 정신은 얼마나 초라하겠는가!"(《인간적인 너무나 인간적인 I》, 79) 허영심, "인간적인 물자체"(《인간적인 너무나 인간적인 II》, 46), "지독한 페스트라고 해도 언젠가 인류에게서 허영심이 사라질 때만큼 그 정도로 인류에게 해를 끼칠 수는 없을 것이다."(〈방랑자와 그의 그림자〉, 285) 왜냐하면 내면의 최고 가치를 힘의 감정이나 권력 의지라고 간주하는 데 우리 스스로 익숙해져왔다는 것 역시 대부분 자기를 과시하는 허영심의 배출구일 뿐이다. 인간은 본래 자신의 힘에 따라 인정받을 권리가 있는 것 이상으로 인정받기를 원한다. "그는 있는 그대로의 그가 아니라 인정받고 있는 바로 그가 자신을 받쳐주거나 내던져버린다는 것을 일찍 알아차린다: 여기에 허영의 기원이 있다."(〈방랑자와 그의 그림자〉, 181) "커다란 유용성으로서의 허영"— 여기에서 니체는 강자를 허영심 있는 자, 교활한 자, 똑똑한 자와 동일시하는데, 이러한 인간은 자신의 겉모습을 만듦으로써 자신의 공포와 방어 능력이 없음을 그 허영에 숨겨놓는다. 관련된 진술은 노예 본성과 주인 본성 및 근원적 공동 존재에 대한 그의 후기 견해와 매우 대립해 있다(〈방랑자와 그의 그림자〉, 31에 나오는 아포리즘 "비사회적 상태의 싹으로서의 허영"도 참조할 것). 허영은 보다 상위에 있는 인간이 인간적 동기가 같거나 유사하다는 것을 의식하고, 스스로 자신을 다른 사람과 동일한 위치에 세우는 그의 충동의 "너무나 인간적인 속성"을 인정하는 정도에 따라 사라진다.

인간들 사이에서 유일하고 진실하게 가치를 규정하는 차이는 오로지 그들의 지적 능력의 방식이나 수준에 있다. 인간들을 고귀하게 만든다는 것은 따라서 그들 사이에서 통찰을 하는 것 외에 다름이 아니다. 도덕적 관점에서 악이라고 표시되는 것조차도 대부분 정신적 발육부전이나 야비함에 의해 조건 지어진 것으로 드러난다. "많은 행위가 악하다고 하지만 그 행위들은 단지 어리석은 행위일 뿐이다. 왜냐하면 그 행위를 선택했던 지성의 정도가 매우 낮았기 때문이다."(《인간적인 너무나 인간적인 I》, 107) 우리가 다른 사람에게 가하는 손해나 고통을 올바로 평가하는 능력이 없다는 것은 소위 범죄자나 자신의 정신적 발달 과정에서 낙오한 자들을 특히 잔인하거나 냉정한 것처럼 보이게 한다. "개별자가 삶을 위한 투쟁을 하는데, 사람들이 이 투쟁을 선이라 부르는지, 아니면 악이라 부르는지 하는 문제는 그의 지성의 정도와 천성이 결정한다."(《인간적인 너무나 인간적인 I》, 104) "현재 잔인한 인간들은 우리를 아직도 남아 있는 과거 문화의 단계로 간주하는 것이 틀림없다. (…) 유전하는 과정에서 모든 가능한 우연에 의해 뇌가 섬세하고 다양하게 발달되지 못한 낙오한 인간들이 있다."(《인간적인 너무나 인간적인 I》, 43) 몰락하는 인간들이 있다. 그러나 인간이 진보하면 할수록, 더 섬세해지고 부드러워진다. 즉 낙오된 자의 행위가 그 안에서 나오는 근원적 정열의 거친 본능의 힘은 어느 정도 얇아진다.—"선한 행위란 승화된 나쁜 행위이며, 나쁜 행위란 다듬어지지 않고 어리석은 선한 행위다. (…) 누군가가 (…) 어디론가 이끌려가는지는 판단 능력의 정도가 결정한다. (…) 물론 특정한 의미에서는 지금도 여전히 모든 행위는 어리석다. 왜냐하면 최고 수준의 인간 지성은 (…) 반드시 또 추월당할 것이기 때문이다. 그러고 나서 (…) 인류가 도덕적 인류에서 현명한 인류로 변화할 수 있을 것인가에 대한 최초의 시도가 이루어진다."(《인간적인 너무나 인간적인 I》, 107) 하지만 다시 한 번 그 표징이 이루어지는데, 이는 인간 안에서 "폭력적인 본능이 더 약해지고" "정의가 모든 사람 속에서 더 커지며", "폭력과 노예 상태가" 중단된다는 것이다(《인간적인 너무나 인간적인 I》, 452). 여러 세대 동안 이루어진 적응에 의해 보다 부드럽고 동정심 있는 사랑의 감각을 유전받은 그러한 사람들은 부러워할 만하다. "훌륭한 초상의 혈통은 진정한 세습 귀족을 만든다. 그 사슬의 단 한 번의 단절, 즉 나쁜 선조가 세습 귀족을 폐기하는 것이다. 자신이 귀족 출신이라고 말하는 모든 사람에게 너의 초상 중에는 난폭하고 탐욕스럽고 방탕하며 사악하고 잔인한 인간이 없었는지 물어야 할 것이다. 그가 이 질문에 충분한 지식과 양심으로 아니라고 대답할 수 있다면, 우리는 그의 우정을 얻으려 애써볼 만하다."(《인간적인 너무나 인간적인 I》, 456) "하루하루를 잘 시작할 수 있는 가장 좋은 수단은 다음과 같다: 눈을 뜨면 우리가 최소한 그날 한 사람에게 한 가지 즐거움을 줄 수 있을가에 대해 생각하는 일이다. 만약 이것이 종교적 습관에 대한 대체물로 간주된다면, 인간들은 이러한 변화에서 이득을 보게 될 것이다."((《인간적인 너무나 인간적인 I》, 589)) 잔인한 야만 행위뿐만 아니라 종교적·예술적 도취의 열광적 정열을 대가로 하는 온화하고 연민이 넘치는 감동의 이러한 숭배는 무종교성의 아름다운 근거 속에서 끝난다. "교만한 자에게까지 선물을 해도 될 정도로 세상에는 사랑과 자비가 충분하지 않다."(《인간적인 너무나 인간적인 I》, 129)[11]

우리는 뒤에 니체의 마지막 시기의 철학이 얼마나 심하게 연

---

[11] 인간의 교제에서 가장 효험 있는 약초와 힘으로 "사랑과 자비(친절)"를 소유하는 것(《인간적인 너무나 인간적인 I》, 48)은 칭송받는 가장 위대한 개별적 희생 이상의 가치가 있다. 훨씬 "강하게 문화를 세우는 것"은 삶을 "안락"하게 만드는 지속적이고 우호적인 호의를 갖게 된다(《인간적인 너무나 인간적인 I》, 49).

민의 도덕이나 본능적 삶의 약화에 반대하는지, 그가 왜 정열적 충동과 본능을 자기 안에 가득 간직한 사람들을 최고의 위치에 서 있는 사람이라고 부르는지─즉 "악한" 인간이라고 부르는지를 보게 될 것이다. 하지만 그는 여전히 자비와 무아 밖에서는 어떤 인간 가치도 생각할 수 없다. 왜냐하면 오직 이것만이 동물적 과거를 극복하는 것을 묘사할 수 있기 때문이다.

따라서 우리는 오직 현자만을 또한 선하다고 명명할 수밖에 없다. 왜냐하면 그가 몽매한 자와 다른 특질을 가졌기 때문이 아니라 근본적인 인간의 속성이 자기 안에서 정신화되고 이를 통해 "그의 성향 안에 있는 야생성이 진정"되기 때문이다(《인간적인 너무나 인간적인 I》, 56). "완전히 단호하게 사고하거나 연구하는 태도, 즉 성격의 특징이 되어버린 자유정신의 활동은 절도 있게 행위하도록 해준다. 왜냐하면 이 자유정신의 활동은 탐욕을 약하게 만들기 때문이다."(같은 책, 464) "거기에서 점점 더 (…) 지나친 마음의 흥분이 사라진다. 그(현명한 자)는 마침내 식물들 사이를 지나다니는 자연 연구자처럼 인간들 사이를 지나다니며, 자기 자신을 단지 그의 인식 충동을 강하게 자극하는 하나의 현상으로 여긴다."(같은 책, 254) 모든 인간의 크기는 본능적인 것의 섬세화에 기초해 있다. 최고의 인간은 동물적인 것을 벗겨냄으로써 생겨나는데, 아주 부정적으로 생각할 때도 "더 이상 동물이 아닌 존재"다. "새로운 습관, 즉 이해하며 사랑하지도 않고 미워하지도 않으며 달관하는 습관"(같은 책, 107)이 [우리 안에서 같은 땅을) 조금씩 경작할 수 있음으로 해서, 그는 "변증법적 이성적 존재"로서 "초월-동물"인 것이다(《인간적인 너무나 인간적인 I》, 40).

이에 대해 긍정적이고 새롭고 고차적인 속성을 지닌 존재로서의 "초인Ueber-Mensch"은 당시 니체에게 완벽한 몽상으로, 인간 허영심의 가장 강한 증거로 여겨졌다. "인간이 자신을 세계 존재 전체의 목적으로 간주하고, 인류가 진지하게 세계의 사명에 대한 전망에 만족하는 것 속에서 느끼는 좋은 기분을 완전히 맛보기 위해서라도, 인간보다 훨씬 더 정신적인 피조물이 존재해야만 하지 않을까."(〈방랑자와 그의 그림자〉, 14) "옛날에 사람들은 자신이 신적인 기원을 갖는다고 알림으로써 인간이 훌륭하다는 감정에 도달하고자 했다: 이것은 현재는 금지된 길이 되었다. 왜냐하면 이 길 입구에 소름 끼치는 다른 동물과 나란히 원숭이가 서 있고 '이 방향으로는 더 이상 갈 수 없다'고 말하기라도 하는 것처럼 이빨을 드러내고 있기 때문이다. 사람들은 이제 반대 방향에서 인간의 훌륭함을 찾고자 한다. 인류가 향하는 그 길은 인류가 훌륭하다는 것을 증명하는 데 (…) 도움이 되어야 한다. 아, 이런 길도 헛된 것이다! (…) 인류가 아무리 많이 발전했다 하더라도—아마 최후에 인류가 처음보다도 훨씬 밑에 있을 것이다!—인류에게는 더욱 고차적인 질서로 가는 통로는 없다. 이는 개미나 집게벌레가 땅의 여정의 마지막에 신과의 친족관계나 영원으로 격상되지 않는 것과 같다. 생성은 과거를 자신의 배

후에 끌고 다닌다: 왜 이 영원한 연극에서 (…) 하나의 예외가 허용되어야 하는가! 그러한 감상적 생각들을 집어치우자!"(《아침놀》, 49) 만일 인간이 삶을 완전히 인식할 수 있다면, 그는 "삶의 가치에 대해 절망할 수밖에 없을 것이다. 만일 그가 인류의 총체적 의식을 자기 안에서 파악하고 감지할 수 있다면, 그는 현존을 저주하며 쓰러질 것이다.ㅡ왜냐하면 인류는 전체적으로 아무런 목적도 갖지 않으며, 따라서 인간은 (…) 그 속에서 위로와 의지처가 아니라 절망을 발견할 수 있기 때문이다."(《인간적인 너무나 인간적인 I》, 33) 따라서 "새로운 삶의 첫 번째 원칙"은 다음과 같다: "우리는 가장 확실한 것, 가장 잘 증명할 수 있는 것을 목표로 삶을 설정해야 한다: 지금까지 그랬던 것처럼 가장 멀리 있는 것, 가장 불확실한 것, 가장 지평선의 구름 같은 것을 목표로 하지 말 것."(〈방랑자와 그의 그림자〉, 310) 자기 시대의 최고 인식 사상을 자기 안에서 실현하는, 가장 먼 과거와 미래의 "반시대적인 것"에 탐닉하는 대신에 우리는 다시 "가장 가까이 있는 것의 좋은 이웃"(〈방랑자와 그의 그림자〉, 16)이 되어야 한다. 왜냐하면 이것은 이제부터 인류에게 저 온갖 상상적 목적 대신에 "진리의 인식을 유일하게 거대한 목적으로"(《아침놀》, 45) 제시하는 것이기 때문이다. "빛을 향하여ㅡ너의 마지막 움직임, 인식의 환성ㅡ너의 마지막 목소리."(《인간적인 너무나 인간적인 I》, 292) 그렇게 만연하는 지성주의가 인식의 행복과 그 삶의 능력을 침해하고, 그것이 어느 정도는 "데카당스-증후"라고 할 수 있

다.—그러나 여기에서 데카당스 개념은 가장 고귀한 크기의 개념으로 덮여 있다: "아마도 인류가 인식에 대한 이러한 정열로 말미암아 몰락할 것이라는 사실조차도! (…) 사랑과 죽음은 남매가 아닌가? (…) 우리 모두는 인식의 후퇴보다는 인류의 몰락을 원한다!"(《아침놀》, 429) 그러한 "인식의 비극적 대단원"(《아침놀》, 45)은 정당화될 것이다. 왜냐하면 인식을 위해서 그 어떤 희생도 지나치게 큰 것은 아니기 때문이다: "진리가 이루어지라, 삶은 사멸할지니!Fiat veritas, pereat vita!"((《반시대적 고찰》 II, 〈삶에 대한 역사의 공과〉, 4)) 이 말은 그 당시 니체의 인식 이상을 요약하는 것이었다.—이 말은 그가 바로 직전에 크게 격분해 반대했고, 몇 년 후에는 다시 격렬하게 투쟁해야만 했던 것으로, 그와 같은 말의 전도는 그의 근원적 학설이면서도 후기 학설의 핵심으로 여겨질 수 있다. 어떤 값을 치르더라도 삶을 의욕한다는 것은—삶을 인식하는 값을 치르더라도—니체가 후일 모든 창조된 것이 무가치하다는 통찰에서 그 정점에 이른 저 삶의 피로에 대항했던 "새로운 학설"이다: "삶과 지성이 성숙하면 인간들에게는 그의 아버지가 자신을 낳은 것이 부당했다는 감정이 엄습한다."(《인간적인 너무나 인간적인 I》, 386) 왜냐하면 "삶의 가치와 존엄성에 대한 모든 믿음은 순수하지 못한 사유에 기초해 있"기 때문이다(같은 책, 33).

이러한 일련의 저작들 속에서 니체의 사상을 추적한다면, 그가 어떤 내면적 강박 속에서 자신의 사상을 점점 더 가혹한 결론으로 첨예화해가는지, 어느 정도의 자기 극복으로 이러한 일이 매번 일어났는지를 분명히 느낄 수 있다. 이러한 인식 방향이 그의 가장 내면적인 욕구나 갈망을 향해 있었을 때, 그러나 바로 대립의 결과로 말미암아 진리를 인식하는 것이 그에게는 하나의 이상이 되었으며—이것은 그에게는 훨씬 높지만, 그 자신과는 구분되며 그를 뛰어넘는 권력의 의미를 획득했던 것이다. 그가 이렇게 함으로써 따르게 되는 강제는 권력에 대해 그로 하여금 열광적 태도에 이르도록—거의 종교적 태도에 이르도록 하는 능력을 주었고, 니체가 필요로 했던 종교적 동기를 지닌 차기분열을 가능케 했다.—이는 인식하는 자가 자기 본래의 존재와 흥분, 충동을 또 다른 존재를 보듯이 내려다볼 수 있는 저 자기분열을 말한다. 이를테면 그가 이상적 힘으로서의 진리에 희생될 때, 열정이 언젠가 그 내면의 소망이나 성향의 따뜻하고 투쟁 없는 만족감에 불을 붙일 수도 있었을 때, 그는 자기 안에서 훨씬 강렬한 열정을 산출할 수밖에 없는 종교적 방식의 정동 방출에 이르게 되었다. 이 시기에는 역설적이게도 그의 도취에 대한 온전한 투쟁이, 무정동Affectlosigkeit에 대한 그의 온전한 숭배가 오로지 이러한 자기 폭력을 통해 스스로 심취하려는 시도로 보인다.

따라서 그는 가장 외형적인 극단 속에서 스스로 변화했다. 그가 새로운 사유 방식에 대해 망설임 없는 큰 소리의 "긍정!"에 온 힘을 기울이는 에너지는 그 자신의 본성과 가장 깊이 있는 욕구를 억누르려는 "부정!"의 폭력 행위를 나타내는 것이라고 말할 수 있다. 저 "인식하는 자의 선입견 없는 냉정함과 차분함", 이 정신 시기에 지녔던 니체의 이상은 그에게는 일종의 승화된 자기 고문으로 여겨졌고, 그가 이때 자신의 정신적인 삶의 고통을 결연하게 하나의 질병으로, 즉 "얼음주머니가 필요한 질병"(《인간적인 너무나 인간적인 I》, 38) 가운데 하나로 파악했을 때, 오직 그 자기 고문을 견뎌냈다.―또한 이는 좋은 일이다.― 왜냐하면 "혹독한 냉기는 고온을 만드는 자극 수단이기" 때문이다.

그가 레의 사상 방향과 일치하는 것은 바그너와 결별하고 그 형이상학으로 가장 심하게 고통받던 시기에 나온 첫 작품《인간적인 너무나 인간적인》에서보다 완벽하게 드러나는 곳은 없다. 따라서 자신의 과장된 지성주의에서 그는 여러 가지로 레의 개인적 특징에 좌우되고 있었다. 그는 그와 같은 것을 토대로 그에게 규준이 되도록 한 특정한 이상상 전체를 형성했다. 인간에 대한 사상가의 탁월함, 정동적 삶에 기인하는 모든 평가의 경시, 무조건적이고 망설임 없이 학문 연구에 몰두하는 것은 그에 앞서 새롭고 고차원적으로 인식하는 인간 유형으로서 생겨났고, 그의 철학에 고유한 인상을 부여했다.

실증주의에서 빌려온 순수 과학 사상을 인간적 형식으로 실현한다고 생각하고자 하는 욕구를 가지고 그는 그 자신과 완전히 대립했던 개별적이며 전적으로 특정한 인성의 모습에 빠져 있었고, 이 모습의 특징을 더 예리하게 하는 고문을 받고 있었다. 그가 매번 자기 부정의 발전을 위해, 정신적 상승을 하기 위해 자의적인 고통을 필요로 했다는 사실은 그가 바그너와 형이상학의 영향권에서 독립하기 위해 낯선 속박 아래 자신을 세우고 자신을 포기하고자 했던 외견상의 모순을 설명한다. 왜냐하면 철학적 방향의 특징 속에서도, 개인적 관계의 특징 속에서도 이를 유인하는 것은 없기 때문이다. 그 근거는 오히려 순수 내적인 본성에 있었다. 오직 이것만이 타인과 그들의 사상에 대한 협소한 연결 관계로 그를 끌고갔다. 이것은 말하자면 "집단정신"(《인간적인 너무나 인간적인 I》, 180)으로부터 사유하고 창조하도록 그를 움직였다. 이러한 의미에서 그는 《인간적인 너무나 인간적인》을 친구에게 보내면서 다음과 같이 쓸 수 있었다: "당신에게 속하는 것인데,—다른 사람에게 보냅니다." 바로 이것에 덧붙여 다음과 같이 쓴다: "내 모든 친구는 내 책이 당신에 대해 기술하고 당신으로부터 나온 것이라는 데 현재 고무되어 있습니다. 왜 나는 이러한 저작권에 축하해야 하는지… 레주의Réealismus 만세…!"

두 친구 사이에는 독특한 방식의 보완이 있었던 것이 분명한데, 이 보완은 과거 니체와 바그너 사이에 있었던 보완과는 반대되는 것이었다. 바그너에게 니체는 예술의 천재로서 사상가이자 인식하는 자이자 새로운 예술 문화에 대한 학적 매개자였음에 틀림없었다. 이에 대해 이때 레 안에는 이론가가 있었으며, 니체는 이론의 실천적 귀결을 이끌고 문화와 삶에 대한 내적 의미를 확실히 하고자 함으로써 그를 보완했다. 가치를 묻는 이 지점에서 친구들의 정신적 특징은 갈라진다. 다른 친구가 시작했던 곳에서 한 친구는 중단했다. 통명한 편협함을 보여준 사상가로서 레는 그러한 질문을 통해서는 영향을 미칠 수 없었다. 레는 니체의 예술적, 철학적, 종교적인 정신적 자산에서 떨어져 있었지만, 니체의 두뇌가 레보다 훨씬 더 명석했다. 레는 경탄과 관심으로 니체의 팽팽하고 깨끗하게 자아내는 사상의 실이 그의 마술적 손 아래서 어떻게 살아 움직이며 생생하게 피어오르는 덩굴로 변화했는지를 보았다. 니체의 작품에는 그 오류나 실수마저도 자극에 가득 찬 특징이 있는데, 그 자극은 심지어 학문적 가치를 축소시키는 곳에서마저 작품의 보편적 의미를 드높인다. 이와는 반대로 레의 저서들에는 실수라기보다는 결여가 있다. 이것은 《도덕적 감각의 기원》의 간략한 서문 마지막 구절에 가장 명료하게 표현되어 있다: "이 저작에는 결함이 있지만, 그러나 결함은 결함을 후회하는 자보다 훨씬 낫다!" 이에 대해 니체의 천재적인 다재다능함은 바로 다음 영역에 대한 새로운 통찰을 열어놓는다. 즉 이 영역에서 해법에는 논리가 부족하며, 논리는 어쩔 수 없이 인식에 틈을 허용하는 것으로 보이는 것이다.

니체에게는 사상적 삶과 내면적 삶 전체가 정열적으로 융합되었다는 특징이 있는 반면, 레에게는 급격하고 가장 외면적인 것에 이르기까지 진행되는 사유와 감각의 분리가 그의 정신적 본질의 근본 특징을 이루었다. 니체의 천재성은 그의 사상 뒤에 있는 살아 움직이는 불꽃에서 나왔는데, 이 불꽃은 그의 사상이 논리적 통찰 방식만으로는 얻을 수 없을 것 같은 장엄한 불빛으로 그의 사상을 비추게 했다. 레의 정신력은 논리적인 것이 심리적인 것에 영향을 받지 않는 냉정함이나 그의 학문적 사유의 예리함 혹은 명료한 엄격성에 기인한다. 그의 위험은 이러한 사유의 편협함이나 폐쇄성에 있었으며, 오성보다는 이해를 요구하는 저 계속되는 섬세한 감각이 부족하다는 데 있었다. 니체의 위험은 바로 그의 무한한 감촉 능력에 있었고, 그의 오성적 통찰이 그의 정서의 모든 동요와 자극에 의존한다는 데 있었다. 그의 그때그때의 사유 방식이 한순간 비밀스러운 소망과 마음의 충동과 모순에 빠진 것처럼 보이는 곳에서조차 그는 그러한 소망과 충동에 대한 거친 투쟁과 충돌로 자신의 최고의 인식력을 창출해냈다. 이에 반해 레의 정신의 방식은, 그의 인식 결과가 실로 자신의 개별적 감각에 상응하는 것이라 할 때, 정서적 삶이 인식 물음에 관여하는 것조차 배제하는 것으로 보였다. 왜냐하면 그에게서 사상가는 탁월하고 낯선 일부분을 흡입하고, 에너지를 가지고 이기주의를 흡입하는 것이기 때문이다. 그의 입장에서 보면 이 성격에서 깊이 있고 순수하고 무한한 존재의 재화 외에 아무것도 없었는데, 이 존재의 표현은 그의 사유의 차가운 객관적 정신과 혹독함과는 흥미롭고도 인상적인 대립 속에 있었다. 그러나 니체는 이와 반대로 자기애가 거의 인식 이상과 혼동되고 사도와 전도사의 열정으로 세계와 대립할 때까지, 자기 자신을 그 인식 이상으로 옮겨놓는 야심찬 자기애를 소유하고 있었다.

〔이 두〕 친구는 이론적인 면에서는 전적으로 일치했지만, 그 뒤에는 사상의 껍질 아래 한층 더 깊은 감각의 차이가 숨겨져 있었다. 전적으로 한 사람의 정신적 특성을 자연적으로 표현한 것이 다른 사람 입장에서 보면 그의 정신적 특성에 대한 완전한 대립이었다. 그러나 이 점을 둘러싸고 두 사람은 동일한 이상을 지니고 있었다. 니체는 가장 마음에 들지 않았던 레를 소중히 여겼고, 과도하게 평가했다. 왜냐하면 레의 그러한 자기 구속 속에는 다시금 그의 변화라는 내적 의미가 있었기 때문이다: "내 친구이자 완성자에게!" 따라서 그는 편지에서 레를 부르며 다음과 같이 쓴다. "때때로 내 자신의 본성이 마치 정화된 금속 속에, 보다 높은 형식 속에 있는 듯 보지 않는데, 어떻게 또한 견뎌낼 수 있을 것인가—내 스스로 파편인 나는 (…) 존재하며 드물게도, 드물게도 '좋은 시간'을 통해 온전하고 완전한 본성이 변화하는 한층 좋은 땅을 바라다본다!"

그러나 자기 자신을 포기하는 이러한 체념은 새로운 세계관 안에서 본래의 새로운 자기로 뚫고 나가는 길일 뿐이다. 이것은 그가 받아들인 낯선 정신적 씨앗을 그의 생동하는 독창적 정신으로 바꾸고 형성시키는 고통스러운 상태 그 자체다. 이는 여전히 자신의 새로운 창조를 수반하는 산통이며, 그가 자신의 전 존재와 온 힘으로 창조 안에서 살아남고 혁신하는 것을 보증한다.

니체가 이러한 변화 과정에서 어떻게 발전해나가고 이 변화를 포기하는지에 관한 이야기는 본질적으로 그의 내면의 체험이나 영혼의 투쟁에 관한 이야기다. 이곳에 속한 작품들—그의 첫 번째이자 고통의 자식인 《인간적인 너무나 인간적인》부터 어느 정도 이미 다음 정신 시기에 속하는 《즐거운 학문》에서의 깊게 요동치며 즐거운 기분에 이르기까지, 이러한 발전 과정은 우리 앞에 펼쳐져 있다. 이들 작품 모두에서 그는 일련의 아포리즘 모음으로 자유정신의 모습과 이상을, 즉 지식과 삶의 모든 영역에 대한 그의 사상에서, 더욱이 기득 찬 그의 사상적 체험에서조차 자유정신의 모습과 이상을 일으켜 세우고자 했다. 이 각각의 책이 나온 근본 정조는 그와 같은 자유정신의 모습과 이상이 지닌 본래의 특징으로서 이미 제목에 각인된다. 니체의 책 제목은 우연한 계기로 혹은 무관심하게 또는 추상적 소재에서 가져온 적이 없으며, 이것은 전적으로 내적 과정의 모습이자 상징이다. 이렇게 그는 두 번째 저작의 속표제를 〈방랑자와 그의 그림자〉(켐니츠: 에른스트 슈마이츠너 출판사, 1880)라고 썼을 때, 그의 고독한 사상가적 실존의 근본 내용을 1870년대 말에 몇 단어로 요약했다. 니체는 여기서 처음의 정열적인 투쟁의 열기로부터 자신의 고독으로 되돌아왔다. 전사로부터 방랑자가 되었고, 이 방랑자는 길 떠난 정신적 고향에 대한 적대적 공격 대신에 이제 그가 자의로 추방당한 땅에 대해서, 혹시 돌투성이 땅은 재배될 수 없는 것이 아닌지, 그 땅 역시 그 어느 곳에 기름진 표토表土를 가지고 있는 것은 아닌지를 탐색했다. 적과의 소리 나는 분열은 자신과 나누는 대화의 침묵 속으로 풀어헤쳐져 없어졌다. 고독한 자는 여러 목소리를 담고 있는 대화에 귀 기울이는 것처럼 자기 본래의 사상에 귀를 기울였다. 그는 그 사상과 관계를 맺으면서, 그리고 그 사상을 어디서나 따라다니는 그림자 속에서 살아간다. 여전히 그림자는 그에게는 어둡고 단조로우며 유령 같고, 해가 떨어질 때만 그림자 모습이 있듯이 높고도 위협하듯 솟아오르는 것처럼 보인다. 하지만 오래 지속되지는 않는다. 왜냐하면 그의 접근은 그림자 같은 모든 것을 점차 벗기기 때문이다: 사상이자 색깔 없는 이론으로 있던 것, 이것은 소리와 시선, 형태와 삶을 포함한다. 이것이 정말 새로운 것과 익숙하지 않은 것을 그가 습득하고 변형시켜 만드는 내적 과정이란 말인가: 즉 그가 자신에게 삶의 숨결을 불어넣는다는 것, 그가 스스로 삶의 충일감에 가득 차도록 돕는다는 것 말이다. 이제는 다음과 같이 말할 수 있다: 니체는 자신의 피로 가장 어두운 사상의 그림자를 살려내기 위해 상처가 있건 손상이 있건 이 그림자를 종국에는 살아움직이는 자기로 변형시키기 위해, 즉 자신의 이중-자기로 변형시키기 위해, 이 어두운 사상의 그림자를 선택한다.

그를 둘러싸고 있는 사상이 그의 존재의 풍요로움을 통해 받아들여지는 정도에 따라, 이 사상이 서서히 그 존재의 놀라운 힘 전체와 열기에 가득 채워짐에 따라 기분은 점점 더 고양되고 의기양양해진다. 사람들은 여기에서 니체가 한 발자국씩 자기 자신에게 이르는 길을 가며, 그의 새로운 "피부" 속에 익숙해지기 시작하고, 자신의 특성으로 삶을 즐기며 혹독한 노고 뒤에 마침내 고향으로 돌아가는 방랑자 같다고 느낀다. 니체는 자신의 동료 파울 레처럼 그와 동일한 사유의 목적지에 도달하고자 하지 않는다. 그는 그 자신의 것을 원한다: 이와 같은 내용을 편지에서 이미 볼 수 있는데, 여기서 그는 여전히 이론가를 흠모한다: "그 밖에도 점점 더 나는 그 표현이 논리적 측면에 따라 얼마나 잘 무장되었는지에 대해 놀라워하고 있다. 물론 나는 그 어떤 것을 만들 수는 없지만, 기껏해야 조금은 탄식하거나 노래를 부를 수는 있다.―그러나 어떤 사람에게 기억되는 일을 당신은 증명할 수 있으며, 이것은 백 번도 더 중요한 일이다."

그렇게 "노래 부르고 한탄하는 것" 속에서 다름 아닌 그 본래의 천재성은 매번 사상의 전투를 수반하는 가장 장엄한 탄식의 노래와 승리의 찬가에 관한 재능으로, 또한 가장 무미건조하고 추한 사상을 내면의 음악으로 옮겨놓는 창조자의 재능으로 니체의 의식에 떠오른다. 또한 그 자신 안에 있는 음악가가 더 이상 독립적인 자신으로서 삶을 즐길 수 없었지만, 그는 전체라는 새롭고도 큰 멜로디 속에서 하나의 소리로 솟아났다.

이것은 실로 이 시대에 나온 그의 작품과 사상에 아주 특별한 의미를 부여한다: 이는 그의 충동과 재능 모두가 점차 인식의 큰 목적에 기여함으로써 존재를 얻었던 새로운 통일성이었다. 처음에는 폭력적으로 억누름과 억압을 받았던 니체라는 예술가,

작가, 음악가가 다시 청각을 만들기 시작했지만, 그러나 자기 안의 사상가와 그의 목적을 따르게 되었다.—이것은 그로 하여금 그를 현대의 최초의 문장가로 우뚝 서게 했던[12] 방식으로 새로운 진리를 노래하고 탄식하도록 하는 능력을 그에게 부여했다. 따라서 니체의 문체를 원인과 조건에서 검토하는 일은 그의 사상의 단순한 표현 형식을 연구하는 일 이상의 것이다: 이것은 그의 가장 내면적인 근본적 본질의 니체를 엿듣는 것을 의미한다. 왜냐하면 이 저작들의 문체는 엄격한 인식을 위한 큰 예술적 재능

---

12   니체가 언젠가 내게 써 보낸 다음의 아포리즘을 비교해보라.

문체에 관한 학설

1. 필요한 첫 번째 것은 삶이다: 문체는 살아 있어야만 한다.
2. 문체는 너 자신이 의사를 전달하고자 하는 아주 특정한 사람과 관련해 너에게 적합해야 한다.(이중 관계의 법칙)
3. 우리는 글로 쓰기 전에, "이렇게 나는 이것을 말하고 진술하고 싶다"는 것을 정확히 알아야만 한다. 글쓰기는 모방이어야 한다.
4. 글 쓰는 사람에게는 진술하는 사람의 많은 수단이 없기 때문에, 그는 일반적으로 매우 의미심장한 방식의 진술을 모범으로 해야만 한다: 그에 대한 모사, 쓰인 것은 이미 어쩔 수 없이 훨씬 창백하게 떨어져나가게 된다.
5. 삶의 풍요는 동작의 풍요를 통해 드러난다. 우리는 모든 것, 즉 문장의 길고 짧음, 구두점, 단어의 선택, 쉼표, 계속되는 논변 등을 동작으로 느끼는 것을 배워야만 한다.
6. 복합문을 조심할 것! 복합문에 대해서 말할 때도 오랜 숨 호흡을 하는 인간만이 권리가 있다. 대부분의 경우에 복합문은 과장이다.
7. 문체는 사람들이 자신의 사상을 믿고, 이 사상이 사고할 뿐만 아니라 느낀다는 사실을 증명해야만 한다.
8. 우리가 가르치고자 하는 진리가 추상적이면 추상적일수록, 우리는 감각을 진리에 다가오도록 더 유혹해야만 한다.
9. 자신의 수단을 선택하는 데 훌륭한 산문가의 박자는 시문학에 가까이 들어가는 데 있지, 결코 그 시문학을 밟고 넘어서는 데 있지 않다.
10. 자신의 독자에게 훨씬 가벼운 반론을 선취하는 것은 점잖거나 현명한 일이 아니다. 자신의 독자에게 위임하는 것이나 우리 지혜의 마지막 핵심 차체를 말하도록 하는 것은 매우 점잖고 매우 현명한 일이다.

의 헌신적이고 열광적인 낭비를 통해 생겨났기 때문이다.—즉 이것은 이것 외에 다른 어떤 것도 아닌, 오직 이러한 엄격한 인식만을 말하려는 노력을 통해, 그러나 추상적 보편성이 아니라 가장 개별화된 강조로 생겨났다.—마치 사로잡혀 뒤흔들리는 영혼의 모든 동요 속에 반영되듯이 말이다. 니체는 가장 생생한 내면성과 충일감을 이미 그의 첫 번째 정신 시기의 작품들에서 완벽한 형식으로 즐길 줄 알았다.—하지만 그는 이제야 비로소 이것들을 무미건조한 사유의 예리함과 냉정함과 연결시킬 줄 알았다: 황금 반지처럼 이것은 그의 아포리슴의 모든 것에서 삶의 충일감을 포함하고, 바로 이 때문에 이것들에 그 독특한 마력을 부여하고 있다. 니체는 그때까지 단지 학자의 소리 혹은 열광하는 자의 문학적 화술을 들어왔던 철학 안에서 어느 정도 새로운 문체를 만들었다. 그는 사상을 그 자체로서뿐만 아니라 자신의 영혼의 반향을 담은 온전하고 풍요로운 정조를 지닌 채 하나의 단어, 하나의 사상을 일깨우는 섬세하고 은밀한 온갖 감정의 관계로 말하는 고유한 특징을 지닌 문체를 만들었다. 이러한 특징을 통해, 그렇지 않으면 단어 속에서 침묵하며 머물게 되는 기분을 통해 함께 울려 퍼지게끔 함으로써 니체는 언어를 지배했을 뿐만 아니라, 동시에 언어적 불충분의 한계를 넘어섰다.

그러나 니체의 정신에서처럼 그 어떤 사람의 정신에서도 순전히 생각된 것은 온전히 진짜 체험된 것이 될 수 없었다. 왜냐하면 그 어떤 삶도 온전한 내적 인간과 더불어 사유하는 데 창조적이 되도록 완전히 열리지 않았기 때문이다. 그의 사상은 일상적인 사례에서처럼 실제 삶과 그 사건들에서 두드러지지 않았다: 그의 사상은 오히려 이 고독한 자의 본래의 유일한 삶의 사건을 완성했다. 이에 대해 그가 사상이라고 여겼던 가장 활력 있는 표현 역시 그에게는 여전히 창백하고 활력 없는 것처럼 보였다: "아, 그대들은 도대체 무엇이란 말인가. 그대들 내가 기록하고 그려낸 사상이여!" 그는 《선악의 저편》(296)의 아름다운 결론부 아포리즘에서 탄식한다.

"그대들이 여전히 그렇게 다채롭고 젊고 악의적이고 가시가 가득 돋아 있고 은밀한 향냄새를 내어, 나를 재채기하게 하고 웃게 한 것은 그리 오래된 일이 아니다.─그런데 지금은? (…) 우리는 도대체 어떤 일을 기록하고 그린다는 말인가, 중국 붓을 사용하는 중국 관리인 우리, 기록할 수 있는 사물들이 영원히 전해지게 만드는 자인 우리, 우리가 오직 그릴 수 있는 것이란 무엇이란 말인가? 아, 언제나 막 시들어가려 하고 향기를 잃어가기 시작하는 것뿐이다! 아, 언제나 물러가는 지칠 대로 지친 폭풍우나 누렇게 변한 말년의 감정들뿐이다! 아, 언제나 날다가 지쳐서 헤매는, 이제 손으로─우리의 손으로 잡을 수 있는 새들뿐이다! (…) 그대들 내가 기록하고 그려낸 사상들이여, 오직 그대들의 오후만을 위해, 나는 색깔을, 아마 많은 색과 많은 다채로운 애정을, 50가지 정도의 황색, 갈색, 녹색, 적색을 가지고 있다:─그러나 그 누구도 그대들이 아침에 어떤 모습을 하고 있었는지 알아낼 수 있는 사람은 없다. 나의 고독에서 갑자기 나타난 불꽃과 기적이여, 그대 나의 오래되고 사랑스러운 ─ 나쁜 사상들이여!"

우리가 니체의 조용하고 고독한 변화에서 그를 생각하는 것은 아주 본질적인 것인데, 니체는 오랫동안의 무언의 자기 대화의 결과로 한 쌍의 아포리즘을 지니고 다녔고,─ 책상 위로 몸을 굽히지도 않았으며, 손에 펜을 들지도 않았다.

"나는 손으로만 쓰는 것이 아니다:
발 역시 글 쓰는 자와 함께하길 원한다."

그는 《즐거운 학문》(〈농담, 간계 그리고 복수〉, 52)에서 이와 같이 노래한다. 산과 바다는 이 고독한 자의 형상에 대한 효과 있는 배경으로서 그의 사상의 변화가 일어날 때 그를 둘러싼다. 제노바 항구에서 그는 자신의 꿈을 꾸며, 감추어진 지평에서 새로운 세계가 아침놀에 솟아오르며 동트는 것을 바라보았고, 그의 차라투스트라의 말을 찾았다(《차라투스트라는 이렇게 말했다》 II, 5): "그 넘쳐흐름의 한복판에서 먼 바다를 내다보는 것은 얼마나 멋진 일인가." 그러나 그는 엥가딘산에서 냉기와 열기가 혼합되며 그의 모든 투쟁과 변화가 일어났던 그러한 냉기와 열기를 반영하는 것처럼 스스로를 인정했다. "우리는 많은 자연의 영역 속에서 즐거운 전율을 느끼면서 우리 자신을 발견한다. 그것은 가장 아름다운 이중 자아 현상이다." 그는 그것에 대해 다음과 같이 말한다(〈방랑자와 그의 그림자〉, 338): "… 만년설의 공포 옆에서도 아무런 두려움 없이 가로놓인 이러한 고원의 (…) 전체적 특징 속에서, 이탈리아와 핀란드가 이어져 있고 온갖 은빛 색조를 띠는, 자연의 고향인 것처럼 여겨지는 이곳에서: …" "고독 자체가 그 호수의 눈으로" 그를 "쳐다보는 것처럼 보이는" "작고 멀리 떨어져 있는 호수"를 가진 장소에 대해 그는 한 편지에서 말한다. "그 자연은 나 자신의 자연(본성)과 유사하다. 우리는 서로 놀라지 않고, 함께 스스럼없어 한다."

밖으로 관찰하면, 확실히 그는 머리와 눈의 통증으로 인해 어쩔 수 없이 순전히 아포리즘 형식으로 작업할 수밖에 없었다. 그러나 마치 우리가 사상을 체계적으로 작업하면서 종이에 붙여놓듯이 자신의 사상을 스스로 계속 이어지는 연결고리 속에서 보는 것이 아니라, 마치 매번 중단되었다. 매번 다시 받아들이며 통일성에서 출발하는 두 사람의 대화처럼 그 사상들을 귀담아 듣는 것은 점점 더 그의 정신적 특성에도 해당하는 것이었다.—"들어본 적이 없는 그런 말을 귀담아 들을 줄 아는 자"(《차라투스트라는 이렇게 말했다》I, 25〔〈차라투스트라의 머리말 9〉〕)에게 이 대화는 금방 발화된 말처럼 들리게 된다. 그는 한 우편엽

서에서 다음과 같이 썼다(1881년 11월 이탈리아에서). "내가 그것을 진정 하고 싶어 할지라도, 나는 (…) 글을 쓸 수가 없다." "아, 눈Augen이! 나는 이것으로 인해 더 이상 어떤 도움을 줄 줄도 모른다. 나는 눈으로 인해 정말 억지로라도 학문에서 멀리 떨어질 수밖에 없다.—그런데 내가 그 밖에 무엇을 할 것인가! 이제, 귀 Ohren가! 라고 말할 수 있을 것이다." 그러나 그는 이렇게 엿듣고 귀담아 듣는 것에 매우 엄격했고, 그의 책들에는 그가 언젠가 자신의 편지에서 썼던 것을 응용하지 않은 문장이 거의 없다. "나는 지금 점점 더 매우 섬세한 언어에 사로잡힌다. 텍스트에 대한 마지막 결정은 단어와 문장에 대해 지독히 꼼꼼하게 듣도록 강제한다. 조각가는 이 마지막 작업을 '손톱으로 만져볼 때까지 완벽하게ad unguem'라고 부른다."

니체가 1881년 실증주의적 토대 위에서 그의 세 번째 저작 《아침놀》(켐니츠: 에른스트 슈마이츠너 출판사, 1881)을 완성했을 때, 받아들여진 이론이 살아 움직이고 개별화되는 과정은 그 자신 안에서 이미 완벽하게 결론에 도달했다. 이 작품과 이와 마찬가지로 높은 수준의 이후 작품은 따라서 내게는 그의 중기 정신 시기의 가장 중요하며 풍부한 내용을 갖춘 작품으로 보인다. 왜냐하면 그는 《인간적인 너무나 인간적인》에서 어려움 없이 자발적으로 만든 자기 가책에 굴복했던 과장된 지성주의를 실제로 극복하는 데 성공했기 때문이다.—그는 자신이 서 있던 학문적 기반을 잃지 않은 채,—그가 자신의 문제들에 몰두했던 인식 방법의 엄격성을 느슨하게 하지 않은 채,—이와 같은 것을 내면적, 개인적으로 보완하고 인간적으로 심화시키는 데 성공했다. 니체 자신의 본성은 그의 실천철학의 편협성이나 가혹성을 부정하고, 마지막 해의 사상 투쟁으로부터 인식하는 자의 활력적 유형을 만들도록 도움을 주었다. 왜냐하면 정동적 삶 Affektlebens을 사유 아래 예속시키는 것은 우리가 보았듯이 진리 이상理想에 대한 엄청난 내적 헌신 덕분에 니체에게서 수행되었고, 바로 그것으로 인해 사유에 대해 정동적 삶이 지닌 의미가 열려야만 했다. 이로써 눈에 띄지 않게 그에게 순수 지성적 과정을 강조하는 일이 가장 냉정하고 추한 진리에 봉사하도록 할 수 있는 감정의 힘으로 옮겨갔다. 왜냐하면 이 진리들은 진리들이기 때문이다. 그렇다면 이미 오성의 힘 대신에 다시 영혼의 힘이 인간으로서 사상가의 위치를 규정하기 시작한다. 이러한 길 위에서 점차 아주 새로운 사유 방식의—모든 오성적인 것을 전반적으로 싫어하는 철학의—가치가 니체에게서 어떻게 열릴 수밖에 없는가를 보는 일은 쉬운 일이다.

그의 책들 가운데 그 어떤 책에도 《아침놀》에서처럼 그의 실증주의적 정신 시기로부터 그 뒤를 잇는 신비적 의지철학에 몰두한 정신 시기로 이어주는 섬세한 이행과 사상의 연결을 증명할 수 있는 것은 없다. 오래된 것으로부터 새로운 것으로의 이행은 《인간적인 너무나 인간적인》에서와 마찬가지로 책의 높은 자극과 가치를 만든다. 그러나 고통스러운 감정이 점차 찾아들어가고자 하는 정조 변화의 완전한 사실에 우리가 이론적으로 대립해 있는 것처럼 우리는 완전히 대립적 방식으로 있는 것이다. 이에 대해 여기에서 이론-변화의 모든 가능성은 "학문적 인간의 유혹"으로서 격렬히 거부되는데, 반면 영혼은 이미 갈구하며 그 촉수를 자극하면서, 비록 오성이 금지된 것에 영혼이 접근하는 것을 허용하지 않는다고 해도, 매번 금지된 것을 향해 뻗는다. 이렇게 조용한 동요의 표현이 있으며, 깊게 격앙된 영혼적 삶의 개별적 폭발이 있는데, 여기에서 우리는 예감을 품고 미래적인 것을 끄집어낸다. 왜냐하면 이 표현에는 이 정조 상태에서 니체가 그렇지 않다면 완전히 포기하게 되는 의도치 않은 단순함과 직접성이 담겨 있기 때문이다. 여기에서 그가 모든 "유혹"에 대한 원인을 시험하고 질책할 때, 그것을 의식하지 못한 채 그는 계속 자신을 드러낸다.—그는 자신의 내면적 삶의 은밀한 부분과 감추어진 부분을 드러냄으로써 그의 과거와 그의 미래적 자기가 외견상 있는 그대로의 오성철학 등 뒤에서 은밀한 희망과 갈구의 고백을 서로 어떻게 교환하는지를 보게 되리라고 믿는다. 이러한 은밀한 희망과 갈구에 대한 반항 속에서 그는 "열정을 진리의 논거로 삼지 마라!"《아침놀》, 543)라는 아포리즘에서 다음과 같은 말을 외친다: "오, 그대들 (…) 고귀한 열광자여, 나는 그대들을 알고 있다! (…) 그대들은 비판, 학문, 이성을 증오할 때까지 그것을 추동해가는구나! (…) 합리적인 논거가 필요한 곳에 다채로운 그림이 있다! 열렬하고 힘찬 표현들이 있다!

(…) 그대들은 비추고 어둡게 할 줄 알며, 빛으로 어둡게 할 줄 안다! (…) 그대들은 이러한 상태에서—그것은 지성이 타락한 상태다—인간을 발견하기를 얼마나 갈망하는지, 그리고 그들의 화염으로 그대들의 불꽃을 점화하기를 얼마나 갈망하는지! …" 니체의 마지막 철학에서야 비로소 그가 경고한 것이 얼마나 그 자신이었는지를 우리는 온전히 파악하게 된다. "학문이 최초와 최후의 사물에 대해 언젠가 최종적으로 확립될 때를 기다리고자 하는 것보다 잘못된 일은 없다. (…) 학문의 영역에서 철저히 확실성만을 가지고자 하는 충동은 종교적 싹이지 그 이상의 것은 아니다.—"(〈방랑자와 그의 그림자〉, 16)

그러나 무수히 많은 그와 같은 자기 자신에 대한 반항 가운데 오성-인식의 엄격한 자기만족에 대한, 그리고 "참된 것의 전제적 지배"에 대한 권태가 또한 개별적으로 생겨난다:—"나는 왜 진리가 단독으로 지배하고 전권을 갖는 것이 바람직한지 알지 못한다. (…)우리는 진리에서 벗어나 비진리에서 때때로 회복될 수 있어야 한다. 그렇지 않으면 진리는 우리에게 지루한 것이 된다. …"(《아침놀》, 507) 그는 심지어 그로부터 비난받던 예술가마저 그리워하며 불러낸다: "오, 시인들이 한때 그렇게 존재했어야만 했던 존재로 다시 돌아가기를 원한다면:—그들이 가능한 것에 대해 어떤 것을 말해주는 투시자가 되기를 원한다면! (…) 그들이 우리로 하여금 미래의 덕에 대해 무언가를 미리 느끼게 해준다면! 또는 세계 어딘가에 존재할지 모르지만 지상에 존재하지 않는 덕에 대해, 보랏빛으로 작열하는 아름다운 성좌들과 은하수 전체에 대해! 그대들, 이상의 천문학자들이여, 그대들은 어디에 존재하는가?"(《아침놀》, 551)

우리는 《아침놀》에서 니체가 어떻게 은밀하게 자기 자신에게서 솟아오르는 욕망과 투쟁하는지뿐만 아니라, 새로운 그 무엇에 대한 헌신적 동경 속에서, 자기 앞에서 솟아오르는 인식 목적의 예감 속에서 어떻게 욕망에 이미 무너지는지를 보게 된다. 이 양자는 니체가 인식 이상을 위해 기울였던 최고의 영혼이 지닌 열정이 그에게서 언제나 거의 시작하는—인식의 진리와 그 필연성에 대한 가장 확고한 신념의 시대에 단지 본의 아니게 덧붙였던—인식 이상의 몰락을 나타내는 한, 특징적으로 서로 뒤섞여 있었다. 이것은 그가 자신의 고유한 경험에서 묘사했던 "이념의 태양 궤도"다: "하나의 이념이 지평선에 막 떠오를 때, 영혼의 온도는 대부분 매우 차다. 이념은 점차 온기가 증가하는데, 이것이 가장 뜨거워지는 것은 (…) 그 이념에 대한 믿음이 이미 다시 가라앉을 때다."(〈방랑자와 그의 그림자〉, 207) 그러나 그는 같은 저작(331)에서 다음과 같은 말로 자신을 특징짓는다: "일을 천천히 시작하며 하나의 일에 쉽게 익숙해지지 못하는 사람도 나중에는 종종 끊임없이 속도를 내는 특성을 나타내기도 한다.—그래서 마지막에는 그 흐름이 그들을 어디로 끌고갈지 아무도 알지 못할 정도다."

서서히 그리고 어렵게, 하지만 더욱 운명적이며 억제할 수 없을 정도로 불붙는 내면의 힘—이 넘쳐흐르는 충일감은 결국 그를 실증주의에서 멀어지게 하고 새로운 사상의 미지의 나라로 이끌어갈 수밖에 없었다. 이미 그는 이전에 숭앙했던 "무정동 상태"에 대한 완벽한 반대 입장에서 인식하는 자는 "높은 감정을 지닌 인간이며, 유일하고 거대한 기분의 실현"이라는 것에서 자신의 이상을 본다. 그에게는 "지금까지는 때로 일회적으로만 우리 영혼에 전율로서 느껴진 예외적 경우가 일상사가 될 것이다. 높이와 깊이의 지속적인 운동과 높이와 깊이의 감정, 끊임없이 계단을 오르고 동시에 구름 위에서 휴식을 취하는 방법이."(《즐거운 학문》, 288) 그러한 "인식하는 자" 앞에 이제는 과거에 그에게는 위험으로 여겨졌던 유혹이 놓인다: "한번 지반을 잃는 것! 동요하는 것! 착오를 범하는 것! 미치는 것!"(《즐거운 학문》, 46) 《아침놀》(271)에서 "축제 기분"이라는 표제로 다음과 같이 말한다: "가장 열렬하게 힘을 추구하는 바로 저 인간들에게는 자신이 압도당하고 있다고 느끼는 것은 뭐라고 형용할 수 없을 정도로 쾌적한 일이다! 소용돌이에 빠지듯이 갑자기 어떤 감정 속에 깊게 빠진다! 고삐를 손에서 빼앗긴 채 어디로 향하는지 모르는 움직임을 지켜본다!"

과잉과 잉여의 그러한 축제 기분 속에서, 가장 무미건조한 인식에서 서서히 창조하고 축적하며,—오랜 노동의 일상 후에 긴장 해소와 쾌유의 마력 속에서 니체는 신비의 세계로 미끄러져 들어갔다. 그러한 자기 극복 속에서 본래적 승리는 승리한 자를 이겨냈다. 그가 그 안에서 찾고자 한 것은 "반대의 행복", 즉 실증주의적 사유 방식의 냉담함, 엄격함, 오성적인 것과 반대되는 것의 행복이다: 즉 이는 인식을 감정이나 정동적 삶의 열광적 영감 위에 새롭게 세우는 것이며 의지의 창조욕에 예속되게 하는 것이다.

이《아침놀》은 창백하고 차갑고 뒤쪽으로 빛을 비추는 계몽의 빛이 더 이상 아니다.—아침놀 뒤에는 이미 온기를 주며 생명을 산출하는 태양이 솟아오르고, 그 스스로 석양의 쓸쓸한 여명 속에 서 있을 때, 그의 눈은 이미 지평선에 있는 이러한 밝고 무언가를 약속하는 가상에 있었다. 그 스스로가 인식의 하늘에 그러한 불을 붙이도록 소명을 받았다고 감히 믿지 않고도, 그는 표지의 모토에 리그베다Rigveda에서 나오는 다음의 말을 썼다: "아직 빛을 비추지 않은 수많은 아침놀이 있다." 이 책은 그 제목에 덧붙여 놓듯이 "도덕적 편견에 대한 사상"을 포함하고 있으며, 이로써 외견상 이전 작품들을 해체하며 부정하는 정신에 속하고자 한다. 그러나 이미 그것을 꿈꾸며 희망하는 정신은 동요한다. 이 정신은 실은 때때로 충분한 표현을 찾지만, 마치 온갖 편견을 통해 새로운 가치판단에 도달하는 일이 가능한 것처럼, 또 새로운 가치들의 창조자가 되는 일이 가능한 것처럼 침묵하며 숙고한다. "마지막으로 신들, 성직자들, 구원자들의 힘이 의존하고 있는 모든 관습과 풍습 역시 파괴될 경우, 다시 말해 낡은 의미의 도덕이 사멸할 경우, 그 뒤에 오는 것은—그다음에는 무

엇이 올 것인가?"《아침놀》, 96)

　노인의 낙상과 중단은 결코 끝이 아니라 하나의 전망이자 시작이며 모든 최상의 정신력에 대한 요청이다. 아침놀은 "무언가가 다가온다.—중요한 것이 여전히 다가오고 있다!"고 약속하며 점점 더 밝아지고 붉어진다.

　《아침놀》이 출간된 지 1년이 지나 니체는 처음으로 다시 새로운 철학적 희망과 장기 계획을 다음과 같이 썼다:

　"이제, 친구여, 당신은 언제나 나를 위해 좋은 말을 할 준비가 되어 있습니다. 당신의 마음에 드는 일은 내게는 큰 기쁨입니다. 내가 해야만 하고, 끔찍하게도 금욕적 삶의 묶인 자리처럼 가혹한 체념이 있다는 것은 내게는 아무것도 존재하지 않는 것보다는 삶을 한층 더 가치 있게 만드는 몇 가지 위로 수단입니다. 정신적·윤리적 지평의 몇 가지 큰 관점은 내 가장 강력한 삶의 원천입니다. 바로 이러한 지반 위에서 우리의 우정이 그 뿌리와 희망을 유지한다는 것이 나는 기쁩니다. 그 누구도 당신이 행하고 계획하는 모든 것에 진정 기뻐할 수는 없습니다!
　충심으로 당신의 친구 프리드리히 니체"

　이 글을 쓰고 얼마 지나지 않아 그는 다른 편지 끝부분에서 다음과 같이 외친다:

"아, 이제 나는 내 주변에서 아침놀을 가진다. 인쇄된 것이 없다! 내가 더 이상 믿지 않았던 것, (…) 이것은 내게는 이제 가능한 것처럼 보인다.—모든 내 미래 삶의 지평에서 황금의 가능성으로 보인다."

멀리 지평선에서 동경의 힘으로 새로운 정신세계를 야기했던 이러한 기분은—이 기분이 회의와 비판이 파괴했던 모든 것을 위한 대체물을 제공하기 위해—니체가 자신의 비판적이고 부정하는 사유 방향 자체를 새로운 이상에 이르는 길잡이로 파악하고자 한《아침놀》의 결론부에서 가장 명료하게 울려 퍼진다:

"왜 이 방향으로, 즉 지금까지 인류의 모든 태양이 침몰했던 곳을 향해서? 아마도 언젠가 사람들은 우리마저 서쪽으로 향하면서 인도에 도착하고자 했다고, 하지만 무한에 좌초하는 것이 우리의 운명이었다고 말하게 될 것이다. 아니면, 나의 형제들이여? 그렇지 않은가?—"《아침놀》, 끝부분(575))

니체가 1882년《즐거운 학문》을 완성했을 때, 그의 인도 Indien는 이미 그에게는 확실해졌다: 그는 낯설고 아직 이름이 없는, 사상에 의해 논박되거나 사상에 의해 파괴될 수 있는 모든 것의 저편에 놓여 있다는 것 외에는 아무것도 알려진 바 없는 엄청난 세계의 해안에 도달했다고 믿었다. 그와 비판의 모든 가능성이라는 혁신적 개념 사이에 있는 폭넓고 외견상 가없는 바다를,—모든 비판의 저편에서 그는 고정된 지반을 파악했다고 여겼다.

이러한 확실성의 경솔한 환호 소리는 그가 〔1882년 11월 초〕 자신의 《즐거운 학문》의 헌정 견본으로 쓴 시구에서 반대로 울려 퍼진다:

여자 친구는—콜럼버스는 말했다—믿지 못하네
어떤 제노바 사람도!
언제나 그는 허공을 응시하는데,
가장 먼 것이 그를 너무나 잘 이끌어가네!

그가 사랑한 사람을 그는 유혹하네
시공에서 멀리
별들마다 우리 위에서 빛나고
영원이 우리 주위에서 윙윙 소리를 낸다.

그러나 그는 영역의 완전한 새로움이나 저편을 향한 지향성과 관련해 길을 잘못 들었다.—이것은 낡은 것을 추구하며 새로운 것을 찾았던 콜럼버스의 전도된 오류였다. 왜냐하면 니체는 실은 이러한 것을 인지하지 못한 채, 그가 형이상학으로부터 몸을 돌렸을 때, 정반대의 세계 회항 이후에 그가 최초로 출발했고 언제나 배후에 있다고 믿었던 그러한 영역의 해안가로 되돌아갔기 때문이다. 비록 그 성장이나 특징이 마지막 시기의 체험에 영향을 받았다 할지라도, 우리는 그의 작품들이 어느 정도로 다시 저 오래된 지반에서 성장해왔는지를 그의 마지막 정신 시기의 모든 작품에서 인지할 것이다. 논쟁의 여지없이 니체에게 실증주의적 사유 방향의 주요 가치는 다음과 같은 점에, 즉 그 사유 방향이 그에게는 최소한 어떤 한계 안에서 실제로 이러한 기분의 이행 과정이나 감정의 동요 모두를 위한 놀이공간을 제공할 수 있고, 이러한 것을 통해 그를 한 시기 동안 붙들고 있었다는 점에 있다. 이 사유 방향은 형이상학이 어쩔 수 없이 했던 구속 안으로 그를 넘긴 것이 아니라, 그에게 하나의 이정표를 제시했다. 이는 그에게 하나의 인식 체계의 짐을 지운 것이 아니라 본질적으로 오직 하나의 새로운 인식 방법과 악수를 나눈 것이었다. 이 문제와 관련해 그의 인식 방법으로부터의 해방 역시 그의 바그너 변화 과정처럼 폭력적이고 갑작스러운 것이 아니고, 속박에서 벗어나는 대신에 점차 항로를 잃고 길을 잃는 과정이었다.—"나의 허다한 방랑과 산 오르기는 피할 수 없는 것이었으며 서투른 자의 미봉책이었을 뿐이다. 내 의지 전체가 열망하는 것은—나는 것뿐이다."《차라투스트라는 이렇게 말했다》III, 19〔제3부, 〈해 뜨기 전에〉〕) "나는 걷는 법을 배웠다. 그 후 나는 줄곧 달릴 수 있었다."(I, 54〔제1부, 〈읽기와 쓰기에 대하여〉〕) 그러나 이는 이전의 변화처럼 중단 없이 최종적인 방식으로 이루어졌다. 왜냐하면 니체는 그의 문제들에 대한 순수 경험적 고찰 방식을, 경험 영역에 대한 원리적 제약을 언젠가는 다시 넘어서야만 했기 때문이다. 그 어떤 형식 속에 있는 "최후이자 최고의 사물"에 대한 철학을 그는 자신의 정신의 전체 방식에 따라 계속해서 체념할 수 없었다. 근본적으로는 어떤 조용한 샛길에서 그가 신들과 초인들이 거주하는 곳으로 다시 슬쩍 되돌아오는지가 문제가 되었을 뿐이다.

니체는 언젠가 레에게 다음과 같은 글을 쓴다:

"아, 좋은 친구여, 가장 고통스러운 유감을 느끼며 나는 (…) 당신이 병들었다는 소식을 읽고 있습니다. 우리가 우리의 '최고의 시간들' 속에서 비참하게 시들어버린다면, 우리에게서 이루어지는 것은 무엇입니까. (…) 우리의 사유 방식은 건강한 피부처럼 아주 자연스럽게 이 노년에 관한 것이기 때문에, 운명이 우리에게 아름다운 노년을 비축하고자 하는 것입니까? 그러나 우리는 그것을 너무 오래 기다릴 수 없습니다! 위험은 우리가 인내를 잃어버리는 데 있습니다.—"

그는 이것을 완전히 잃어버렸다. "피부가 내게 휘어지고 찢어진다!" 그는 곧이어 《즐거운 학문》의 서툰 시구에서 노래했다.

그리고 니체가 자신의 추락 과정에서도 삶이나 영원한 삶의 신격화를 쓴 저 회춘욕이 "정동 없는 인식자"의 "노인의 피부" 아래에서 강력하게 움직였다.

운명은 그에게 노년을 축척할 필요가 없었다.

그러나 니체는 자신이 예고하고자 했던 새로운 학설의 기초로서, 그 이론이 정초될 수 있을 유일하게 신뢰할 만한 토대로서 그 당시에도 여전히 학문적 논증을 생각하고 있었다. 바로 이러한 이행의 시기에, 그런 이유에서 니체가 오랫동안 포기할 수밖에 없었던 큰 연관성을 갖는 연구에 헌신할 필요가 있다는 가장 활기찬 요구에 사로잡힌 것을 보게 된다. 지칠 줄 모르는 관심과 참여로 그는 그 연구를 통해 그의 최초의 도덕철학적 저서의 근본 사상을 확장하고 확인하기 위해 레가 1878년 이후 수행했던 연구를 뒤쫓았다. 레가 1881년 자신의 새로운 저작을 이해가 가기 전에 완성하기를 원한다는 것을 니체에게 알렸을 때, 레는 행복한 답신을 받았다: "이와 같은 해, 내가 연관성과 황금빛 사슬의 모습으로 내 빈약한 철학을 잊어버려도 되는 다른 작품이 세상의 빛을 받게 될 것이다! 장엄한 해인 1881년이여!"

문제가 되는 저서 《양심의 발생Die Entstehung des Gewissens》(베를린, 1885)은 니체가 그사이 오랫동안 그의 "자유정신"의 마지막 남은 부분을 자신에게서 벗겨내고 벗어진 피부를 이미 일상의 에너지로 태워버린 후, 4년이 지난 뒤에야 완전히 완성되었다. 그러나 니체는 레의 저 책 연구에 활기 있게 참여함으로써 그의 사상과 삶에 특별한 의미를 얻었다. 그렇다고 할지라도 니체는 이제 그가 일전에 《인간적인 너무나 인간적인》에서 《도덕적 감각의 기원》을 지지했던 것과 같은 의미에서 《양심의 발생》을 지지하지는 않는다. 니체의 마지막 정신 시기와 이전의 실증주의적 정신 시기의 차이는 대체로 그가 개별적으로 주어진 이론들을 그 내적 의미 안에서 표현하도록 제한하는 데 있는 것이 아니라, 그가 아포리즘적인 개별 문구에서 끄집어내고자 한 원래 시스템의 가장 대담한 발전 과정에 헌신하는 데 있다. "자유정신의" 방향이 그를 가장 깊은 체험과 감각에서 인식을 내면화하도록 몰아갔다면, 이 내면적 체험의 정열적 힘은 이제 그 측면에서 보자면 특정 사상과 이론에서 짐을 벗도록, 그리고 새롭게 닫힌 세계상으로 전환하도록 밀어댔다.

1882년 여름에 니체는 자신의 "미래철학"을 체계적으로 개조하기 위해, 즉 자연과학적 연구에 어쩔 수 없어 보였던 일련의 연구를 하던 시기에 연구에만 전념하기로 했다. 이런 목적으로 니체는 파리, 빈, 뮌헨에서 강의를 듣기 위해 남쪽에서 자신의 삶을 보내는 것을 포기하고자 했다. 10년 동안 그 안에서 새로운 것이 완전히 성숙될 뿐만 아니라 학문의 길에서도 올바른 것으로 증명될 때까지 모든 저술 활동은 중지될 수밖에 없었다.

니체보다 뒤늦기는 했지만 레 역시 지금까지 낯선 분야였던 자연과학과 대결하고자 하는 욕구를 느꼈다. 그러나 그는 자연과학을 자신의 철학적 가설을 개조하기 위한 자료로 끌어오고자 한 것이 아니라, 자신의 책이 완성된 후 새로운 사상을 자유롭게 자신에게 작용하고 자신의 협소한 전문 영역에서 완전히 벗어날 것을 열망했다. 그래서 그는 의학에 열중했고, 다시 한번 공부하며, 오랜 시간 정신의학에 전념하며 이러한 우회로에서 정신과학으로 되돌아가고자 하는 의도를 가지고 임상의로서 국가시험을 치렀다. 그들이 외견상 다시 한번 동일한 것을 추구하는 것처럼 보였던 그 당시보다 친구 관계가 정신적으로 멀어진 적은 없었다: 그들은 존재와 정신에서 서로 반대 축에 도달해 있었다.[13] 이것은 다음과 같은 사실에서 특징이 잘 드러나는데, 즉 계획된 10년 동안의 침묵이 니체에게는 바로 가장 큰 생산의 시간이 된 반면, 레는 그때까지 그의 오랜 창조와 새로운 지식이 하나로 융합되고 그를 새롭게 고양된 자기 활동을 하도록 자극하는 지점에 도달하지 못했다.

니체는 두통으로 자신의 결단을 실행하는 데 방해를 받았다. 이미 1882년 겨울이 시작되자 그는 다시 제노바의 은자의 작은 방에 머물렀다. 물론 더 나은 건강 상태에서도 계획은 수행될 수 없었다. 왜냐하면 니체는 정신이 낯선 것을 받아들이고, 방해하는 통찰에 자의적으로 예속될 수 있는 저 고대하던 상태가 아니었기 때문이다. 그는 어떤 것에도 통할 수 있도록 이미 매우 강

---

13 《즐거운 학문》(279)에 "별들의 우정"이라는 표제어로 니체가 그 당시 이 정신적인 동료관계와 결별한 아름다운 말을 참조할 것.

력하고 생산적인 자극을 받았는데, 이러한 것은 창조하려는 그의 열망에서 그를 저지할 수도 있었을 것이다. 자신의 창조력을 풀어놓기 위해, 비록 고통 아래 있든 자기 극복 아래 있든, 외부로부터 오는 첫 수태가 필요했을 때, 그는 그러한 낯선 인식에 헌신적 태도를 취했고, 인식과 융합하려는 열정으로 자신을 희생했을 때, 그는―일찍이 수태한 상태에서―더욱 가까이할 수 없고 영향을 미칠 수 없는 것처럼 보이게 된다. 그는 자신의 고유한 상태에, 삶이 그에게서 얻고자 하는 것에 완전히 정신이 나갔다. 그러나 그의 관심이 외부로 향한다고 할 때, 이것은 그로부터 태어날 수밖에 없는 생명을 만들기 위해서, 어떤 값을 치르더라도 공간을 만들기 위해서 일어나는 일이지, 결코 그의 실존조건을 다시 한번 검증하거나 문제 삼기 위해서 일어나는 일은 아니다.

그의 육체적 상태로 인해 두 번째 강요되던 포괄적인 학적 연구의 포기는 이번에는 바그너와 결별하던 시기와 실증주의적 시기와 마찬가지로 정반대의 귀결로 이끌어갔다. 당시 그 포기는 다음과 같은 동기를 보여준다. 즉 니체는 새로운 이론의 기초를 놓는 대신에 다른 사람으로부터 받아들인 이론을 내적으로 퍼 올리고 그 이론을 정신적 영향 속에서 확인하고자 했다. 이에 대해 이제 그는 자신에게 부족한 이론적 토대를 어느 정도 덧붙이는 작업을 하도록 유혹당한다. 여기에 바로 니체의 마지막 철학의 특징이 있다: 즉 매우 다양한 지식의 영역에서 그의 창조적인 사상이 옳다는 증거를 이끌어내지만, 실로 그와 같은 창조적인 사상을 위해 오직 우격다짐으로 하나의 공간 창출만을 이끌어내며, 부지불식간에 세계상 전체가 그에게는 창조의 요람으로 변형된다는 점에서 그의 내면의 주권적 실현을 이끌어내는 것이 타당하듯, 스스로 체계적으로 확장하려는 욕구가 그것이다.

이에 상응해 이제부터 그의 모든 학설은, 역설적으로 들릴 수도 있지만, 더 개인적인 성격을 갖는다. 즉 이 학설들이 더 보편적으로 파악된 것이라고 여겨지면 여겨질수록, 이 학설들은 보다 보편타당한 의미를 가진다고 간주된다. 결국 중요한 핵심은 많은 껍질 아래 숨겨져 있고 그 궁극적이자 은밀한 의미는 수많은 가면 아래 있음으로 해서, 그가 표현하는 이론들은 거의 내적 체험의 이미지와 상징이 된다. 결국에는 다른 사람들과의 합일과 의사소통을 하고자 하는 모든 의지가 부족해진다.—"나의 판단은 나의 판단이다. 이에 대해 다른 사람도 권리를 갖는다는 것은 쉽지 않은 일이다."《선악의 저편》, 43)—그렇다고 할지라도 이 판단은 동시에 세계법칙, 전 인류에 대한 명령으로 판결되었다. 왜냐하면 니체에게 결론적으로 내적 착상과 외적 계시가 완전히 하나가 됨으로써 그는 자신의 내면적 삶에서 세계 전체를 파악하고 그의 정신이 신비적 방식으로 존재자의 진수를 자신 안에 담으며, 그 자신으로부터 출산한다고 믿었기 때문이다. "내게—내 밖의 것이 어떻게 있단 말인가? 밖은 존재하지 않는다!"《차라투스트라는 이렇게 말했다》 III, 95〔〈건강을 되찾고 있는

자 2〉])

니체의 마지막 창조 시기가 철저히 자신의 영혼의 삶을 철학적으로 해석하는 데 있다는 정상情狀을 고려해 그는 자신의 편지글 가운데 하나에서 그 마지막 시기가 준비했던 작품인《즐거운 학문》을 "내 모든 책 가운데 가장 개인적인 책"이라고 명명하며, 《즐거운 학문》이 인쇄되기 바로 직전에 또 다른 편지글에서 "원고는 매우 드물게도 '편집할 수 없는 것'으로 보이는데, 이는 '나 자신에게 쓴다mihi ipsi scribo'는 원리로부터 오는 것이다!"라고 불만을 토로한다.

실로 그는 자신의 전체 세계관에 자기 자신을 붙여넣거나 모든 것을 자신으로부터 설명하고자 하는 의도를 가지고 있던 이 시기처럼 결코 전적으로 자신을 위해서 글을 쓴 적이 없었다. 니체의 새로운 근본 학설의 신비는 이미 여기에 포함되어 있지만, 여전히 아주 개인적인 요소에 숨겨져 있다. 그 결과 이 아포리즘들은 말하자면 반 정도의 소리가 나는 "사이 대화"처럼, 니체의 그 외 저작들에 있는, 그 무엇보다 더 독백적이라고 여겨졌고, 때때로 드러난다기보다는 더 숨겨질 수밖에 없는 침묵의 정신적 무언극으로 생각되었다. "미래철학"의 사상은 이미 그것으로부터 우리에게 말을 걸지만, 그러나 이 사상은 그 시선이 어둡고 수수께끼처럼 우리에게 의존해 있는 감추어진 인물처럼 여전히 우리를 감싸고 있다. 이것은 그 사상이《아침놀》에서처럼 단지 예측만 표현하고, 튼튼한 특징이나 확실한 개요가 없기 때문이 아니라, 그 사상들에 의도적으로 하나의 베일이 씌워져 있고 침묵하도록 요청받았기 때문이다. 손가락을 입술에 갖다대면서 니체는 여기 우리 앞에서 허용하는 것으로 보인다. 바로 그것에서 우리가 추측하는 것은 그가 우리에게 많은 것을, 즉 그가 우리에게 모든 것을 고백하고 싶어 한다는 점이다.

그러나 주저 없이 이것에 대해 언급하는 것은 그에게 어려운 일일 것이다. 왜냐하면 이 경우에도 그의 자기 고백은 동시에 거듭 고통의 고백이기 때문이다. 지금까지보다 더 깊고 훨씬 고통스러운 의미에서 니체 철학은 그의 체험의 숨겨진 고뇌와 아픔으로 이끌어감으로써 이것과 비교해서 혹독한 투쟁과 그의 실증주의 시기의 체념마저도 우리에게는 해가 없고 위험이 없는 것으로 나타난다. 첫눈에 이것은 모순처럼 보인다. 왜냐하면 니체의 마지막 철학은 그에게 저항하는 실증주의적 이론 대신에 그의 가장 내면적인 요구에 전적으로 상응하는 세계관을 세우고자 하는 바로 그 열망에서 나온 것이기 때문이다. 이 점에서 그는 실로 환성과 환호 아래서 자신의 마지막 변화를 시작한다. 그러나 우리는 이러한 가장 외형적인 자기 성찰自省이나 세계상을 자기 모습에서 구축하려는 이러한 시도는 그의 가장 깊은 존재의 근거가 있는 니체의 고뇌 그 자체를 드러내도록 한다는 것을 잊어버려서는 안 될 것이다. 지금까지 그는 자신의 인식 변화에서 그가 자신의 일부분을 타자를 통해 고통스럽게 만들고 강압적으로 다룸으로써 이러한 고뇌에서 빠져나오고자 했다. 하지만 이론적 인간의 모든 변화에서는 변하지 않은 채 있으며, 그 내면의 궁핍을 지닌 채 실천적 인간은 영원히 똑같이 있었다. 니체가 더 이상 강요하거나 고행하지 않는 이제야 비로소, 그가 자신의 동경에 자유로운 말을 해주는 지금에야 비로소, 우리는 그가 어느 정도 고통 속에서 살았는지를 전적으로 파악할 수 있으며, 결국 우리는 자신에 대한 구원의—본질과는 반대의 것을 추구하는, 개별적인 인식만이 아니라 전체적이고 내적인 인간의 완벽하고 궁극적인 변화, 전환을 추구하는—외침을 듣게 된다. 우리는 형식적으로 그가 여기에서 절망 속에서, 어떻게 자기 자신으로부터 밖으로, 즉 그가 그러한 본질의 대립적인 것을 형성하려고 한 구원의 이상을 붙잡고자 했는지를 보게 된다. 따라서 다음과 같은 것이 추측된다: 니체가 자신의 영혼의 내용을 자유롭게 세계의 내용으로 개조하자마자, 그가 자신의 가장 내밀한 체험에서 세계 법칙을 꺼내자마자, 그의 철학은 비극적 세계상을 표시해야 했다: 인류는 그에 의해 그 자체로 고통받는, 그 자신의 발전 과정에서 희망 없이 병들어버린 자웅동체적 종으로—현존의 권리가 그 자체에서가 아니라 인류는 그 초인적 종을 위해 하나의 교량을 만들어야 하는 단적으로 다르고 훨씬 고차적인 초인적 종에 있다—파악될 수밖에 없었다. 인류의 궁극 목적은 그 종과 반대되는 이러한 이상을 위한 몰락과 자기희생인 것이다.

따라서 니체의 마지막 철학에 이르는 입구에 와서야 비로소 어느 정도까지 그의 존재와 인식을 항상 지배했던 것이 종교적 충동인지 여부가 전적으로 분명해진다. 그의 다양한 철학함은 그에게는 그 자신 밖의 신비적 신의 이상을 그리워할 수 있도록 그를 도울 수밖에 없던 신의 대체물이다. 그의 마지막 학설은 이제 그가 이러한 것을 할 수 없다는 고백을 포함하고 있다. 바로 그렇기 때문에 우리는 그의 마지막 작품들에서 다시 그렇게 열정적인 종교의 투쟁, 신앙 혹은 구원 욕구의 투쟁에 부딪힌다. 왜냐하면 그는 그러한 것들에 위험하게 접근하기 때문이다. 여기에서 불안의 증오와 사랑의 증오가 그에게 말을 하는데, 이러한 증오와 더불어 그는 자기 자신의 신적인 힘을 믿도록 하고, 자신의 인간적 무력감을 핑계로 삼고 싶어 한다. 왜냐하면 우리는 어떤 자기기만이나 내밀한 간지로 인해 니체가 결국 그의 삶의 비극적 갈등을―신을 필요로 하는 갈등이지만 그렇다고 할지라도 신을 부정할 수밖에 없는 갈등을―해결하는지를 보게 될 것이기 때문이다. 먼저 그는 동경에 젖은 상상으로 꿈과 황홀함 속에서 환상처럼 신비적 초인-이상Uebermenschen-Ideal을 만들고 나서, 그다음으로 자신 앞에서 스스로를 구출하기 위해 엄청난 도약으로 스스로를 그러한 초인-이상과 동일시하고자 한다. 그는 결국 반쯤은 병들고 고통스러워하는 인간이자 반쯤은 구원하며 웃음을 웃는 초인인 이중의 존재가 된다. 이 하나를 그는 피조물로, 다른 하나를 창조자로, 하나를 현실로, 다른 하나를 신비에 가까운 초현실로 여긴다. 그러나 때로 우리가 이러한 것에 대한 그의 이야기에 귀를 기울일 때, 우리는 실로 그에게도 존재하지 않은 것을 그가 숭배의 대상으로 세워놓았다고 섬뜩하게 느낀다. 그리고 니체의 말을 생각한다: "지금까지 모든 중대한 사건의 경우에 그와 같은 일이 일어났는지, 즉 대중이 하나의 신을 숭배했고, 그 '신'은 단지 가련한 희생양에 불과했는지 누가 알겠는가!"(《선악의 저편》, 269)

  "신의 희생양"은 실로 니체의 마지막 철학 위에 서 있을 수 있고 가장 명료하게 그 철학 안에 있는 내적 모순을 드러내는 제목이자―고통과 기쁨의 흥분 상태로, 이 두 가지는 구분할 수 없을 정도로 서로에게 흐르고 있다. 우리가 주목했던 것은 이전에 그것이 어느 정도까지 축제 분위기였으며, 그러한 분위기에서 니체가 자신의 마지막 정신적 변화로 미끄러져 들어왔는지,―즉 꿈을 꾸는 도취와 과도한 넘침의 축제 분위기였는지 여부다. 우리는 이제 내적 자극의 힘이 고통 속으로 넘어간 지점을 알고 있다. 그는 전〔인생의〕시간에서, 심지어 자신의 일상생활에서조차 자유분방할 수도 있는, 하지만 오직 떨리는 입술로, 쉽게 농담하거나 웃을 수 있는 그 모든 신경이 떨리고 있기에, 가장 외적인 영적 극복의 분위기에 사로잡혀 있었다. 그러나 매번 니체에게는 그를 정신적 재탄생으로 데려가기 위해 기쁨과 슬픔, 열광과 고뇌의 그러한 집어삼킴이 필요했다. 그의 행운은 먼저 "과도한 행운"이, 그리고 이러한 지나침 속에서 자신의 적이나 반대가 되어야만 했다. 그가 언젠가 습득된 인식 영역 안에서 애써 얻었던 평화와 고향 감정은, 그의 정신이 그 자체 안에서 탐닉하고 새로운 창조로 역할할 수 있도록 하기 위해서, 그를 자기 상처와 자기 추방으로 가도록 자극을 줄 수밖에 없었다.

그가 자신의 작품을 마음껏 환호하며 즐거운 복음, 즉《즐거운 학문》이라고 명명했지만, 동시에 그 책의 결구-아포리즘에 대해 "비극이 시작되다!Incipit tragoedia!"라는 음울한 수수께끼 같은 말을 붙였다는 것은 특징적이다.

깊은 전율과 놀이하는 혈기, 비극과 명랑함은 마지막 저작들의 전체 묶음을 특징짓는데, 이러한 양자의 결합은《즐거운 학문》이 결론의 어두운 비밀에 대해 예리하게 대립하는 가운데 "농담, 간계 그리고 복수"라는 시구로 표현된 "서곡"을 갖는다. 여기에서 우리는 처음으로 니체 저서들 안의 시구들을 만나게 된다.─이 시구들은 하지만 그가 자신의 개인적인 몰락에 다가간다고 믿는 정도에 따라 점차 증대된다. 노래에서 그의 정신은 울려 퍼진다. 시구는 놀랍게도 그 가치가 다르며 부분적으로는 완성되어 있다: 그 본래의 아름다움과 충일감에서 시로 변하는 사상,─이는 부분적으로는 사상이 악의의 기분만을 잡는 것처럼 놀라울 정도의 불완전성에 의해 이루어진다. 그러나 기이하게 사로잡는 것은 이러한 모든 것 위에 놓인 것이다. 이는 그것이 기쁨의 길이라는 가상을 일깨우기 위해 그를 고대하는 고독한 자가 고뇌의 길에 뿌리는 꽃이다. 그의 사상은 그가 발로 밟아 막 꺾어놓은 꽃과 비슷한데, 그는 이미 고통스러운 인식 속에서 자신의 머리에 가시면류관을 얹는 데 몰두하고 있었다.

니체의 사상은 최고의 고양과 하강이라는 전율할 만한 연극의 서곡처럼 들린다. 이러한 연극으로부터 니체 철학 역시 장막을 완전히 끌어올리지 않는다. 니체 철학이 우리에게 보여준 것은 이러한 장막 위에 새겨진 이미지처럼 다양한 색깔의 꽃장식일 뿐이며, 이로부터 반쯤 숨겨진 채로 위대하고 비극적인 말이 빛을 비춘다:

"비극이 시작되다!Incipit tragoedia!"

모토

"너희는 아직도 너희가 그 앞에서 무릎을 꿇을 수 있는
그런 세계를 창조하고자 한다."

《차라투스트라는 이렇게 말했다》 II, 47. (〈자기 극복에 대하여〉)

"정신이라고요? 내게 정신이란 무엇일까요? 내게 인식이란 무엇일까요? 나는 동기Antriebe 외에는 아무것도 중요하게 여기지 않습니다.—내가 맹세하려는 것은, 이 점에서 우리에게 공통점이 있다는 사실입니다. 내가 몇 년 동안 살아왔던 이 단계를 관통하여 보십시오—그 뒤쪽을 바라보십시오! 당신이 나를 속일 수는 없습니다—당신은 '자유정신'이 내 이상Ideal이라고 어차피 믿지 않습니다!! 나는….

용서하세요! 사랑하는 루!"

프리드리히 니체

《즐거운 학문》이 간행된 시기와 신비주의적 시문학인 《차라투스트라는 이렇게 말했다》가 출판된 시기 사이에 니체가 쓴 위의 편지는 이렇게 비밀스러운 방식으로 중단되어 있다. 몇 줄 안에 이미 니체 후기 철학의 가장 중요한 특징이 암시되어 있다: 논리의 영역에서는 지금까지 순수논리적 인식 이상으로부터의 원리적 포기, 오성적 '자유정신'의 이론적 엄격성으로부터의 포기가 있었고, 윤리의 영역에서는 지금까지의 부정적 비판 대신에 새로운 가치 평가와 모든 사물에 관한 평가의 근원으로서 진리논증이 정신적 동기 세계로 자리를 옮기는 이동이 있었다. 더 멀게는 니체의 실증주의적 자유정신 세계 앞에 있던 니체 최초의 철학적 발전 단계로의 회귀가 있었다.—즉 바그너-쇼펜하우어 미학의 형이상학으로의, 그리고 초인적 천재에 관한 그들의 학설로의 회귀가 있었다. 그가 주저하듯 "나는…"이라는 말로 망설이며 내뱉은 엄청난 자기 숭배의 신비는 새로운 미래철학의 핵심 지점으로서 결국 이 점에 기초해 있다.

니체의 마지막 정신 시기는 다음 다섯 작품을 포함하고 있다: 4부로 구성된 문학작품《차라투스트라는 이렇게 말했다》(I·II 1883; III 켐니츠: 에른스트 슈마이츠너 출판사, 1884; IV 라이프치히: 나우만 출판사, 1891),《선악의 저편, 미래철학의 서곡 Jenseits von Gut und Böse, Vorspiel einer Philosophie der Zukunft》(라이프치히: 나우만 출판사, 1886; 2판 1891),《도덕의 계보, 하나의 논박서 Zur Genealogie der Moral, eine Streitschrift》(라이프치히: 나우만 출판사, 1887),《바그너의 경우, 몇 악사樂士의 문제 Der Fall Wagner, ein Musikanten-Problem》(라이프치히: 나우만 출판사, 1888), 그리고 작은 아포리즘 모음집인《우상의 황혼 또는 어떻게 망치를 들고 철학하는지 Götzen-Dämmerung oder Wie man mit dem Hammer philosophiert》(라이프치히: 나우만 출판사, 1889). 그러나 여기에서 그의 철학적 사유의 과정을 이 작품들 안에서 단계적으로 따라갈 수는 없다. 왜냐하면 이 작품들은 이전 시기에 나온 작품들처럼 그의 사상의 여러 발전 단계를 표현하는 것이 아니라 모두가 처음으로 하나의 체계를 설명하는 데 기여하도록 규정되어 있기 때문이다. 즉 이 체계가 개념적 연역의 명료한 통일성에 근거하기보다는 전체의 분위기에 근거할지라도 말이다. 따라서 니체의 책들이 유지해온 아포리즘적 성격은 지금까지처럼 그의 표현 형식의 고유한 장점으로서가 아니라 그 표현 형식의 부정할 수 없는 결여로 보인다. 니체가 자신의 완벽한 장인적 노련함으로 아포리즘 형식에 도달한 것은 저 모든 사상을 그의 정신적 의미 속에서 퍼내는 일이며, 그의 섬세하고 내면적인 보조 관계 모두를 묘사하는 일이다. 이는 니체의 이론을 체계적으로 논증하기에 충분치 않으며, 체계적 논증은 이곳저곳에서 눈부신 가설을 지닌 재치 넘치는 놀이로 용해된다. 니체는 그의 눈의 통증뿐만 아니라 비약적 사고에 대한 적응을 통해 일반적으로 그의 오래된 글쓰기 방식을 견지하라는 무리한 요구를 받았다. 그러나 반복해서 그는―《선악의 저편》에서도, 《도덕의 계보》에서도―순수-아포리즘적인 것을 뛰어넘으려고, 그의 사상을 체계적으로 정리하고 개진하려고 시도했다. 왜냐하면 그의 머리에 떠오르는 것은 통일적인 전체가 되었기 때문이다.

따라서 우리는 여기에서 처음으로 일종의 인식 이론을, 니체가 인식론적 문제들과 대결하려 했다는 단서를 발견한다. 즉 그가 순수 개념적 방식으로 검토할 수 있었던 모든 문제를 대체로 회피했던 것처럼 그 문제들을 지금까지 항상 회피한 후에 말이다. 이제야 비로소 니체는 망설임 없이 더 이상 실천철학에 서지 않으며, 그가 자신의 가설에 도달했던 인식론적 문을 부순 방법을 보여주는 일이 필요하다고 여긴다. 그의 작품 속 다양한 문장에 이에 대한 상당히 자세한 주석들이 흩어져 있다. 그러나 최고로 특징적인 것으로 보이는 것은, 이러한 주석들이 그가 추상적-논리적 세계에 원리적으로 반감을 피력하고, 그가 부딪혔을 수도 있는 온갖 어려운 개념적 난점을 한 번의 칼질로 베어내려고 단단히 결심한 지금에야 비로소 발견된다는 것이다: 그는 오직 인식 이론을 무너뜨리기 위해서 인식 이론과 관계한다.

그가 바그너 세계에 있었을 때 쇼펜하우어의 제자로서 니체는 칸트의 유명한 해석과 변형 속에서 쇼펜하우어라는 스승을 따랐으며, 그 스승을 따르며 최고의 마지막 사물에 대한 물음의 대답을 찾았는데, 이는 실은 오성을 통해서가 아니라 의지적 삶의 최고의 영감과 깨달음을 통해서 이루어진 것이었다. 후에 니체는 쇼펜하우어 형이상학의 이러한 가정에 대해 격렬하게 저항하며 그가 가까이할 수 있는 영역에서 오성적 인식에 만족하는 경험과학의 엄격한 자기만족에 동의했다. 그러나 니체는 그가 열광적인 지성주의의 도움을 받아 겸손한 오성적 인식으로부터 그의 의지와 영혼의 삶이 맹목적으로 예속되고 그를 열광케 만드는 진리 이상을 만들 수 있었을 때, 이러한 동의를 오랫동안 유지했다. 그의 열광이 소진되자마자, 즉 그의 열광이 지성적인 목적과 가치를 더 이상 과도하고 이상적인 해명 속에서 보지 못하게 되자, 그는 대체로 그와 같은 것에 싫증을 냈고 새로운 이상을 원했다. 이러한 요구 속에서 그에게는 이제 실증주의 내에서 그가 지금까지 눈여겨보지 못했던 하나의 통찰이 떠올랐는데, 즉 이는 모든 사유의 상대성에 대한 통찰이나, 모든 오성적

인식이 생겨나고 지속적으로 의존하게 되는 인간의 충동적 삶의 순수 실천적 토대로 오성적 인식이 환원되는 것이었다.

결국 정동에 대한 애초의 평가에 되돌아가기 위해 니체는, 그 저 상투적인 열광과 흥분을 지닌 채 자신의 철학적 동료가 그에 게 보여준 길로 따라갈 필요가 있었다. 왜냐하면 다른 사람의 입 장에서 보면 니체는 근대 인식론 그리고 경험과학의 방법과 귀 결이 전혀 언급하지 않는 자연스러운 결과로부터 정조 변화의 동인을 전적으로 끄집어냈기 때문이다. 엄격한 개념적 사유를 최고의 진리 이상으로 숭배했던 표면적인 과장과 열광으로, 니 체는 개념적 사유가 실제 반응했던 충동에 대한 사유를 이제는 사소하고 저열한 것으로 비웃었다.

그사이 변화된 것은 실은 그의 기분일 뿐이며, 사태에 대한 그의 감정의 견해일 뿐이지만, 이는 니체에게 모든 것을 말하고 있다: 이는 그를 점점 더 추론으로 나아가도록 잡아당기며, 결과 적으로 새로운 세계관을 위한 출발점이 된다.

이러한 진행 과정은 니체의 "미래철학"에서 모든 근본 사상 이 발생하는 전형적 특징을 보여준다. 우리는 니체의 인식론, 도 덕설, 미학, 그리고 마지막 신비에서 그를 다시 만나며, 언제나 이와 같은 세 가지 발전 단계를 다음과 같이 인지하게 된다: 먼 저 근대 경험과학의 개별적 마지막 귀결을 연결하는 작업을 했 고, 그다음에는 그러한 귀결에 대한 견해에서 심정-기분의 전복 과 가장 외형적인 것에 이르기까지 자신의 사상을 첨예화하고 과장했으며, 마지막으로 이전 단계로부터 흘러나오면서 자신의 새로운 이론을 형성했다.

그러나 이에 관해 두 가지 측면이 구분될 필요가 있다. 니체가 자신의 사상에서 가장 깊은 존재를 표현하고자 할 때, 거기에는 한편으로는 실제의 철학 내용이, 다른 한편으로는 사상 안에 담긴 니체의 순수 영적 모습이 반영되어 있다. 이러한 자기 반영은 이 책의 첫 장에서 계획했듯 니체의 인간적인 모습을 보도록 이끈다. 그러나 새로운 학설의 사상 내용은 니체의 정신적 발전 과정에서 두 가지 철학적 단계의 인위적 결합으로 드러난다.―즉 쇼펜하우어의 의지설과 실증주의자들의 발달설이라는, 서로 다른 두 가지를 천재적 재주를 지닌 손으로 엮어낸 직물의 모델로서 말이다.

니체의 인식 이론에서 보자면, 개별 장에서는 "진리와 거짓의 저편"이라고 부를 수도 있을 그의 책 《선악의 저편》은 대부분 논리적인 것의 의미와 논리적인 것이 단지 비논리적인 것으로 환원되는 것에 대한 투쟁으로 고찰된다. 왜냐하면 그는 여기에서 "선과 악"이라는 가치 대립처럼 그 기원에 대한 통찰로 인해 적지 않게 허약해진 "진리와 비진리"라는 가치 대립의 부당함을 자세하게 언급하기 때문이다. "진리의 가치 문제가 우리 앞에 다가왔다. (…) 우리 안에서 도대체 무엇이 '진리를 향해' 의욕하는 것일까? (…) 우리는 진리를 원한다고 가정했는데, 왜 반대로 진리가 아닌 것을 원하지 않는가?"(1) "실로 무엇이 도대체 '참'

과 '거짓'이라는 본질적 대립이 있다고 가정하도록 강요하는가? 가상성의 단계가 있다는 것을 가정하는 것으로,—충분하지 않은가?"(34) "인간은 얼마나 기묘한 단순화와 위조 속에 살고 있는가! (…) 이제 이러한 확고하고 단단한 무지의 기반 위에서 비로소 학문은 일어날 수 있었고, 앎(知)에의 의지는 더욱 폭력적인 의지를, 즉 무지, 몽매, 허위에의 의지를 기반으로 일어날 수 있었을 것이다! 그 무지에의 의지에 대한 대립으로서가 아니라, 오히려—그것을 세련되게 한 것으로서 말이다!"(24) "의식은 어떤 중요한 의미에서 본능에 대립되는 것이 아니다.— 한 철학자의 의식적인 사유 대부분은 그 자신의 본능에 의해 은밀하게 인도되며 특정한 궤도에서 움직이도록 강요된다."(3) 모든 논리학은 궁극적으로는 단순한 "기호의 규약"에 다름이 아니다.(《우상의 황혼》 III, 3) 모든 사유는 일종의 "정동의 기호언어"다. 왜냐하면 "우리는 자신의 충동이 머무는 현실에 다가갈 뿐, 다른 '현실'로 내려가거나 올라갈 수 없기" 때문이다. "왜냐하면 사유란 이러한 충동들 상호 간의 태도일 뿐이기 때문이다."(《선악의 저편》, 36) 이로부터 다음과 같은 것이 귀결된다: "…우리가 한 사태에 대해 좀 더 많은 정서를 담아 말할수록, 그 사태에 대해 좀 더 많은 시선을 주거나 다양한 관점에서 보려 할수록, 이러한 사태에 대한 우리의 '개념'이나 '객관성'은 더욱 완벽해질 것이다. 그러나 의지를 완전히 제거하고, 정서를 남김없이 떼어낸다는 것은, 우리가 그것을 할 수 있다고 가정해도, 어떻게 할 수 있단 말인가? 이

것은 지성을 거세하는 것을 의미하는 것이 아닌가? …"(《도덕의
계보》 III, 12)

여기에 바로, 니체가 갑자기 이전의 견해로부터 벗어나 정
반대의 견해를 갖도록 이끄는 지점이 있다. 니체가 과거에는,
정동과 같은 것이 과거에 잊힌, 오류 판단 추리의 "손자"일 뿐이
기 때문에 정동을 신뢰하는 것에 대해 경고했다면, 현재는 모든
판단추론이 대단히 오래된 감정 토대에 근거한다고 보아, 너무
나도 독립적이지 못하고 의존적인 감정의 "손자"로 격하시킨다.
니체는 이러한 두 가지 견해의 논거를 여전히 실증주의적 세
계관에서 찾는데, 그곳에서 평화롭게 상호 성립하는 것, 즉 사
유의 상대성과 정동적 삶의 상대성은 니체에게는 두 가지 화해
되지 않는 대립으로 분리된다: 한편으로는 정상에 이르기까지
추동된 지성주의인데, 니체는 이에 계속 헌신해왔고, 이를 통
해 모든 삶을 사유 아래, 모든 심정을 오성 아래 종속하도록 했
다.—다른 한편으로는 역시나 최고 지점에 이르기까지 상승시
킨 감정의 흥분 및 고양인데, 니체는 이를 통해 그 삶의 과잉 속
에서, "삶이 있다, 진리는 사멸할지니!fiat vita, pereat veritas!"라는 열
광적 삶의 과잉 속에서 충분히 감정의 오래된 억압에 보복을 할
수 있게 된다.

이에 대해 계속 말하자면 다음과 같다: "판단의 오류는 우리
에게 아직은 판단에 대한 반론은 아니다. (…) 문제는 그 판단
이 생명을 촉진시키고 유지할지도 모른다는 것이다. (…) 잘못

된 판단을 포기하는 것은 삶을 포기하는 것이며, 삶을 부정하는 것이리라."《선악의 저편》, 4) "참된 것, 진실한 것 (…) 에 귀속될 수 있는 다른 모든 가치가 있음에도, 모든 생명을 위한 더 높고 근본적인 가치는 가상에, 기만에의 의지에 (…) 있다고 생각해야만 하는 것은 가능할 것이다. 뿐만 아니라 저 훌륭하고 존중할 만한 사물의 가치를 만드는 것이 바로, 겉보기에 대립되는 저 나쁜 사물과 위험할 정도로 유사하고, 또 연관되어 있으며, 단단히 연계되어 있고, 어쩌면 본질적으로 동일한 것일 수 있다는 것도 가능할 것이다."《선악의 저편》, 2) "… 우리는 근본적으로 옛날부터—거짓말에 익숙하다. 또 덕이 있는 체하고 위선적인데, 간단히 말해, 우리는 자신이 알고 있는 것 이상으로 훨씬 예술가다."(같은 책, 192) 학문적 인간이나 그러한 인간의 진리 탐구 위에 예술가를 높이 세우는 것은 거짓이 삶을 더 많이 보존하는 것이기 때문이다. "바로 거짓이 신성시되고, 기만하려는 의지가 선한 의지를 갖는 이 예술은"《도덕의 계보》III, 25) 과거에 비난받던 형이상학자들이 갑자기 절제와 구질구질함을 지닌 "현실을 중시하는 사이비 철학자들"《선악의 저편》, 10)보다도 훨씬 고귀하고 가치 있어 보이게 한다.

이렇게 예술가 세계나 심지어는 형이상학을 새롭게 찬미하는 것을 보며, 니체가 이미 반대쪽의 새로운 인식자 유형으로 돌아섰음을, 또 실증주의적인 "현실을 중시하는 사이비 철학자"에서 멀어졌음을 알 수 있다. 왜냐하면 이를 인식적 사유의 불가피한 덤으로 고찰하고 인식 행위에서 가능성으로 환원하는 것을 찾는다는 것은, 즉 사유가 인간의 정동적 삶에 의존한다는 것은, 니체에 따르면, 최고로 가능한 상승을 필요로 하는 것이기 때문이다. 모든 사유의 상대성에 대한 통찰, 진리 인식에 이끌려 나오는 협소한 한계에 대한 통찰은, 니체에게는 결국 절대적 성격을 표현할 수밖에 없는 인식에서 인식의 새로운 광대무변함을 갈파하는 데 기여하게 된다. 니체는 그것을 숭배하고 헌신하려는 목적으로 절대적 이상을 필요로 했는데, 자신의 논리적 진리 이상이 지나치게 보잘것없이 오그라들자, 곧 그 대립 속에서, 상승된 정동적 삶의 극단 속에서 구제책을 찾았다. 이전에는 진리 추구를 통해 마지막 환상에서 해방시키려고 했다면, 니체가 진리 추구를 상대적인 것으로 파악하게 되었을 때는 인식 영역을 감정 자극이나 의지의 떠오르는 생각의 영역으로 자리를 옮김으로써 새로운 환상에 대한 새로운 접근로를 열어놓는다. 이로써 제지하고 제약을 가하는 둑은 모두 허물어지고, 정동적 삶은 둑을 넘어 가차 없이 흘러넘쳐도 무방한 것이 된다. 확실성이 없는 곳에서나 확실성이 있는 곳에서 이 정동적 삶은 거의 같은 것을 향해 가게 된다. 사상이 독자적인 인식 권리를 상실했던 곳에서 그는 자신을 지배하는 숨겨진 충동의 장난감이자 도구로서 가장 멀리 떨어져 있는 먼 장소까지, 가장 깊은 심층까지 방황한다. 니체가 비밀스럽게 희미한 빛을 내는 형이상학의 마법 정원에서 나와 경험적 연구의 무미건조한 오성 세계로 들어섰을 때, 그는 빛이 비치지 않고 헤아리기 어려운 이러한 오성 세계에 둘러싸인 황무지의 잘못된 정원에서 길을 잃는다. 이 오성 세계 속에는 그 어떤 길도 놓여 있지 않고, 사유에 어떤 방향도 제시되지 않으며, 모든 것에 주인도 법칙도 없고, 창조를 위해 의지의 힘이 판정할 공간을 갖는다는 바로 이 상황이,— 바로 이러한 모험적이고 위험한 것이 니체에게는 올바른 길을 위한 시민권이다. 왜냐하면 이는 한가운데서 삶의 내면으로, 또 그의 근원적 힘으로 들어가는 방향으로 보이기 때문이다. 따라서 차라투스트라는 자신의 제자를 다음과 같이 불렀다. "피리 소리 하나로도 온갖 미궁 속으로 끌고 들어가는 그런 영혼을 지닌, 수수께끼에 취해 있는 자들이여, 어스름을 즐기는 자들이여:— 겁먹은 손을 하고는 실 한 가닥 더듬어 찾아보려 하지 않고, 추측할 수 있는 곳에서는 추론하기를 마다하는 것이 너희이기에."《차라투스트라는 이렇게 말했다》 III, 6f.〔제3부, 〈환영과 수수께끼에 대하여〉〕) "감각과 정신은 도구이자 장난감이다!"(같은 책 I, 43〔제1부, 〈몸을 경멸하는 자들에 대하여〉〕) "사물의 이치를 터득하면서 나는 내 의지가 지니고 있는 생식-욕구와 생성-욕구만을 느낀다."(같은 책 II, 8〔제2부, 〈행복한 섬에서〉〕) 왜냐하면 삶은 다음과 같이 말하기 때문이다: "사물의 이치를 터득한 자여, 너 또한 나의 의지가 가는 오솔길이요, 발자국일 뿐이다. 참으로 나의 힘에의 의지는 진리를 향한 네 의지조차도 내 발로 삼아 거닌다."(같은 책 II, 50〔제2부, 〈자기 극복에 대하여〉〕)

오랜 시간 깊이 동요된 자신의 내면성과 정동적 삶을 진정시키고 제어하기 위해서 냉담하고 무미건조한 사유 방식을 활용했던 니체는 그가 언젠가 예견하고 경계하며《인간적인 너무나 인간적인 II》(275)에서 묘사했던 것을 자기 자신에게서 발견했다: "정동의 무절제함을 극복하기 위해서 자신의 정신을 사용한다면, 아마 우리에게는 그 무절제함을 정신으로 옮기고, 그다음에는 사유와 인식 의욕에서도 방탕해지는 고통스러운 결과가 생길지도 모른다."[1] 그러한 요구에서 거칠게 일탈하며, 니체는 "진리

---

1 앞선 시기의 작품 속에 나타난 니체의 다음과 같은 표현을 참조할 것:

"신중하게 해명된 진리와 그와 같이 '예감된' 사물들 사이에는 뛰어넘을 수 없이 벌어진 틈이 있는데, 그것은 전자는 지성에, 후자는 욕구에 힘입고 있다는 점이다. (…) 사람들은 단지 그렇게 되었으면 좋겠다.—즉 행복하게 하는 것이 또한 참이기를 바라는 내적인 바람을 가지고 있을 뿐이다. 이 소망이 우리에게 나쁜 근거를 올바른 근거로 받아들이도록 유혹하는 것이다."(《인간적인 너무나 인간적인 I》, 131) 그것을 유혹하게 만들거나 그렇지 않든 간에—이는 당시 그에게 인간의 위계질서를 규정하게 했다. "인간이 (…) 믿고 판단하는 데 자신을 느슨한 감정에 내맡길 뿐이라면, 그에게 확실성에 대한 요구가 가장 내적 욕구나 가장 깊은 고뇌로—즉 고귀한 인간과 저급한 인간을 구분하는 것으로 여겨진다면, (…) 세련됨이나 천재성이 내게 무슨 의미가 있는 것인가!"(《즐거운 학문》, 2) 그는 《아침놀》(497)에서 기질적 천재성과 반대되는 사상가의 진정한 위대성의 표시로서 "순수하며, 순수하게 만드는 눈"을 칭송하는데, 이 눈은 "기질과 성격에서 자라난 것 같지 않고", 이러한 것에 영향을 받지 않고 사물들을 반영한다. "자신의 두뇌—이른바 '합리성'—를 훈련하는 것을 금지와 의무, 미덕으로 느끼는 사람들, 모든 환상과 분방한 사유를 모욕이나 창피를 당하는 것으로 여기는 사람들이 모든 시대에 무수하게 많지 않았다면, …: 인류는 오래전에 멸망했을지도 모른다! 인류의 머리 위에는 끊임없이 가장 커다란 위험인 돌발적인 망상이 떠돌았고, 지금도 떠돌고 있다. 이 망상이란 느끼고 보고 듣는 일에서 자의가 돌출하는 것, 두뇌의 무분별에서 오는 향락, 인간의 어리석음에서 느끼는 기쁨을 말한다. 망상하는 자의 세계에 반대되는 것은 진리와 확실성이 아니라 믿음의 보편성과 보편적 구속력, 즉 간단히 말하자면 판단을 하는 데 자의적이지 않다는 것이다. 지금까지 인간이 한 일 가운데 최대의 일은 많은 사물을 서로 일치시키는 것, 일치의 법칙을 스스로에게 부과하는 것이었다. (…) 그것(보편적 신앙)이 (…) 요구하는 저 느린 템포는 이미 (…) 예술가와 시인들을 탈주자로 만들어버릴 것이다:—이 참을성 없는 정신의 소유자들에게서 망상의 형

는 없다. 모든 것이 허용된다"(《도덕의 계보》III, 24)는 새로운 표어를 만들며, 기만이나 자의적 허구, 비논리적인 것과 "비진리" 등의 가치를 근본적으로 삶의 의지를 촉진하고 증강하는 힘으로서 높게 평가한다. 세계 전체가 개별적인 인간이 자의적으로 고안해낸 꿈의 모습으로 사라질 때까지, 니체는 우리가 세웠던 세계상 속에서 우리 자신이 창조자로서의 심리적 특성을 지닌 채 그 안에 오랫동안 숨어 있다는 생각이나, 우리의 인식은 궁극적으로 사물의 인간화에 다름이 아니라는 생각에 빠져 있다. "우리와 관계가 있는 이 세계가 왜 허구여서는 안 되는가?"(《선악의 저편》, 34)라는 물음을 그는 "폭력 행위를 통해 다시 창조할 수 있는 것이 아닌가?"라는 속마음을 가지고 묻는다.

이 주제에 관해서는 《우상의 황혼》(IV)에 나오는 짤막하지만 흥미로운 장이 관련되어 있는데, 이 장의 의도는 니체의 흩어져 있는 진술과의 연관성에서만 완전히 이해될 수 있다. 이는 "어떻게 '참된 세계'가 결국 우화가 되어버렸는가. 어떤 오류의 역사"

식이 주는 즐거움이 터져나올 것이다. 망상은 무척이나 즐거운 템포를 지니고 있기 때문이다!"(《즐거운 학문》, 76) 그가 "재치 넘치는 것, 감동시키는 것, 생기를 불어넣는 것, 힘 있게 만드는 것 같은 인상을 주는" 온갖 가설에 열광할 수 있는 저 정신의 비학문성을 예술가나 여성들에게서 배제할 때, 니체는 후기의 자기 자신을 가리키고 있다고 생각된다. 그들과 마찬가지로 대부분의 사람은 "그것을 통해 스스로 힘을 증대시키기 위해 강하게 매료되기를" 바란다. 오직 소수의 사람만이 "개인적 이점과 여기에서 언급한 힘의 증대라는 이점을 고려하지 않는 객관적 관심을 가지고 있다. 사상가가 천재처럼 행동하고 스스로 천재라고 부르는 곳에서, 즉 권위가 주어진 더 높은 존재처럼 특별한 표정을 짓는 곳 그 어디서든 훨씬 우세한 저 자질에 의존하게 된다. 저런 유의 천재가 신념의 열정을 유지하고 학문의 신중하고 소박한 의미에 대해 불신하는 한, 비록 그가 자신을 여전히 진리의 구혼자로 여긴다고 할지라도, 그는 진리의 적이다."(《인간적인 너무나 인간적인 I》, 635)

라는 표제어를 달고 있으며, 옛사람으로부터 현재 우리에 이르기까지 철학적 발전 과정을 스케치한 내용을 담고 있다. 고대 철학은 비록 소박한 방식이라 할지라도 인식하는 자와 그의 세계상, 그 인간과 진리를 이미 동일한 것으로 파악했다. 이 철학은 "나, 플라톤이 진리다"라는 문장으로 바꾸어 쓸 때 정점에 올랐다. 지혜롭지 못한 자가 살고 있는 참되지 않고 가상적인 세계와는 반대로 "참된 세계"는 "지혜로운 자에게는 도달할 수 있는 곳이다.—지혜로운 자는 그 세계 안에서 살고 있으며, 그가 그 세계다." "참된 세계"의 이념이 미래의 약속으로, 인간에 대한 약속으로 열릴 때, 그 이념은 비인간화되고 승화되면서 그리스도교 세계 속에서 결국 인성으로부터 분리된다. 마침내 일련의 형이상학적 체계를 통해 그 이념은 칸트에게서 단순한 그림자로 창백해지고, "도달할 수 없는 것, 증명할 수 없는 것, 약속할 수 없는 것"이 된다. 이 이념이 최종적으로 모든 형이상학으로부터 전향하면서 완전히 무無로 도피할 때까지 말이다: "잿빛 아침. 이성의 첫 하품. 실증주의라는 닭 울음소리." 이렇게 해서 지금까지 가상적인 것이자 참되지 않은 것으로 비난받던 세계는 평가가 올라가게 된다. 왜냐하면 이 세계는 유일하게 남아 있는 세계이기 때문이다: "밝은 날, 아침 식사, 양식bon sens과 명랑성의 귀환, 플라톤의 붉어진 뺨, 모든 자유정신의 야단법석." 그러나 우리는 "참된 세계"로부터 어떻게 우화가 발생하는가에 대한 통찰로 동시에 우리 인식 일반이 세계상을 통찰하는 방식을 탐구했다. 가상적인 세계, 기만과 오류로 발생한 세계 뒤에 있는 신비한 "참된 세계"에 대한 믿음이 우리에게 더 이상 위로를 주지 못하는 이제, 우리에게 여전히 남아 있는 것은 무엇인가? "참된 세계와 함께 우리는" 그것의 대립으로만 가능했던 "가상 세계도 없애버렸다." 다시금 인간은 모든 사물의 자기 창조자인 자기 자신에게로 되던져졌다. 다시 낡은 견해 "나, 플라톤이 세계다"가 가능해졌고, 최후의 지혜로서 모든 철학의 처음에 서는데, 이제는 사람과 진리, 주체와 객체의 여전히 깨지지 않는 순박한 동일시에서가 아니라, 자기 자신을 세계 담지자로 인정한 사람이 분명히 의식하고 의지하는 창조 행위로서 서 있는 것이다. "나, 니체의 차라투스트라는 세계다. 이 세계는 내가 존재하기 때문에 존재한다. 이 세계는 내가 의지하기 때문에 존재한다." 이 사건은 단지 비밀스러운 결론에서 해석될 뿐이다: "정오, 그림자가 가장 짧은 순간, 가장 길었던 오류의 끝, 차라투스트라의 시작."

새롭고 신비적인 것으로 덮어 쓰인 니체의 사상이 그가 근대 인식 이론에서 뽑아온 요소들과 어떻게 섞이고 연결되는지를 여기서는 분명히 추적할 수 있다. 이로 말미암아 이미 그로부터 새로운 학설이 세워지는 지점에 도달하게 되며, 이 지점에서는 더이상 어떤 보편타당한 통찰이라는 단순히 과도한 감정이 문제되지 않는다. 왜냐하면 모든 인간 인식이 제약이나 상대성을 지닌다는 사실에서, 또 인간의 충동적 삶이 우선성을 갖는다는 사실에서, 니체에게는 철학자의 새로운 유형이 알게 모르게 세워

진다: 한 개별적 인간의 실물보다 큰 존재가 그것인데, 그의 폭력 의지는 참된 것과 참되지 않은 것을 결정하고, 그의 손에 인간의 오성 인식이란 단순한 놀이도구일 뿐이다. 우리는 다음과 같이 말할 수 있을 것이다: 엄밀한 자기만족에 이르도록 정신을 강제하는 것, 모든 측면에서 그 정신을 제약하고 영향을 주는 것을 니체는 초인적인 개별 인간에게 씌웠던 자유분방하고 전능한 모습 아래 인격화한다. 니체에게서 인간세계의 온갖 충동과 힘은 마치 삶의 정수, 전체의 힘-추출물이 마치 인간이 되어버리는 식으로 해방되고 상승하는 것으로 생각될 수밖에 없었는데, 이로 인해 니체는 인식 규범을 바꾸고 움직일 수 있었을 것이다. 그러나 이는 명상 행위에서가 아니라 행위와 세계에 보내는 명령으로서 창조적 행위에서 일어난다. "그러나 진정한 철학자는 명령하는 자이자 입법자다: 그들은 '이렇게 되어야만 한다!'라고 말한다. 그들은 우선 인간이 어디로 가야 하는지와 어떤 목적을 가져야 하는지를 규정하며…,—그들은 창조적인 손으로 미래를 붙잡는다…. 그들의 '인식'은 창조이며, 그들의 창조는 하나의 입법이며, 그들의 진리를 향한 의지는— 힘에의 의지다."(《선악의 저편》, 211) 그들의 철학은 "항상 자신의 모습에 따라 세계를 창조하며, 달리할 수는 없다. 철학은 이러한 폭군 같은 충동 자체이며, 힘에 대한 가장 정신적인 의지이고, '세계를 창조하려는', 제1원인을 지향하는 가장 정신적인 의지다."(같은 책, 9) "문화의 제왕적 육성자나 난폭자는"(같은 책, 207)—니체의 미래철학이

그것을 설명하거나 기술하는 데 몰두하는데—미래철학 전체에 걸쳐 묘사되고 있다. 니체의 인식 이론 안에서는 오직 기반만이 제공되며, 니체의 윤리학이나 미학에서는 신과 세계, 인간이 유일하면서도 엄청난 초월적 존재Ueberwesen로 융합되는 종교적 신비를 통해 더욱 크게 성장한다.

니체가 이러한 창조자-철학자의 모습으로 어느 정도까지 이전의 형이상학적 견해에 다가서는지, 동시에 어떻게 이를 이후의 학문적 이론으로 수정하고자 하는지를 살펴보는 것은 쉬운 일이다. 니체가 세계에 관한 수수께끼를 해석하도록 고무하며 위로해주는 "이상적인" 형이상학적 진리를 다시 받아들이지는 않았지만, "진리"의 가능성에 주목할 때, 또 회의를 인식의 영역으로 가지고 들어가 "모든 것은 진리가 아니다"라는 입장을 세울 때, 그는 잃어버린 이상적 진리와 위로의 근거에 대한 대리물을 만들기 위한 공간을 마련한다. 힘의 요구를 통해, 의지 행위를 통해 사물 자체에는 없는 해석을 사물 안으로 집어넣는다. 지금까지는 철학자가 진리의 발견자로 여겨졌지만, 이제 어느 정도는 진리의 발굴자가, "의지가 넘쳐나는 자"(《선악의 저편》, 212)가 되었다. 이 사람은 비진리와 기만을 약속하지만, 그의 창조적 의지는 그것들을 현실로 확신하게 만들 줄 안 것이다. "자신의 의지를 사물에 넣을 줄 모르는 자는 적어도 하나의 의미라도 그 안에 넣는다."(《우상의 황혼》, 〈잠언과 화살〉, 18) 이렇듯 니체는 형이상학자들에게 반대하는 견해를 취하지만, 다른 한편으로는 마치 형이상학자들처럼 단순한 이해력 너머에 있는 심정Gemüth이라는 갑작스러운 생각을 근거로 사물을 재해석하거나 재창조하는 권리를 갖는다.

지성적 삶에 대해 이렇게 개인적으로 가정한 정동적 삶이 우월하다는 생각 속에서—그 의지 내용과 감정의 내용에 관해 결국 인식이라는 진리 내용이 중요하지 않은 것으로 여겨지는데—니체의 정신적 방식은 가차 없이 그의 가장 내적인 본질과 열망을 반영한다. 이는 엄격한 진리 인식에 종사해야 한다는 오랜 강요가 있고 난 후에 니체를 신비의 도취 속으로 몰아넣은 열락의 반응이었다. 니체는 저 초인적 위대한 창조자-철학자에게 자신의 영혼을 부여하는데, 이러한 철학자에게 삶의 충일과 과도한 충만이 밀어닥치고, 창조적 사상에 대한 면책이 요구된다.—이것은 "열대성" 인간인데, 이 인간에게는 우리가 이미 이 책의 첫 장에서 깊이 격앙된 니체의 내면적 삶에 적용했던 표현이 걸맞다: "자기 자신의 내면으로 더없이 멀리 뛰어들고, 그 속에서 방황하며 배회할 만큼 더없이 광활한 영혼, (…) 자기 자신에게서 달아나버리는, 더없이 큰 동그라미 속에서 자기 자신을 따라잡는 저 영혼, 어리석음이 가장 달콤하게 말을 걸어오는 더없이 현명한 저 영혼, (…) 그 안의 모든 사물이 흐름과 역류, 썰물과 밀물을 지니고 있는, 자기 자신을 더없이 사랑하는 저 영혼."《차라투스트라는 이렇게 말했다》 III, 82〔〈중력의 악령에 대하여 19〉〕)

그러나 앞선 정신 시기에 대해 자신도 모르는 이러한 폭력적 반응은 지속되며, 무의식적인 자기 반영을 통해 가장 내밀한 니체의 감각까지 이론에 반영된다. 왜냐하면 오로지 자기희생과 자기 억압 속에서 만족하고, 흥분 속에서 수행했던 니체의 영혼의 삶이 지닌 엄청난 견인력을 그의 이론 속에서 만나기 때문이다. 과거 니체가 엄격한 지성주의의 요구 아래 예속되기를 강요했던 것과 반대로, 지금은 지성이, 순수한 지적 인식에 대한 욕구가 정동에 따른 힘에의 의지 아래 있도록 강제한다. 이전에 니체가 자신의 영적 인간을 폭행했듯이, 이제는 자신 안의 인식하는 인간을 폭행한다. 그는 고삐 풀린 삶의 의지라는 승리가 지성의 자기 조소가 될 때까지 멈추지 못한다: 니체는 섬뜩한 방식으로, 최고의 인식은 모든 논리적 인식을 스스로 포기하는 데 있다는 결론을 도출한다.—사상가는 "자신의 잔인함에 의해 자기 자신을 향한 저 위험한 잔인성의 전율에 은밀히 유혹되고 앞으로 내몰리는 것이다." 그는 "잔인함의 예술가와 변용자"로서 존재할 수밖에 없다(《선악의 저편》, 229). 인간의 정신은 결국 자진해서 자기부정으로 잠기게 된다. 왜냐하면 이렇게 해야만 최고의 폭로를 받아들이기 때문이다.—그는 경계가 없고 끝이 없는 데까지 잠겨 들어간다. 왜냐하면 이렇게 해야만 자신의 목적을 성취하기 때문이다. 우리는 니체의 후기 철학 전체에서, 윤리학이나 미학을 관통하는 근본 사상을 재발견하게 될 것이다: 과잉으로 인해 몰락하는 것은 새로운 창조를 위한 최고의 조건이며, 따라서 니체의 인식론 역시 전율할 정도로 개인적 신비의 방식으로 흘러들어가며, 이 신비 안에서 광기와 진리의 개념은 풀기 어렵게 연결되어 있고, 따라서 "초인간적인 것"은 정신을 만나고 죽이는 번개로서, 진리의 의미가 접목되어야 하는 광기로서 다가온다. "나는 그들이 몰락해가는 광기를 가졌으면 좋겠다고 원했던가? (⋯) 진실로 그들의 광기가 진리라 불리기를 원했다. (⋯) 그리고 정신의 행복이란 성유를 바르고 산제물이 되어 눈물로 봉납되는 데 있다. 너희는 이것을 진작부터 알고 있었는가? 맹인의 맹목과 그의 탐색과 모색은 그가 들여다본 태양의 위력을 입증해야 한다.—너희는 이것을 진작부터 알고 있었는가?"(《차라투스트라는 이렇게 말했다》 II, 33〔〈이름 높은 현자에 대하여〉〕)

그러나 이 최후의 신비는 창조자-철학자의 모습이 니체의 윤리학이나 미학에서 지속된 것처럼 완전히 명료해질 수 있다. 한편 이 신비는 추상적 저변에서 시작해 마침내 니체 자신의 존재 변용으로서, 즉 그의 개인적 모습으로 우리 눈앞에 서 있게 되기까지 그 과정에서 끊임없이 구체적인 특징을 얻는다.

윤리학이 인식론에 적절한 설명과 논거를 준다는 것은 삶의 의지의 참된 담지자로서 인식하는 자의—행위하는 자와 창조하는 자로서의 인식하는 자의—특징에서 이미 밝혀진다. 따라서 최고 수준의 니체 철학에서 철학자들 일반의 체계를 언급하는 것은 타당하다: "도덕적인 (⋯) 의도가 본래의 생명의 싹을 형성하며, 그 생명의 싹에서 매번 식물 전체가 성장한다."(《선악의 저편》, 6) 철학자들이 삶 그 자체와 가장 인간적이고 개인적인 목적을 이렇게 밀접하게 연관한다는 것은 삶을 적대시하거나 염세주의적으로 바라보는 사람들에게서 그를 결정적으로 분리시킬 수밖에 없다. 그는 타고난 삶의 옹호자일 수밖에 없으며, 그의 철학은 바로 그 점에서 삶의 찬미인 것이다. 왜냐하면 삶은 언제나 "긍정적으로" 말할 수 있기 때문이다. 하지만 실제로는 정반대이기도 했다. "어느 시대든 최고의 현자들은 삶에 대해 똑같은 판단을 내렸다: 삶은 별 가치가 없다고…. 언제나 그리고 어디서든 사람들은 그들의 입에서 똑같은 소리를 듣는다.—회의와 우울 가득한, 삶에 완전히 지쳐버리고 삶에 대한 저항이 가득한 소리를."《우상의 황혼》 II, 1〔〈소크라테스의 문제〉〕) 하지만 이렇게 나약한 삶의 의지가 인간적·동물적 존재나 그들 본성의 지적·명상적 특징의 섬세화나 승화의 결과라면— 하지만 니체의 이전 견해에 따르면, 이것은 어느 정도는 그들을 정신적으로 조야한 인간, 즉 천민으로부터 구별하고, 지도자 역할을 부여해주는 귀족 표식이다. 여기에서 이제 그 견해는 다음과 같은 방향으로 변하는데, 즉 강조점이 삶의 정신화에 놓이는 것이 아니라 삶의 약화에 놓이게 된다. 정신의 인간들은 이제 모든 시대의 몰락 유형인 환자나 쇠약해진 자로서 나타난다. 따라서 니체가 사랑하고 존경했던 철학자, 즉 그리스인들에게서 이성이 자연 본능을 지배해야 한다는 학설을 대표한 철학자 소크라테스는, 니체에게 다시금 가장 위험하고 비난받을 만한 유혹자로 변한다. 쇼펜하우어에 심취해 있던 시절에 니체에게 소크라테스는 이러한 유혹자의 모습이었다. 추하고 기형적인 소크라테스는 그들 가운데 최초의 데카당스로 나타났고, 그가 헬레니즘적 삶의 본능을 이성의 학설에 예속시켰을 때 그는 근원적으로 이 삶의 본능을 훼손하고 거세했다(같은 책 II, 〈소크라테스 문제〉와 비교할 것). 이 안에서 소크라테스는 사유를 통해 삶을 지배하고자 하는 모든 사상가의 원형이지만, 그는 그 사유로 삶에 관한 어떤 것도 증명하지 못하고 오직 사유에 대한 무엇을 증명할 뿐이다. 왜냐하면 지금까지 그들 철학자가 생존을 경시하거나 삶을 보존하는 본능을 쇠약하게 하는 데 기여했다 하더라도, 그 안에는 경시된 삶에 관한 진리가 아니라, 진리가 자기 자신과 빠진 모순만이 질병 상태를 드러내는 특징적 증후로서 발견되었기 때문이다. 우세한 지성을 지닌 인간들이 그들의 지성에 자양분을 제공한 삶의 원천에서 벗어났다는 것, 이들 인간은 몰락하는 문화의 노쇠하고 피로에 젖은, 낙오한 자들이라는 것, 이들 인간은 자기 자신 안에 생존의 손상이나 결함에 대해 승리하거나 이것들을 보다 차원 높은 발달로 이끌어갈 수 있도록 치유하는, 또 형태를 변형하는 힘이 더는 없음을 알려줄 뿐이다. 따라서 이들 모두에게 다음과 같은 의심의 물음이 제기된다: "그들은 아마도 더는 제대로 서지 못하는 자들이 아니었을까? 뒤처진 자들은 아니었을까? 힘 없이 흔들리는 자들은 아니었을까? 데카당스이지 않았을까? 이들의 지혜란 옅게 풍기는 썩은 고기 냄새에 기뻐하는 까마귀 같

은 것은 아니었을까?…"(같은 책 II, 1[〈소크라테스 문제〉])

그러나 이 물음은 그들에게만 타당한 것은 아니다. 왜냐하면 그들은 인류 전체의 발전이 정점에 오른 표피적 정상만을 대표할 뿐이기 때문이다. 근원적 동물 본성의 무감각하고 둔한 획일성에서 벗어나, 인간은 정신적 능력을 지속해서 쌓으며 자신의 힘이 뿌리박고 있는 자연 토대와 균열되었다. 이로 말미암아 인간은 반쪽이 되었으며, 자기 존재의 설명과 생존 권리를 자기 자신에게서 명백하게 창출할 수 없는 중간자가 되었다.—그는 아직도 발견되지 않고, 아직도 창조되지 못한 그 무엇에 이르는 체현된 이행 과정이며, 이러한 이행 과정으로서의 인간은 가장 병적인 존재다.—"아직 확정되지 않은 동물"인 것이다(《선악의 저편》, 62). 그렇게 데카당스-특성은 인간세계 자체에 달라붙었으며, 개인적 형식이나 개별적 영역에만 달라붙은 것은 아니다.

따라서 우리는 균열 없는 삶의 데카당스 혹은 몰락의 첫 출발 지점을 이미 모든 문화의 발생에서 발견한다.—이곳에서 황야의 야수인 인간, "인간적 맹수"는 최초의 사회적 강제를 통해 고삐 풀린 자유가 갑갑하다고 느낀다. "오래된 자유의 본능에 대해 국가 조직이 스스로를 방어하기 위해 구축한 저 무서운 방어벽은 (…) 거칠고 자유롭게 방황하는 인간의 저 본능을 모두 거꾸로 돌려 인간 차신을 향하게 하는 일을 해냈다." "밖으로 발산되지 않는 모든 본능은 안으로 향한다. 이것이 내가 인간의 내면화라고 부르는 것이다. 이것으로 인해 후에 '영혼'이라고 불리는 것이 인간에게서 자라난다. 처음에는 두 개의 피부에 펼쳐진 것처럼 얇았던 내면세계 전체가 인간이 밖으로 발산하는 것이 저지됨에 따라 더 분화되고 팽창되어 깊이와 넓이와 높이를 얻었다." "외부의 적과 저항이 없어지고, 관습의 억누르는 협소함과 규칙성 속에 처박혀 성급하게 스스로를 찍고 박해하고 물어뜯고 흥분시키고 학대했던 인간, 자기 감옥의 창살에 부딪혀 상처투성이가 된 (…) 이 동물. 그러나 이와 더불어 인류가 오늘날까지 치유하지 못하는 가장 크고도 무시무시한 병, 즉 인간의—자기 자신에 대한 고통이라는 병이 야기되었던 것이다: 이것은 인간이 동물적 과거를 강제로 떼어놓은 결과이며, (…) 지금까지 자신의 힘과 쾌락과 공포의 기반이었던 오래된 본능에 선전포고한 결과다." (《도덕의 계보》 II, 16)

따라서 인간의 병적인 상태가 어느 정도는 정상 상태이며, 그의 특별한 인간적 본성 자체이고, 발병과 발달이라는 개념들도 거의 동일한 것으로 파악된다면, 우리는 자연히 오래된 문화적 발전의 출구에서도 다시 소위 데카당스를 결과로 만날 수밖에 없다. 이는 단지 외양을 변화시켰을 뿐이다. 오랫동안 평화에 적응이 된 시대가 있어 적응이 새로운 형식으로 나타났고, 이 시대는 개인의 엄격한 결속, 혹독한 훈육, 예속이 더는 필요하지 않은 동시에 훨씬 두려움 없고 충만한 자기 향유의 수단이 풍부했다. 한 세기 동안 지속된 훈련을 통해 모든 사람이 훈육받아 동일하게 고정된 형태의 모습은 풀어지고, 개인의 유희에 자리를 마련하기 시작한다. "(좀 더 고귀한 것, 좀 더 섬세한 것, 좀 더 희귀한 것으로 변하는) 변질이든 퇴화나 기형이든 그 종족의 변화는 갑자기 가장 풍부하고 화려하게 무대 위에 나타나고, 개인은 감히 개체적으로 존재하고자 하며 스스로를 드러내고자 한다." "오직 새로운 목적과 새로운 방법이 있을 뿐, 공통의 형식은 존재하지 않고 오해와 경멸이 서로 결합해 있으며, 몰락과 부패, 최고의 욕망이 소름 끼치게 얽혀 있고, 선과 악의 온갖 풍요의 뿔에서 종족의 천재가 넘쳐흐르며, (…) 봄과 가을이 숙명적으로 동시에 공존해 있다."(《선악의 저편》, 262)

인간이 밖으로 발산하지 못하고 방어할 수 없기 때문에, 앞에서 묘사한 근원적인 데카당스 형식에서 인간의 열정이 그 자신에 반대해 방향을 바꾸고 자신을 위협하거나 갈기갈기 찢어놓는다면,—이제 정반대의 이유로 서로 똑같은 내면의 전쟁에 빠지게 된다. 왜냐하면 인간이 방어할 수 있는 그 어떤 관계도 더 이상 존재하지 않으며, 그의 전투력을 밖으로 돌릴 수 있는 것은 아무것도 없기 때문이다. 정돈된 삶이라는 길들여진 평화 속에서 그동안 강력하게 내면화된 인간은 스스로 자신의 난폭한 충동의 투쟁 장소가 된다. 이러한 것이 스스로 움직이기 시작하자 그는 다시금 자기 자신에 대해 고통스러워하기 시작한다. "거칠게 서로 대립하는, 말하자면 폭발할 듯한 이기주의 덕분에" 말이다. 이 이기주의는 지나치게 복잡해진 존재를 자기 안에서 파악하고, 이것으로 인해 점차 인성의 온갖 폐쇄성을 다시 대가로 치르게 된다. 이 단계에서 인간은 엄청나게 오랫동안 진행된 유일한 발달 사슬의 마지막 부분을 형성한다. 이 사슬의 개별적 고리는 총체적으로 점차 사육된 지적·도덕적·사회적 "인간성"과 그 뒤에 놓인 동물성에 대한 지나치게 살아 움직이는 충동의 기억의 총체로서 인간에게서 모든 것을 하나로 만든다.

그러나 이 두 형식의 데카당스가 필연적으로 인간 본성에서 나오며 보다 차원 높은 것을 지속적으로 형성하기 위한 어쩔 수 없는 통과 과정인 반면, 그 두 가지 외에도 앞에서 묘사한 병적 상태를 치유할 수 없도록 만들고 다시 회복할 가능성을 막으려 위협하는 제3의 방식의 데카당스가 있다. 이는 잘못된 세계 해석이며 고통과 질병에 의해 야기된 옳지 못한 생명관이다. 이는 금욕과 동일한 형식의 요구이며, 삶과 그 고통을 회피하려는 요구이고, 본성적으로 계속되는 "전쟁"의 결과로 나타나는 피로에 헌신하려는 요구다. 종교와 도덕만 그러한 금욕적 이상을 설교하는 것이 아니라, 삶의 대가를 치르면서 사유를 보호하고 "진리"의 이상이 가능한 한 삶의 상승에 대립하는 모든 지성주의 역시 그러한 설교를 한다. 자기 자신을 묶고 있는 이러한 타락을 막는 참된 치료법은 바로 삶으로 충실하게 방향을 돌리는 데 있다. 서로 경쟁하는 대립이라는 혼돈 가득한 것으로부터 보다 차원 높은 건강이 태어나기 위해서는 말이다.

"많은 대립에 부딪혀야 한다는 대가를 치러야만 우리는 많은 수확을 거둔다."《우상의 황혼》 V, 3((반자연으로서의 도덕)) 대립을 감당하고 대립을 견뎌낼 충분한 힘이 있다는 전제에서 말이다. 그다음에 외형적 해체와 데카당스가 있으며, 그런 뒤에야 소위 모든 타락은 "가을이라는 계절을 지칭하는 악명일 뿐"이다.—다시 말해 떨어지는 낙엽을 지칭하지만 익어가는 열매라고 부르는 악명일 뿐이다. 이러한 의미에서 데카당스와 진보는 같은 것을 의미할 수 있다: 즉 진보를 필연적 종말에 이르게 하는 것이다.—"그것은 도움이 되지 않는다: 사람들은 앞으로 나아가야만 한다. 말하자면 데카당스 안에서 한 걸음 한 걸음 더 나아가야 한다. (…) 이런 전개 과정을 저지할 수는 있다. 그리고 저지해서 퇴화 자체를 막아버리고, 고이게 만들어서, 더욱 격렬하고 더욱 갑작스러운 것으로 만들 수는 있다: 그 이상은 할 수 없다."《우상의 황혼》 IX, 43(〈어느 반시대적 인간의 편력〉)) 그러한 결말, 앞으로 나가는 방향과 아래로 내려가는 방향의 그러한 비극적 결합은 인간이 그 자신 안에서 자신의 성취를 찾는 것이 아니라, 자신을 넘어서 본래의 그 자신보다 훨씬 높은 것으로 몰아댄다는 사실로 설명된다. "동물의 영혼이 스스로에게 등을 돌린다는 사실과 더불어, (…) 지상에는 어떤 새로운 것, 깊이 있는 것, (…) 모순으로 가득 찬 것, 미래로 충만한 것이 존재했"고, 이를 통해 가능한 새로운 방식의 인간적인 것에 대한 기대가 만들어질 수 있는 것이다. "마치 인간이 목적이 아니라 단지 길, 우발적 사건, 다리, 커다란 약속인 것처럼, 무엇인가 고지되고 준비된 것이다."《도덕의 계보》 II, 16) "인간은 동물과 초인 사이에 놓인 밧줄이다.—심연 위에 매달린 밧줄인 것이다. (…) 인간이 위대하다는 것은, 즉 그가 다리지 목적이 아니라는 점이다: 인간이 사랑받을 수 있다는 것, 그것은 그가 하나의 과정이요 몰락이라는 점이다."《차라투스트라는 이렇게 말했다》I, 12) 따라서 데카당스 현상은 몰려오는 몰락의 시대이자 재탄생을 예고하는 시대에 인류에게는 "임신한 여성이 어린아이를 반기기 위해 임신을 망각해야만 하는 것처럼, 즉 임신의 불쾌와 기이함을 피할 수 없는 것처럼, 피할 수 없는 일이다."

　니체가 이전에 아주 강하게 강조했던 것이자 현재 통용되는 충동의 "너무나도 인간적인 것"에 대한 통찰은 여기에서 포기된 것이 아니라, 전보다 더 예리하며 새로운 인간 이론의 출발점이 된다. 차가운 지성의 통찰로부터 이 너무나 인간적인 것은 그에게는 마음의 정동으로 상승되고, 그 자체로 엄청난 의미를 얻음으로써 니체에게 분노와 원망, 놀람 속에서 너무나 인간적인 것을 극복하는 새로운 "날개와 근원을 예감하는 힘"《차라투스트라는 이렇게 말했다》III, 77〔〈낡은 서판과 새로운 서판에 대하여 14〉〕)이 성장할 때까지 모든 그의 영혼의 힘과 생각의 힘을 파헤치게 된다. 니체가 이전에 통찰할 때 강조한 강세强勢, Accent나 그가 이끌어낸 가장 표피적인 결론으로부터 새로운 이론에 대한 과도한 동경이, 초인적인 것을 위한 너무나 인간적인 것의 자기희생 사상에 대한 동경이 그에게 솟아오른다.

　니체의 새로운 학설의 인식론에는 논리적인 것이 영적인 것에 의존하고, 사상적 삶이 심정의 삶에 의존하는 것이 부분적으로 반영되어 있는 것처럼, 새롭게 탄생하기 위해서는 고통과 동시에 넘치는 충만이 있다는 니체의 저 인간상에 자기 존재에 대한 설명이, 즉 최고의 창조력을 분만하도록 서로 싸우는 충동의 자기희생에 대한 설명이 생기게 된다. 니체에게는 언제나 현존해 있는 자신의 병에 대한 깊은 느낌이나 고통의 느낌으로부터 그의 데카당스 학설이 나타난다. 니체의 마지막 철학의 모든 이론에 적용되는 것은 이 학설에도 적용된다: 그에게 지금까지 다양한 인식 과정의 원인과 부대 현상이었던 고통스러운 심리 과정은 이제 인식 내용 자체가 된다.

과도해지고 희생으로 이어지는 인간애에 관한 사상은 니체가 회고를 통해 인간애-발달 과정의 전 과정을 파악하는 것이기도 하다. 오로지 그것 때문에 근원적인 야수성에 대한 저 오래되고 적대적인 훈육이 필요했다. 비록 그 훈육이 인간을 데카당스한 인간으로 길러내고, 그가 그 양육에 반해 결과적으로 다시 성장한다 할지라도 말이다. 그 훈육의 의미는 인간으로 하여금 자신의 내면을 완전한 충일함으로 풍요롭게 만드는 것이며, 그다음으로 인간을 이러한 풍요로움의 주인이자 자기 자신의 주인으로 만드는 데 있었다. 이는 오직 오래되고 혹독한 강제에 의해 생길 수 있었는데, 이러한 강제 안에서 여전히 미성숙한 자의 의지라고 할 수 있는 그의 의지는 마치 매와 처벌을 통해 성숙하게 길러지는 것이다. 이렇게 인간은 순간에 의해 지배당하고 순간적 자극에 종속되는, 망각하는 동물보다도 훨씬 오래되고 깊이 있는 의지를 배웠다. 그는 스스로 의지하는 것에 책임지는 것을 배웠다—그는 "약속할 수 있는 동물"이 되었다. 모든 인간 교육은 근본적으로 일종의 기억술이다: 이는 종잡을 수 없는 의지에 기억을 편입시키는 것처럼 문제를 해결한다. "자기 자신을, 더욱이 긍지를 가지고 보증할 수 있다는 것, 또한 자기 자신을 긍정할 수 있다는 것—이는 (…) 만숙한 결실이다:"《도덕의 계보》Ⅱ, 3) "—우리가 거대한 과정의 종점, 즉 나무가 마침내 열매를 무르익게 하고, 사회성과 풍습의 윤리가 무엇에 이르는 수단에 불과했다는 것이 마침내 드러나는 지점에 서서 본다면, 우리는 그 나무에서 가장 잘 익은 열매로 주권적 개인을 발견하게 될 것이다. (…) 오직 자신과 동일한 주권적 개인이며, (…) 간단히 말해 약속할 수 있는 자기 자신의 독립적인 오래된 의지를 지닌 인간이다."《도덕의 계보》Ⅱ, 2)〔1ff.→2〕 인간이 도덕 관념이나 다가오는 자의—즉 엄격하고 이제는 과잉이 되어버린 교육자의—이상 개념에서 생겨나고, 이로부터 오래된 양심이 자신의 뿌리와 인간에 대한 권리를 잃어버린 후에, 자유로워진, 주인이 된 개인의 이러한 자기 확실성에 상응하는 것은 새로운 방식의 양심이다.

니체의 의지 이론 역시 그의 이전 형이상학적 견해와 학문적 결정론의 융합을 나타낸다. 니체는 쇼펜하우어의 제자로서 쇼펜하우어 형이상학의 토대를 이루는 신비적 의지 "자체"와 인간적 지각을 위해 그가 드러내는 의지 사이에서 두 가지 의지를 구분한다. 니체는 우리의 전체 경험세계의 저편에, 경험세계에서 적용되는 인과율의 저편에 그 존재와 본질의 마지막 근거가 놓여 있는 한, 의지를 자유롭다고 불렀다. 한편 개별적 의지 현상이 오직 보편적 인과 연관성이라는 찢을 수 없는 그물망 안에서 지각되는 한, 의지를 부자유한 것으로 불렀다. 니체가 몇 년 동안 논리 정연한 결정론에 몰두한 후, 니체는 지금도 "의지"는 의지를 규정하는 영향 아래 자신의 이름을 얻게 된다는 생각에 여전히 사로잡혀 있다. 그러나 의지의 신비한 기원이나 유래에 관련해 결정론자로서 자신이 부정했던 것을 위해 의지 발달의 목적과 목표를 세우고자 한다. 다시 말해 그가 묘사한 대로 강제와 외적 간섭에 의한 오랜 의지 훈육의 결과로 성숙하고 자기 확신성을 지니며 삶을 지배하는 의지가 점차 생겨났다면, 결정론자는 그 의지의 정당성을 인정하지 못한다는 의미에서 그것은 자유로워진다: 왜냐하면 그 행위는 더 이상 특정 시간과 환경에서 나올 수 없으며, 그 자체, 즉 강력하게 차라나고 앞뒤를 가리지 않고 폭발하는 그 힘을 통하지 않고는 어떤 것을 통해서도 규정되지 않기 때문이다.—그것은 시간으로부터 해소된 순수한 힘에 대한 의식이다. 확실히 이 의지는 더 이상 형이상학적 본성이 아닌 그 본질이다. 왜냐하면 이는 만들어지는 것이며, 발달 계열에 따른 결과이고, 이때 의지의 자유는 필연성과 엄밀한 의지라는 조건에서 나온 딸이기 때문이다. 그렇다고 할지라도 이 자유에는 신비한 무엇이 있다. 왜냐하면 이 자유는 이제 무조건적인 힘으로서 형태를 바꾸고 개조하며 그것이 나온 자연적 조건에 반反하기 때문이다. 오로지 우리만 가까이할 수 있고 파악할 수 있는 발달 과정 속에서 니체는 현실세계를 자신의 실증주의 시기에서 가장 가치 있다고 평가하는 법을 배웠다. 반면 그는 다른 견해를 지닌 형이상학자에 대해서 다음과 같이 말하며 자신의 입장을 바꾼다: "만들어진 모든 것, 완전한 것은 경탄의 대상이며, 생성 중인 모든 것은 경시된다."(《인간적인 너무나 인간적인 I》, 162) 왜냐하면 우리는 전자의 발생 원인을 검증할 수도, 자세히 살펴볼 수도 없기 때문이다. 이제 그는 만들어진 것이나 외견상 완전한 것에 똑같은 경탄으로 다가간다. 생성하는 모든 것은 그것이 평가의 도정에 있는 한, 평가할 만한 가치가 있는 것으로 보인다. 그때 니체에게는 모든 사물의 조건이 허용된다. 왜냐하면 그 조건으로부터 언젠가는, 그러나 오직 그때만, 모든 조건과 경험을 넘어서는 모든 사물의 신비한 유의미성이 열릴 수밖에 없기 때문이다. 이러한 유의미성은 자유로운 의지가 지닌 힘의 강도에 달려 있다. 왜냐하면 그 의지에 따른 힘의 강도는 사물 안으로 들어가 만들어지기 때문이다. 이를 위해 니체는 결정론자들의 "자유" 의지와 "부자유" 의지라는 입장에서 "강한 의지"와 "약한 의지"라는 표현이 설정된 것을 보고자 하며(《선악의 저편》, 21), 전체 심리학을 "힘에의 의지에 관한 형태론과 발달 이론"으로 파악하고자 한다(같은 책, 23).

의지가 강한 자는 모든 시대에 최고 수준의 "반시대적인 자"이며, 그는 오랜 시간을 거쳐 인간 속에서 준비되어온 자, 즉 천재가 된 자다. 천재 속에서는 인간이 부자유나 노예 상태에서 습득한 것이 자유롭게 흘러나온다. 천재는 "엄청난 힘이 괴어 있는 폭발물이다. 또한 역사적으로나 생리적으로 그들은 항상 다음의 전제를 갖는다. 즉 오랫동안 그들 위에 힘이 모이고 축적되고 절약되며 보존된다는 것, (…) 그들이 등장하는 시대는 우연이다. 한편 그들이 거의 언제나 자기 시대의 지배자가 되는 이유는 그들이 더 강하다는 데, 더 오래되었다는 데, 그들에게 더 오랫동안 힘이 모아졌다는 데 있다. (…) 시대는 언제나 상대적으로 훨씬 더 어리고, 더 부족하고, 더 미숙하고, 덜 안정적이며 더 유치하다." (…) "위대한 인간은 종점이다. (…) 천재는—작업에서나 업적에서—필연적으로 낭비하는 자다: 전력을 다한다는 것, 이것이 그의 위대함인 것이다 (…) 자기보존 본능이 풀어져 있는 것처럼 보인다. 발산되는 힘의 압도적인 압력이 그에게 그러한 보호와 신중함을 금한다."《우상의 황혼》 IX, 44[〈어느 반시대적 인간의 편력〉])

천재에게는 최소한 특정 방향에 따라, 비범한 수준으로 인간으로 하여금 자신의 방식에서 초월적 방식으로 전진하도록 할 수밖에 없는 것이, 새로운 창조가 되도록 하는 자기낭비, 전체 과거가 그 재능에 축적되어 있고 과거가 동시에 철저히 결실이 되었던 소모적인 부유함이,—즉 미래 수태가 드러난다. 다른 여타의 천재들처럼 하나의 영역이나 자신의 영역에서만 천재성을 소유하는 것이 아니라, 전체 인류 의식에 관련한 천재성을 소유한 천재만을—자신 안에서 살아 움직이는 것이 그 자신에게서 작용하며, 살아서 흘러나오는 존재를 생각해본다면, 그러한 천재는 초인이 탄생하는 인간의 모습이 될 것이다. 천재성은 그 자체로 전체 과거가 통찰되고 총괄되는 것이 될 것이다. 또한 그 자체로 그 자신에 이르기까지 인간이라는 전체 행로를 포함하는 것이 될 것이다. 따라서 천재 안에는 인류 미래의 예기치 않은 길이나 목적이 열려 있을 수밖에 없다. 그렇게 문을 열어 밝히는 자가 지닌 힘에의 의지를 통해 처음으로 인간 발달은 그 방향과 목적, 미래를, 모든 사물은 내적·궁극적 의미를 얻을 것이다:—한마디로 말하자면, 처음으로 철학자가 창조자로 부활하는데, 이는 니체가 이 철학자를 의지가 강한 자, 인류의 천재, 삶을 자기 안에서 파악하는 자로서, 사유 일반이 말하는 바를 드러내는 것으로 생각하는 것이다: 이 사유는 "발견이 아니며, 오히려 재인식이고 재기억이며, 언젠가 저 개념들이 발생한 먼 태곳적 영혼의 총체적인 세대로 회귀하는 것이며 귀향하는 것이다.—이러한 점에서 철학한다는 것은 일종의 최고 수준의 격세유전隔世遺傳이다."《선악의 저편》, 20) 모든 최고의 것은 일종의 격세유전이다.—이것 안에는 니체 후기 철학 전체의 놀라울 정도의 반동적 성격이 있으며, 이 후기 철학의 성격은 그의 앞선 시기와 가장 예리하게 구별된다. 이것은 특정한 사물들이나 개념들에 대한 형이상학적 예찬 대신에 그것들의 기원으로 계속 되돌아가 햇수를 설정하려는 시도다. 니체는 "재기억"과 "재인식"을 오직 플라톤적 의미에서 사용하는 것은 아니다. 왜냐하면 그는 이것을 모든 사유가 존속되는 엄청나게 오랜 시간을 통해 의미 있고 초인적인 것으로 파악할 수 있다고 생각하기 때문이다. 그러므로 니체에게 타당한 것은 모든 상위 성질의 것 가운데 오직 가장 오래된 것만이 미래를 규정하는 것이며,[2] 사물의 가치와 고귀함은 오로지 햇수와 연관되어 있다는 점이다: 종국에 밝혀지는 점은, 사물들의 가치와 고귀함은 자신의 재화를 드러내 보이는데, 그것은 곧 힘과 자유, 독립적이 된 힘이라는 점이다.

---

[2] 이에 대해서는《인간적인 너무나 인간적인 I》, 147에서 "죽은 자를 불러내는 무당으로서의 예술"에 대한 니체의 저항을 비교해보라. 왜냐하면 이 예술은 과거의 표상 영역을 통해 현재에 영향을 미치려고 하기 때문이다. "예술은 서로 다른 시대를 이어 붙이고 그 시대의 정신들을 부활시킨다. 이렇게 해서 생겨나는 삶은 무덤 위에 있는 듯한 가상적 삶일 뿐이다." 그렇다고 할지라도 이와 같은 것은 손해를 끼치며 작아진다. 이와 같은 방식의 "죽은 자를 일깨우는 자", "죽은 자를 불러내는 무당"을 니체는 "허영심이 많은 인간들"로 보았는데, 왜냐하면 그들은 "과거의 일부를 감각을 통해 재현할 수 있는 순간부터 그 과거를 높게 평가하기 때문이다."(《아침놀》, 159) 니체는 모든 과거 문화에서 다양한 방식으로 점차 우리에게 넘어오는 감정의 과잉을 가능한 한 막아야만 한다고 생각했다. 그 안에서 갈 수 있다는 것은 광기와 질병에 대한 접근에 상응하는 것일 것이다: "… 신경력과 사고력의 과도한 자극이 일반적 위험이 될 정도로, 우리 문화의 부담이 커져버렸다. 또한 유럽 국가의 개화 계층은 완전히 노이로제에 걸려, 거의 모든 대가족의 구성원 한 명은 광기에 가까이 있다. (…) 그러나 중요한 문제로 남는 것은 감정의 긴장 상태와 저 문화의 압박이라는 짐을 경감시키는 일이다. (…) 우리는 좀 더 냉정하고 회의하게 하는 학문의 정신에 맹세해야만 한다. …"(《인간적인 너무나 인간적인 I》, 244) "만약 이런 좀 더 높은 문화의 요구가 채워지지 않는다면, 앞으로 인간 발달의 경과는 거의 확실히 예언될 수 있다. 쾌감을 적게 제공하면 참된 것에 대한 관심은 사라져버린다. 환상, 오류, 공상은 (…) 과거에 자신들이 주장했던 권력을 쟁취해간다. 그다음의 결과는 학문의 쇠퇴이며 야만으로의 역전이다."(같은 책, 251)

"(훌륭한 것을) 소유하는 자는 그것을 취득한 자와는 다르다. 훌륭한 모든 것은 상속된 것이다: 상속되지 않은 것은 불완전하고 시작에 불과하다. …"(《우상의 황혼》 IX, 47〔〈어느 반시대적 인간의 편력〉〕) 고귀하다는 것은 "임기응변으로 할 수 없는 것이다." 물론 생성하는 것, 그리고 생성하는 것이나 새로운 것을 가져오는 자, 즉 자신의 시대에 전적으로 제약되어 있고 따라서 철저히 노예 정신에 매몰된 근대인과 근대 정신보다 더 천박하고 미천한 것은 없다. 그가 몇백 년이나 몇천 년 동안 동화되고, 이를 통해 심지어 그가 "반시대적인 자", "무시간적 독창성"이 된 후에서야, 그는 주인 정신이 될 수 있다.

"민주주의는 언제든지 조직력의 쇠퇴 형식이었다: (…) 제도들이 존재하기 위해서는 악의에 이를 정도로 반자유주의적인 의지와 본능과 명령이 있어야만 한다: 전통에의 의지가, 권위에의 의지가, 수세기 동안 지속되는 책임에의 의지가, 과거와 미래로 무한한 세대의 연속이라는 연대성이 있어야만 한다."(《우상의 황혼》 IX, 39〔〈어느 반시대적 인간의 편력〉〕) 니체의 이론을 단순한 감정 변화 이론으로 파악하는 견해에서 어떤 변화가 야기되었는지, 이를 통해 대립이 어떻게 즉시 부조화를 이루며 정점에 이르게 되었는지를 니체의 이전 작품에 나오는 문장들을 비교해 살펴보는 것도 흥미로운 일일 것이다.[3] 이제 그는 모든 인간의 "천

---

3   예를 들어 〈방랑자와 그의 그림자〉를 볼 것. "민주주의의 제도들은 독재적 야심이라는 오

민적 획일주의"와 길들여진 평화 상태를 비난하는데, 이 평화 상태에서는 과거의 건강한 힘이 피로하고 무력해진 현재로 옮겨지는 조야한 야만인의 폭력이 더 이상 나타날 수 없다. 야만인들은 "훨씬 완전한 인간이었다(이는 어떤 단계에서도 '훨씬 완전한 야수'였음을 의미한다 —)."《선악의 저편》, 257) 이 훨씬 완전한 인간과 훨씬 완전한 야수는 그러한 사회 상태에서 악한 것이나 위험한 것으로 나타난다. 이들은 범죄자로 낙인이 찍히고 그에 따른 대우를 받게 된다.—이들은 그들이 지닌 보다 강력한 본성의 충동 덕분에 타고난 범죄자이며 현존 질서를 부수는 자다. "범죄자 유형, 이것은 불리한 조건들에 처해 있는 강한 인간 유형이

래된 전염병에 대한 검역 기관이다."(289) "… 문화의 옥토가 다시 하룻밤 사이에 난폭하고 이유 없는 급류로 파괴될 가능성이 전혀 없는 것! 야만인, 전염병, 그리고 육체적·정신적 노예화를 막는 돌로 된 제방과 보호벽!"(275) 더 멀리는 《인간적인 너무나 인간적인 I》을 보자: "… 가장 격렬한 힘들이 먼저 파괴적으로 길을 터놓는다. (…) 그 후에 보다 부드러운 풍습이 여기에 집을 세우기 위해서 말이다. 공포스러운 활력 — 사람들이 악이라고 부르는 — 은 외눈 거인과 같은 건축가이며 인간성의 길을 만드는 자다."(같은 책, 246) "훌륭하고 유익한 충동들과 더 고상한 마음의 습관들도 안정되고 보편화됨으로써 인간과 인간, 민족과 민족 사이에 가로놓인 가장 강력한 결합 수단으로서의 가혹함과 폭력이 필요 없어" 질 때까지 말이다(같은 책, 245). 나중과 마찬가지로, 니체에게 폭력적인 인간은 뒤처진 자이자 격세유전을 한 사람이지만, 그러나 그로 인해 근절해야만 하는 잔여자이며 결코 미래에 대한 리더가 아니다. "… 자신과 다른 의견에 난폭하게 반응하고 분개하는 불쾌한 성격은 그가 문화의 초기 단계에 속하며 따라서 하나의 잔재임을 나타낸다: 왜냐하면 그가 사람들과 교제하는 방식은 강자가 권리를 가지던 시대 상황에나 정당하고 어울리기 때문이다. 그는 뒤떨어진 사람이다. 한편 함께 기뻐함을 즐기고 어디서나 친구들을 사귀며 성장하고 생성하는 모든 것에 깊은 애정을 느끼고, (…) 참된 것만을 인식하기 위한 특권을 요구하는 것이 아니라, 오히려 겸손한 의혹을 지닌 다른 하나의 성격, —이를 지닌 자는 인간의 좀 더 높은 문화를 향해 노력하는 앞서가는 사람이다. 불쾌한 성격은 인간적인 교제의 조잡한 토대가 겨우 세워져야 했던 시대에서 유래하는 것이며, 다른 하나의 성격은 문화의 토대 아래쪽 지하실에 갇혀 미쳐 날뛰고 울부짖는 맹수에게서 가능한 멀리 떨어진, 그 가장 높은 층에 살고 있는 것이다."(같은 책, 614)

다. (…) 그에게는 황야가 결여되어 있다. 즉 좀 더 자유롭고 좀 더 위험한 본성과 생존 형식이 결여되어 있다. 강한 인간의 본능에는 공격과 방어의 모든 본능을 정당하게 만들어주는 것들이 결여되어 있다. 그의 덕목은 사회에서는 파문을 당한다."《우상의 황혼》IX, 45(〈어느 반시대적 인간의 편력〉)) 그 기준에 따라 각자에게 어떤 자유가 다가오는 자유의 이상은—이는 가장 나약하고 사소한 자에게도 움직일 수 있는 자유에 이르도록 하는데—그 자신의 이상에 바로 대립한다: 무분별하게 즐기는 그의 태도는 언제나 타자의 억압을 요구하며, 그의 강함은 본의 아니게, 어쩔 수 없이 그를 둘러싸고 있는 각각의 나약함을 짓밟음으로써 표현된다. 그러나 그가 지닌 본능이 강한 이유는 그가 더 오래된 문화적 차원에서 왔기 때문이며, 훨씬 더 오래된 인류의 한 조각이라는 데 있다. 한마디로 말하자면, 그는 마치 의지가 강한 자나 천재처럼 최고 수준의 격세유전으로 내려오는 소질이 있다는 것이다. 그에게 옛날부터 내재해 있는 이러한 본능의 힘이 그 자체로 비천한 본성일 수 있다면, 이 본능의 힘은 오랫동안 축적된 충일함의 갑작스러운 출현을, 과거가 미래를 잉태하는 강한 폭발 재료로 나타나게 하므로 고귀한 것이 된다. 범죄자가 매우 강한 경우, 동시에 그와 같은 종류의 천재이자 "의지의 자유를 가지고 있는 자"인 경우, 그는 자신의 격세유전적인 특성에 상응하게 주도적인 시간 방향을 이끌어가는 것이나 그에게 저항하는 시대가 그의 전제적 의지 아래 굴복하는 것에 종종 성공했다. 그 사례로는 니체가 텐Hippolyte A. Taine(1828~1893)과 유사하게 파악한 나폴레옹이 있다. 니체에게 가장 중요하게 보인 것은, 나폴레옹은 르네상스 시대의 전제적 천재의 후손이라는 점이다. 나폴레옹은 코르시카Corsica로 이주한 선조의 유산을 그 풍습의 야생성이나 근원성 그대로 자기 안에 보존할 수 있었다. 나폴레옹은 마침내 그와 같은 힘으로 근대 유럽을 정복하고자 했다. 근대 유럽은 나폴레옹에게 이탈리아가 자신의 조상에게 제공했던 것 이상으로, 힘 방출의 완전히 다른 놀이공간을 제공했다. 위대한 코르시카 섬 사람에 대한 니체의 경탄 역시, 그가 훨씬 앞선 이탈리아 르네상스를 현저하게 달리 파악했던 마지막 정신 시기에 속한다.[4]

---

4   그는 《인간적인 너무나 인간적인 I》(237)에서 다음과 같이 말한다: "이탈리아 르네상스는 근대 문화가 은혜를 입은 모든 긍정적인 힘을 자신 안에 숨기고 있었다: 즉 사상의 해방, 권위의 멸시, 혈통의 긍지에 대한 교양의 승리, 학문에 대한 감격."
그의 작품의 한 문장에서 표현했듯이 나폴레옹의 천재성과 행동의 열망에 대한 그의 견해 는 마찬가지로 대립해 있다(같은 책, 164): "… 저 유명한 황제의 공포든, (…) 천재의 공포 든, 어쨌든 자기 자신에 대한 공포가 인간을 엄습한다면, (…) 그가 동요하며 자신을 초인 적인 존재라고 믿기 시작한다면 그것은 위험한 징후다. (…) 개개의 드문 경우에 이러한 광기의 한 부분은 다방면으로 지나친 본성을 단단히 묶어두는 수단이기도 했을 것이다: 개 인의 삶에서도 또한 그 자체로는 독이기도 한 광기의 표상은 종종 약제의 가치를 지닌다. 그렇다고 할지라도 결국 자신의 신성을 믿는 모든 '천재'에게는 '천재성'이 늘어가는 만큼 의 독이 나타난다: 예를 들어 나폴레옹의 경우를 상기해보라. 그의 본성은 확실히 자기 자 신과 자신의 별에 대한 믿음을 통해 그리고 이 믿음에서 나오는 인간에 대한 경멸을 통해, 모든 근대인으로부터 그를 두드러지게 구분하는 강한 통일성으로 함께 성장했던 것이다. 그러나 결국 이 동일한 믿음은 거의 광기를 띤 숙명주의로 이행해 그에게서 민감하고 예리 한 안목을 빼앗고 그를 몰락시키는 원인이 된 것이다."
《아침놀》(549)에서 그는 나폴레옹 안에 있는 행동 열망의 무분별한 이기주의를 마치 후일 에 그랬던 것처럼 모든 과거 문화의 힘 본능을 지니고 있는 사람이 급작스럽게 드러내는 "넘쳐나는 과도한 건강Uebergesundheit"으로 환원시키는 대신에, 간질이라는 질병소질로 환 원시킨다.

폭력적 본능의 힘과 무분별한 이기주의라는 원초적 건강 속에서 나폴레옹은 니체가 보기에 타고난 주인 본성이라는 이상적 모습이 되었다. 이 이상적 모습은 근대인의 노예 본성에서 나온 도덕적 고려나 허약한 움직임 같은 것들을 뿌리 뽑기 위해 주인 본성이 어떻게 존재해야만 하고, 왜 이 본성이 오늘날에도 여전히 필요한지와 관련된다. 이로부터 매우 논란거리가 되고 과도하게 평가된 니체의 주인-도덕과 노예-도덕의 구분에 이르게 된다. 처음에 니체는 여기에서도 실증주의의 자극에서 출발했다. 이미 언급했듯이, 그 당시 작업 중이었던 레의 저작 《양심의 발생》은 레가 자신의 목적을 달성하기 위해 필요로 했던 모든 자료를—말하자면 고대의 도덕에서 혹은 소위 도덕 이전의 문화 단계에서 고귀함-강함-좋음, 저열함-나약함-나쁨이라는 개념들의 어원학적·역사적 연관성을 자신의 친구들과 이야기하는 계기를 제공했다. 다시 한번 두 친구 사이에서 이러한 대화와 공동 연구가 수용된 방식은 실증주의적 견해에 대한 니체의 관계를 규정하는 데 특징적인 것이다: 니체는 친구의 사상을 인내하며 귀담아들었고, 그 사상의 여기저기에서 스스로 사유하기 위한 자극이나 자료를 찾았지만, 이때 이미 자신의 이전 동료를 적대하는 태도로 변해 있었다.

레의 작품에서 온갖 호의적이지만 획일화하는 동요를 위해 판단을 역사적으로 연기시키는 것은 자연스럽게 점차 상위의 발전된 사회 형태로 이동하는 것으로 파악되었다: 맹수적 힘이나 이기심을 초기에 찬미한 일은 기독교 도덕에서 마침내 동정이나 이웃 사랑이 최고의 명령으로, 종교적으로 제약된 것으로 나타날 때까지 점차 훨씬 부드러운 풍습이나 법칙에 양보하게 된다. 도덕적 현상을 개인적으로 평가절하하면서 레는 그동안 학문적 견해에서 가장 가까웠던 영국 공리주의자의 입장에서 멀어진다. 이에 반해 니체의 입장에서는 도덕적인 것에 대한 변화된 개인적 견해의 결과로, "좋음"이 무엇인가 하는 것의 두 가지 서로 다른 가치 규정에서 역사적으로 주어진 차이는 두 가지 화해할 수 없는 대립, 즉 다듬어지지 않은 채 오늘날까지 이르는 주인-도덕과 노예-도덕의 투쟁으로 첨예화되었다. 니체의 입장에서 의지가 강한 자나 본능이 강한 자가 얻었던 대단히 큰 의미는 그 안에서 온갖 건강한 도덕의 가능한 원천을 바라보도록, 호의적 감정을 제재하며 이에 대해 전 인류가 오늘날까지 앓고 있는 질병으로서의 치명적인 악을 바라보도록 그를 유인했다. 지금까지 모든 도덕적 가치판단을 유용성, 습관, 근원적 유용성의 토대의 망각으로 되돌려 소급하려던 자신의 작업은 이제는 옳지 않은 것으로 보였다: 그러한 발생은 기껏해야 노예 도덕에 적합할 수 있었고, 다른 도덕의 입장에서는 고귀한 근원이 발굴되어야만 했다. 왜냐하면 유용성을 고려하지 않고 어떤 것을 좋다거나 나쁘다고 부를 수 있는 것은 고귀한 것이기 때문이다. 주인 본성은 이렇게 다룬다: 이 주인 본성은 자신의 존재에서, 모든 움직임에서 자기 자신을 "좋다"고 느끼며, 이에 해당하지 않는 모든 것, 즉 모든 나약한 것, 의존적인 것, 공포를 느끼는 것을 자기도 모르게 반쯤 무의식적인 경멸적 태도로 "나쁘다"고 경시한다. 이렇게 경시된 자들, "나쁜 자들"의 노예도덕은 완전히 다르게 발생한다: 이것들은 자율적으로 생기는 것이 아니라 일종의 복수 행위로서 원한의 토대에서 생겨나는 것이다: 그들은 지배계층에 속하는 모든 것을 "악", 증오할 만한 것이라 부른다. 이것에서부터 저 대립적 속성, 즉 나약한 자, 억압받는 자, 고통받는 자를 위한 자신들의 개념을 추론된 무엇으로 고안한다. 한편으로 "무죄한 의식을 지닌 맹수", 강한 자, 심지어 "학생의 장난"처럼 그것을 갈구한다고 할 때, "경솔함과 정신적 균형으로" 가장 나쁜 행동이 행해지는 "환호하는 괴물"이(《도덕의 계보》 I, 11), 다른 한편으로는 억압받는 자, 그의 영혼이 무력하게 복수를 구하는 증오를 행하는 자가 있는 것이다. 반면 그는 동정과 가련한 이웃 사랑의 도덕을 설교하는 것처럼 보인다. 니체가 자기 예찬적 고대 세계에 대한 유대 세계의 어마어마한 복수 행위로서 망설임 없이 파악한 그리스도 세계에서 이 마지막 유형이 완전하며 이상적인 모습으로 만들어졌던 것이다. 유대인들이 그리스도교의 창시자를 십자가에 매달고 그의 종교를 부정했다는 것은 이러한 복수 계획의 본래적 섬세함일 수밖에 없으며, 이로 인해 다른 민족은 주저 없이 "이 미끼를 문 것이다."[5]

5　　유대적 성격에 대한 니체의 후기 경멸에 대해서는 《아침놀》(205)에서 다음과 같은 아포리

그러나 그의 모든 설명과 지금까지 시도된 역사 해석에서 니체를 뒤쫓아갈 필요는 없다. 왜냐하면 그의 철학을 위한 이러한 견해의 본래 의미는 다른 문장에 있기 때문이다. 모든 것을 가능하면 일반화하고 학적으로 논증하고자 하는 욕구에서 니체는 숨겨진 정신적 문제 안에서 의미 있는 그 무엇을 인류사에서 발전시키고 그 안으로 집어넣으려는 시도를 했다. 따라서 우리가 이 점에서 잘못된 측면, 즉 학문의 잘못된 측면을 지나치게 강조해 니체의 사상 진로에서 특이성이 뒤섞여버릴 때, 이는 유감스러운 일이 될 것이다. 이는 니체의 가설에도 해당하며, 특히 우리가 이 가설에서 독특한 핵심을 벗겨내기 위해 이것을 이론적으로 다루어서는 안 된다는 점에도 해당한다. 니체의 근본적 물음은 인간의 영혼사가 무엇인지가 아니라, 어떻게 인간 자신의 영혼사가 인류 전체의 것으로 파악될 수 있는지였다. 그가 처음에 그리고 본질적으로, 이전 시기에 역사와 철학을 해석했던 문헌학적 정밀함에 날카롭게 대립하면서 이제 엄밀한 과학적 연구는 그의 독창적 착상이나 아이디어 옆에서 어떤 역할도 하지 못한다.—니체가 과학적으로 작업하는 것을 막았기 때문에 그러한

증을 읽을 수 있다: "이스라엘 민족에 대해": "이 풍요롭게 축적된 위대한 인상들, …, 모든 종류의 이 풍부한 열정, 미덕, 결단, 체념, 투쟁, 승리가 위대한 인간들과 작품들 속으로 궁극적으로 흘러들어가지 않는다면 도대체 어디로 흘러가겠는가! 유대인들이, 경험이 짧고 깊지 못한 유럽 민족들을 산출할 수 없는 것처럼, ㅡ, (…) 보석과 황금 용기들을 자신의 작품으로 보여줄 수 있다면 말이다: 옛 유대의 신이 …, 자신의 창조와 자신의 선민에 대해 기뻐해도 되는 저 일곱 번째 날이 또다시 있을 것이다. 그리고 우리 모두는 빠짐없이 그와 함께 기뻐하기를 원한다!"

연구는 어떤 역할도 할 수 없었다.

《즐거운 학문》에 나오는 그의 말(166)은 따라서 그가 지금도 논쟁하고 싶어 했던 모든 연구에 통용된다: 우리는 "언제나 우리의 사교社交에" 머물며, 낯선 것을 받아들인다고 우리가 언급한 곳에서도 머문다: "자연과 역사 안에서 나와 같은 유의 모든 것은 내게 말을 걸고, 나를 찬양하고, 앞으로 나아가게 하고, 위로한다. 다른 것들은 들으려 하지 않거나 즉시 잃어버린다." "우리 청각의 한계: 우리는 대답할 수 있는 질문만 듣는다."(같은 책, 196) "내 인식의 탐욕이 얼마나 큰가: 나는 사물에서 내게 이미 속한 것 외에는 아무것도 취할 수가 없다.—다른 사람의 소유물은 사물에 그대로 남아 있다."(같은 책, 242)

그는 철학적 가설에 유리하게 자료들을 자의적으로 다루면서 객관적 관찰이나 논거 제시에서 더 멀어졌고, 그가 의식적, 내적으로 체험한 것에 제한을 둔 시기보다도 자신의 결론과 추정에서 더 주관적이 되었다. 밖을 향해 규정하고 법칙을 부여하는 것은 이제 내적으로 의미 있는 것으로부터 이루어졌고, 그 스스로 "가공할 만한 폭군", "약아 빠진 악마"가 된다. 이 악마는 "그 자신의 자비와 무자비로써 지난날의 모든 것을 강제하고 윽박지른다: 그것들이 그에게는 교량이 되고 전조가 되며, 전령과 닭의 울음소리가 될 때까지 말이다."(《차라투스트라는 이렇게 말했다》 III, 74〔〈낡은 서판과 새로운 서판에 대하여 11〉〕)

니체의 정신적인 문제에서 중요한 것은 처음부터 주인-도덕과 노예-도덕의 대립을 역사적으로 올바르게 고정시키는 것이 아니라, 인간이 오늘날까지 밑으로부터 위로 올라가며 만들어진 것처럼 두 대립을 자기 안에 담고 있으며, 인간이란 그러한 본능의 모순이나 그러한 이중적 가치 평가의 통합이라는 고통스러운 결과라는 사실을 확인하는 데 있다. 우리가 니체의 데카당스에 관한 묘사를 기억한다면, 우리는 그 묘사에서 타고난 주인 본성으로, 다시 말해 근원적으로는 길들여지지 않은 힘과 야생이지만, 사회적 강제에 의해, 문화 자체가 시작한다는 사실에 의해 노예적이고 복종적 노예로 만들어진 인간을 발견하게 된다. 니체의 입장에서 보면 모든 문화 자체는 인간을 그렇게 병들게 만들고 노예적으로 만드는 데 근거한다. 그는 이러한 과정이 없다면, 자기 자신에 대해 폭력적 태도를 취하지 않는다면 인간적 영혼이 "평평하고" "얇아" 진다는 사실을 분명히 인지한다. 그의 근원적인 주인 본성은 여전히 동물-전범에 다름이 아니며, 그 힘에 수반되었던 상처에 의해 비로소 지속적인 발전을 할 수 있었다. 왜냐하면 이 상처의 고통 속에서 이 주인 본성은 자기 자신을 갈기갈기 찢고, 자신에게 복수하며, 내면으로 향한 정열 속으로 그 무력감을 배출하는 법을 배워야 하기 때문이다: 이 모든 것은 결국 노예적 원한의 토대에서 이루어진다. "본질적인 것은, (…) 다시 한번 말하지만, 오랫동안 한 방향으로 순응하는 것처럼 보인다: 여기에서 오랫동안 지상에서의 삶을 가치 있는 것으로 만들어주는 것이 (…) 항상 나타났던 것이다."《선악의 저편》,

188) 물론 니체는 이제 이러한 데카당스-상태를 극복할 수 있을 뿐만 아니라 이러한 상태를 그로부터 훈육할 수 있는 의지가 충분하고 정서가 강하며 자기 확실성이 있는 인간을 위한 필수 조건으로 여긴다. 하지만 다음의 사실을 주의했다: 자신의 깊고도 개별화된 주인 본성으로 이렇게 완성된 인간은 자신의 목적을 위해 결코 자신의 소박한 이기주의에서 살아서는 안 되며, 선입견과 노예 사슬을 벗어나서도 안 된다. 오히려 그는 높은 인간 종의 장자長子가 되거나 재탄생을 위해 스스로 희생해야만 할 것이다. 왜냐하면 우리가 보았듯이 니체에게는 발전의 정점은 인간의 몰락을 표현하는 것이기 때문이다. 이때 이 발전은 보다 높은 것으로 나아가는 이행 과정이자 교량이고 수단이다. 따라서 인간이 위대하면 할수록, 어떤 의미에서 천재일수록, 정상일수록, 그는 또한 종결이며, 자기 낭비이며 마지막 힘이 흘러나오는 것이다.—"이미 승리 속에서 섬멸하도록 하는 것!"이다.(《차라투스트라는 이렇게 말했다》 III, 91〔〈낡은 서판과 새로운 서판에 대하여 30〉〕) "위급한 모든 경우에 언제나 더 팽팽하게 당겨지는 활처럼"(《도덕의 계보》 I, 12), 그 화살이 초인을 목표로 하는 활처럼, "새로운 것, 여전히 훨씬 어려운 것, 멀리 있는 것"을 맞을 준비를 하기 위해서 그는 "완전한 그 어떤 존재, 궁극적으로 잘 완성된 자, 행복하고, 강하고, 승리하는 그 어떤 존재"가 되어야만 할 것이다. 이렇게 그는 저항하며 서로 투쟁하는 충동의 전장이 되며, 모든 발전은 이 고통 가득한 충동에서만 생겨나는 것이다.

그에게서는 지배하고자 하는 의욕과 봉사해야만 하는 강제의 저 뒤섞임이, 다른 것에 의해 어떤 것이 억압되는 저 혼란이 보인다.―이것으로부터 일찍이 모든 문화가 이루어졌고, 그것으로부터 이제 궁극적이고 최고인 창조로서 상위-문화가 발생할 수밖에 없는 것이다. 그는 평화가 가득한 자나 스스로 즐기는 자가 아니라 투쟁하는 자나 자기 몰락인 것이다. 그는 자기 안에서, 완전히 개별화되고 정신적으로 자유로운 인성 때문에 일찍이 외부에서 노예화를 통해 강요받은 교육 수단으로서 인류에게 작용한 것과 같은 것을 반복한다.―우리는 그에게서 다시 "이 은밀한 자기 학대, 이러한 예술가적 잔인함, 이 둔중하고 반항적이며 고통스러워하는 소재에 형식을 부여하며, 그것에 의지, 비판, 모순, 경멸, 부정을 구워넣는 이러한 쾌감, 괴롭히는 쾌감 때문에 스스로를 괴롭히며 의도적으로 스스로 분열하는 영혼이 하는, 무서울 정도로 쾌락에 넘치는 이러한 일"《도덕의 계보》II, 18)을 발견한다. 왜냐하면 바로 가장 완벽하고 포괄적인 영혼이 가장 명료하고 돌이킬 수 없이 "나는 항상 자기 자신을 극복해야만 하는 그 어떤 존재다"《차라투스트라는 이렇게 말했다》II, 49〔〈자기 극복에 대하여〉〕)라는 삶의 근본 법칙을 자기 안에서 표현할 수밖에 없기 때문이다.

니체가 자신의 영혼의 상태를 이러한 이론에 얼마나 예속시키는지, 자신의 존재를 이러한 이론 속에서 얼마나 강하게 반영하는지, 어떻게 마침내 그와 같은 깊은 욕구에서 삶의 근본 법칙 자체를 끄집어내는지를 오해해서는 안 될 것이다. 고통스럽게 그의 "영혼이 여러 갈래로 분열되는 것", 스스로 헌신하고 기도하는 본질적 부분과 지배적이고 신성화된 본질적 부분으로 강압적으로 "둘로 분열되는 것"은 인류 전체의 발전상의 토대가 된다. 그가 주인 본성을 가진 자와 노예-본성을 가진 자에 대해 말하는 모든 곳에서, 고통받고 조화롭지 못한 본성이 그 존재의 대립을 구하는 열망이나 그와 같은 존재의 대립을 자신의 신으로 우러러볼 수 있는 요구에 따라 움직이면서 그 자신에 대해 이야기하는 것을 기억해야만 한다. 그가 노예에 대해 말할 때, 자기 자신의 자아에 대해 다음과 같이 묘사한다: "그의 정신은 은신처, 샛길, 뒷문을 좋아한다. 그는 은폐된 모든 것을 자신의 세계로, 자신의 안정으로, 자신을 생기 있게 만드는 것으로 여긴다."《도덕의 계보》I, 10)—그는 행위하며 기뻐하고 본능을 확실하게 만들며, 걱정 없는 주인 본성, 즉 초기의 행위하는 인간에게서 자신의 반대 모습을 서술한다. 그러나 그가 하나를 다른 것의 전제가 되게 할 때, 인간 본성 자체를 이 두 가지 대립이 언제나 다시 만나게 되는 무대로 만들 때, 그는 인간 본성을 그와 같은 존재 내부에서의 발달단계로 파악한다. 이 발달단계는 역사적으로 고찰하면 대립적이지만, 심리학적으로 고찰할 때 개별적 존재 안에서는 발달 능력이 있는 인간 내부에서의 존재의 분열로 드러났다. 따라서 전체 의미에서 볼 때, 주인 본성을 가진 자와 노예-본성을 가진 자의 역사적 투쟁에 관한 그의 견해는 최고의 개별적 인간에 선행하는 것에 대한, 그것을 통해 이 인간이 희생의 신과 희생의 동물로 분리될 수밖에 없는 잔인한 영혼 과정에 대한 조야한 해명에 다름 아니다.

이제 비로소 지금까지의 모든 도덕관과 이상관에 대한 니체의 "모든 가치의 가치 전도Umwerthung aller Werthe"가 도대체 무엇을 의미하는지, 이 가치 전도가—니체의 입장에서 모든 종교적·도덕적 이상이 파악되었던—금욕주의적 이상과 어떻게 연관되는지를 확인할 수 있다. 이러한 모든 가치의 전도는 물론 이것이 온갖 금욕주의에 선전포고를 함으로써 시작되며,—지금까지 업신여김 당하고 억압당한 인간 속의 "너무나도 인간적인 것"의 시성諡聖과 더불어 시작된다. 왜냐하면 자연적인 것과 감각적인 것은 논박할 여지없이 주어진 사실로서 믿어왔던 초자연적인 것이나 초감각적인 것을 막아섰기 때문이다. 그러나 니체라는 미래철학자는 어떤 초인간적 세계가 주어져 있다는 것을 더 이상 믿지 않는다. 이는 인간 자신에 의해 만들어지는 것이 틀림없고, 이를 위해 니체는 다른 어떤 자료가 아니라 본성 그대로의 본성이라는 근본적 삶의 힘을 다룬다. 이편 세계를 보다 높은 저편 세계로 가능한 한 남김없이 발산하는 것은 더 이상 타당하지 않으며, 풍부하고 예기치 못한 장엄한 저편 세계의 완전한 충만이 이편 세계 한가운데서 이끌어내지는 것이 타당한 것이다.[6]

---

6   개별성을 자유롭게 형상화하는 이러한 상태에 대해 니체는 근대 개인주의의 높은 수준의

노래라 부를 수 있는 자신의 차라투스트라-문학에서 가장 아름다운 말을 발견했다. 다음에 나오는 진술은 특별히 특징적인 것으로 여겨질 수 있을 것이다:

"너희가 단 하나의 의지만을 갖고 있고, 이 고난의 전환을 필연적인 것으로 볼 때, 여기에 너희 덕의 근원이 있는 줄 알라.
참으로 이것은 새로운 선이요 악이다! 참으로 새롭고 깊은 물결 소리요 새로운 샘물 소리다!((〈베푸는 덕에 대하여 1〉))
형제들이여, 너희가 지니고 있는 덕의 힘을 기울여 이 대지에 충실하라!
너희의 덕이 이 세상을 등지고 날아오르는 일이 없도록 할 것이며 오르다가 날개와 더불어 영원한 벽에 부딪히는 일이 없도록 할 일이다! 아, 얼마나 많은 덕이 이미 날아가버렸는가! 내가 그리하듯 날아가버린 덕이 다시 이 대지로 되돌아오도록 하라.—그렇다, 이 몸과 생으로 돌아오도록 하라. 돌아와 이 대지에 의미를, 하나의 인간적인 의미를 부여하도록 하라! (…)
아직 누구의 발길도 닿지 않은 길이 천 개나 있다. 천 가지의 건강법이 있으며 천 개의 숨겨진 생명의 섬이 있다. 무궁무진하여 아직도 발견되지 않은 것이 사람이며 사람의 대지다."(I, 109f.[〈베푸는 덕에 대하여 2〉))

"— 너 자신에 이르는 길을 찾고자 하는가? (…) 그럴 수 있는 네 권리와 그럴 만한 힘을 내게 보여달라. (…)
너는 네가 자유롭다고 믿는가? 내가 듣고 싶은 것은 네가 멍에에서 벗어나 자유롭다는 것이 아니라 너를 지배하는 사상이 무엇인가 하는 것이다. (…)
무엇으로부터의 자유인가? 그것이 차라투스트라와 무슨 상관이란 말인가! 그러나 너의 눈은 분명히 내게 말해주어야 한다. 무엇을 위한 자유인가를.
너는 나 자신에게 악과 선을 부여하고 너의 의지를 율법이라도 되듯 네 위에 걸어둘 수 있느냐?"(I, 87f.[〈창조하는 자의 길에 대하여〉))

"… 마치 어머니가 아이의 내면에 있듯이 너희의 자기라는 것이 너희의 행동 안에 있다는 것. 이것이 덕에 대한 너희의 말이 되게 하라!"(II, 21[〈도덕군자에 대하여〉))

"너희가 가장 사랑하는 자기, 그것이 너희에게는 덕이다!"(II, 18, [〈도덕군자에 대하여〉))

"— 근본적으로 사람들은 자신의 아이와 과업만을 사랑한다: 자기 자신에 대한 위대한 사랑, 그것은 바로 잉태의 조짐이다. 그것을 나는 깨달았다."(III, 14[〈뜻에 거슬리는 열락에 대하여〉)

"형제여, 만약 네게 어떤 덕이 있고, 그것이 네 것이라면 너는 그것을 어느 누구와도 공유하지 못한다. (…) 그러니 더듬더듬 말하라." …
나는 그 덕을 어떤 신의 율법으로서 원하지 않으며 사람의 제도나 편의로서도 원하지 않는 따라서 그는 무시되고 두려워하며 학대받는 충동에, 어떤 도덕으로도 재단되지 않은 "자연적" 인간의 정열에 그 실존 권리를 회복시킨다. 선한 힘과 악한 힘을 분리하는 것이 문제가 되는 것이 아니라, 삶이 그 자신으로부터 최고의 목적을 실현할 수 있도록 하기 위해 생명력 일반을 강화하고 외적으로 상승시키는 것이 문제가 되는 것이다. 이를 위해 주어지는 것은 다음과 같다. "그것은 사람에게는 최선의 것을 위해 최악의 것이 필요하다는 것이다.─더없이 악하다는 것도 실은 하나같이 최선의 힘이며, 최고의 창조자에게는 쓰임이 있는, 가장 단단한 돌이라는 것이다. 그러므로 사람은 한층 선해져야 하며 한층 악해져야 한다는 것이다."《차라투스트라는 이렇게 말했다》III, 97〔〈건강을 되찾고 있는 자 2〉〕)

삶의 옹호자로서 인간은 자신의 덕에서 나누고 포기하며 소모해야만 하는 것이다. 그러나 그가 자기를 자신의 덕으로 개칭할 때, 그는 마치 너무 협소한 용기처럼 그를 폭파시키는 힘의

다: (…)
그러나 이 새는 내 곁에 둥지를 틀었다: 그래서 나는 그를 사랑하고 진심으로 반긴다.─그는 지금 황금빛 알을 품고 있다.─
너는 일찍이 열정을 지녔고 그것을 악이라고 불렀다. 그러나 이젠 단지 너의 덕을 갖고 있을 뿐이다. 그것은 너의 열정에서 자란 것들이다.
너는 이 열정의 심장부에서 너의 최고의 목표를 세웠다: 그러자 열정은 너의 덕이 되고 환희가 되었던 것이다.
네가 성마른 족속 출신이거나 음탕한 족속, 아니면 광신자나 복수심에 불타는 족속 출신이라 할지라도:
결국 너의 열정은 모두 덕이 되었으며 너의 악마는 모두 천사가 되고 말았다.(I, 45f.〔〈환희와 열정에 대하여〉〕)

충일로써 스스로 그 덕을 상승시켜야만 한다: 이 힘의 충일에 사로잡혀 있기 위해서는 이를 소유해야만 한다. 힘이 솟는 과도함에 달라붙어 이 덕은 마침내 그를 삼키고, 전체의 열정과 감각속에서 자신의 개별적 의지를 삼킨다.—이 덕은 그에게는 그가 몰락으로 걸어가는 다리로 변한다: "인간은 극복되어야만 하는 존재다. 바로 그 때문에 너는 너의 여러 덕을 사랑해야 한다. 그것들로 인해 너는 파멸할 것이기 때문이다."(같은 책 I, 47〔〈환희와 열정에 대하여〉〕) "나는 사랑하노라. 자신을 잊고 자신 속에 만물을 간직할 만큼 넘쳐흐르는 영혼을 지닌 자를: 이렇게 하여 만물은 그에게 멸망의 계기가 될 것이다."(같은 책 I, 14〔〈차라투스트라의 머리말 4〉〕)

이에 따르면 이기적 힘의 실현과 덕은 일견 같은 의미로 보일 수 있으나, 이것들은 여전히 서로 깊이 구분되어 있다. 인간적 힘과 모든 도덕이 질적인 것으로 파악하지만, 근본적으로는 완전히 양적인 것으로 옮겨놓는 속성 사이의 가치 구분이 있다. 그러나 자기를 파괴하는 이러한 힘의 상승에 자진해서 고무되어하는 헌신은 그것 때문에 자신 안에 심정의 가치 구분을 더 이상포함하지 않는다. 심정의 혐오는 인간 위대함의 악이 가장 최악의 적대자가 아니라, "—사람의 최악이란 것이 이처럼 하잘것없다니! 아, 사람의 최선의 것이란 것이 이처럼 하잘것없다니!"(같은 책 III, 97〔〈건강을 되찾고 있는 자 2〉〕)와 같은 것을 의미할 때강조된다. 과도함은 초인적인 것에 이르는 길이다. 따라서 이 초인에게는 명성이 우선시된다: "너희를 혀로 핥을 저 번갯불은 어디에 있는가? 너희에게 접종했어야 할 저 광기는 어디에 있는가? 보라, 나는 너희에게 초인을 가르친다: 그는 이러한 번갯불이다, 그는 이러한 광기다!─"(같은 책 I, 11(〈차라투스트라의 머리말 3〉))

그러므로 니체가 자신의 이상적 목적에 도달하기 위해 선택한 길을 이러한 목적 자체와 혼동해서는 안 될 것이다. 그는 "두려운 본능"의 지배를 단지 궁극 목표를 위해 필요한 수단으로 여긴다. 그의 "초인"이 예수의 특징 대신에 체사레 보르자Cesare Borgia의 특성을, 혹은 악덕을 지닌 초인의 특징을 지녔다고 비난받는 것은 아주 부당하고 거친 오해에서 온 것이다. 진실로 "비인간Unmensch"은 "초인"에게는 모범이 아니라 토대일 뿐이다. 그는 화강암 위에 신상神像을 세우는 데 필요한 소위 다듬어지지 않은 화강암 덩어리를 묘사한다. 초인-이상의 이러한 신상은 그 방식과 본질에서 비인간과 다를 뿐만 아니라, 심지어 정반대로 대립되는 것이다. 이때 대립은 초인-이상 자체가 가장 금욕주의적인 도덕에서마저 그 사례가 아니듯, 깊고도 예리하게 파악된다. 모든 도덕이 오직 인간적인 것의 향상이나 미화를 추구하는 반면, 니체는 아주 새로운 종, 상위의 종이 창출되어야만 한다는 사실에서 출발한다. 이상적 모습에서 특징적으로 인간적인 것을 유지하면서 지금까지 저열한 것에서 보다 높은 것으로의 이행으로 여겼던 것을 니체는 완전한 단절로, 서로 싸우는 대립의 투쟁으로 파악한다. 지금까지 공통된 두 인간 존재 안에서 단지 "자연적" 인간과 "도덕적" 인간의 정도 차이였던 것이 니체에게서 자연인과 초인의 절대적 존재의 대립이 된다. 그러므로 다음과 같이 말할 수 있다: 니체가 선택한 도덕의 길을 고찰한다면, 그와 같은 길을 특징짓는 것은 물론 반反금욕주의적인 것이다. 이때 그는 자기 체념이라는 거칠고 돌투성이 길을 닮는 것이 아니라 아무 걱정 없는 자기 향유라는 열대 야생의 한가운데로 들어가는 것이다. 이에 대해 니체의 도덕의 목적을 보다 정확하게 파악한다면, 이 목적이 인간을 높일 뿐만 아니라 완전히 그를 넘어서게 하고, 그를 투명하게 할 뿐만 아니라 그를 완전히 지양하게 하고자 할 때, 이 도덕의 목적은 전적으로 금욕적 본성으로 드러난다. 한편 니체는 그 금욕적 근본 성격 때문에, 그가 인간 내부 힘의 근원이라고 높은 가치를 부여했지만 인간 같지 않은 사람에게도 있는 욕구에 대한 경멸과 저주 때문에, 보통의 도덕에 대해 투쟁한다. 그러나 다른 한편으로 지배 도덕이 그에게는 금욕주의적으로 충분하지 않다는 점에서 지배 도덕에 대해 격렬히 투쟁한다. 그는 마치 정해진 순화의 길 위에서 인간이 하나의 이상적 목적에 가까이 갈 수 있다고 보는 낙관적 믿음에 대해 근본적으로 입장을 바꾼다. 왜냐하면 니체의 생각에 따르면 인간은 이를 실현할 수 없으며, 소위 모든 향상은 근본 생명력의 단순한 약화에 기인하기 때문이다. "언젠가 나는 위대한 사람과 왜소한 사람이 맨몸으로 있는 것을 보았다. 그들은 서로 너무나 닮아 있었다. 가장 위대한 자조차도 아직은 너무나 인간적이었다!"《차라투스트라는 이렇게 말했다》III, 98〔〈건강을 되찾고 있는 자 2〉〕) 인간 존재를 하나의 이상적 존재와 닮게 하는 모든 도덕적 시도는 실제의 힘을 대가로 비현실적 모방을 초래한다. 따라서 모든 도덕적 변화는 나약하지만, 전적으로 변하지 않는 인간 존재에 대한 일종의 미적 은폐일 뿐이다. "뭐? 위대한 인간이라고? 나는 언제나 자기 자신의 이상을 연기하는 배우만을 볼 뿐이다."《선악의 저편》, 97) "나는 위대한 인간을 찾았지만, 언제나 그 인간의 이상을 흉내 내는 원숭이들만을 발견했을 뿐이다."《우상의 황혼》 I, 39〔〈잠언과 화살〉〕)

니체 철학에서 이상적 목적이 담고 있는 극단의 금욕적 근본 특징은 이러한 인간적인 것에 대한 염세적 견해에서 나온다. 이는 오직 인간의 몰락을 통해서 도달할 수 있을 뿐이다. 이러한 근본 특징은 니체가 모든 금욕적인 것을 소멸하거나 근절하려고 원리적으로 노력해온 결과 더 극단적으로 드러난다. 처음에 이기적 힘의 상승이 더욱 배타적으로 요구되면, 발달의 마지막에는 초인을 위한 공간이 만들어지도록 본래의 자기를 포기하는 요구가 더욱더 엄청나게 나타난다. 이것이 뜻하는 바는 다음과 같다: 인간은 악의적이고 야생적이고 잔인해져야 하는 그 무엇이다. 그러므로 결과적으로 다음과 같은 뜻이 있다: "인간은 극복되어야만 하는 그 무엇이다."—모든 잔인성과 야생성은 마지막에는 인간 자체를 반대하는 입장으로 전환하고 그 인간을 소멸하도록 하는 데서 달성된다.

니체가 동일한 명법으로 요약한 그의 윤리학의 두 측면은 화해되지 못한 채 어긋나 있다.—즉 "단단해질지어다!"(《차라투스트라는 이렇게 말했다》 III, 90(〈낡은 서판과 새로운 서판에 대하여 29〉) =《우상의 황혼》 종결)라는 새로운 가치의 판板에 묻힌 최초이자 유일한 도덕법칙 속에서 말이다. "단단해질지어다!"라는 니체의 도덕에서 보면, 전제적 잔인함과 금욕적 체념의 상태라는 이중적 모습이 분명히 보인다. 왜냐하면 단단해진다는 것은 한편 부드럽고 호의적인 감흥에 대한 저항력을, 이기적 자기 향유 속에서의 화석화를 뜻하는 것이기 때문이다. 간단히 말하자면 타인에 대해, 명령하는 힘을 수행하기 위한 선한 의지에 대해 엄격한 것을 뜻하는 것이다. 다른 한편으로 이것은 부서질 수밖에 없는 몰락하는 자로서의 자기 자신에 대해 엄격한 것을 뜻한다.—엄격함이 예술가가 높은 질의 예술작품을 만들기 위해 작업하고자 하는 돌을 세련되게 돋보이도록 하듯, 같은 의미에서 그 엄격함을 돋보이도록 하라는 것을 의미한다. 그가 일하는 동안에 느슨해지지 않고, 부서지지 않는 것과 같이 오직 하나만 허용되지 않고 모든 것이 그대들에게 허용된다. 그 외에 그대들의 온갖 인간적인 것은, 그것이 옛 도덕의 시선으로 보아 얼마나 높게 서 있을지 몰라도, 저쪽으로 쓸어가는 쓰레기 더미를 위해서는 오직 좋은 것이기도 하다: 이는 쓰레기이자 썩은 자료들이다. 그러한 규정에 대립해서 두려워하는 것과 중요한 것에 직면해 감정의 불안한 연약함, 벌벌 떠는 의혹은 가장 달갑지 않은 것으로 보인다. 왜냐하면 미래의 창조자인 차라투스트라는 다음과 같이 노래하기 때문이다: "— 나의 불타는 창조 의지는 언제나 새롭게 나를 사람들에게로 내몬다. 이렇게 창조 의지는 망치를 돌로 몰아내는 것이다. / 아, 사람들이여, 돌 속에 하나의 형상이 잠자고 있다! 내가 머릿속에서 그리고 있는 형상 가운데 가장 뛰어난 형상. 아, 그 형상이 더할 나위 없이 단단하고 보기 흉한 돌 속에 갇혀 잠이나 자야 한다니! / 이제 나의 망치는 이 형상을 가두고 있는 감옥을 잔인하게 때려 부순다. 돌에서 파편이 흩날리고 있다. 무슨 상관인가?"(《차라투스트라는 이렇게 말했다》 II, 8〔〈행복한 섬에서〉〕)

이렇게 해서 우리는 니체의 학설 속에 있는 수수께끼와 비밀 앞에 서게 된다.— 비록 비인간적인 것과 초인적인 것, 이 두 가지가 화해할 수 없는 대립으로 생각될 수 있다고 할지라도, 도대체 비인간적인 것으로부터 초인적인 것이 어떻게 발생 가능한 것인지의 물음 앞에 서게 된다. 이러한 물음에 대한 답변은 대략 다음과 같은 것을 뜻하는 옛 도덕적 처방전을 상기하게 한다. "실수에서 벗어나기 위해 사람들은 과장이나 과도함으로 위협하듯 반응할 때까지 그 실수에 자신을 맡기고 오랫동안 그것을 과장한다." 니체가 자기 자신을 위해 더 확실한 것을 알지 못했기 때문에 인류를 위해 적어놓은 도덕적 처방전은 그것과 어느 정도 유사성이 있다. 실상 그는 모든 야생적 충동을 풀어헤침으로써 인간을 이기적 자기 향유가 과도함이나 과장에 의해 자기 자신에 대한 고통의 상태가 되기를 원했다. 그러한 고통의 고뇌로부터 자기 자신의 대립에 대한 끝없는 강한 동경이—즉 강한 것, 극단적인 것, 격렬한 것이 부드러운 것, 적절한 것, 관대한 것을 동경하는 것이, 추함이나 어두운 욕구가 아름다움이나 밝고 순수함을 동경하는 것이, 자신의 야생적 충동에 사로잡혀 괴로워하는 인간이 신을 동경하는 것이 자라남은 틀림없다. 니체는 그러한 마음의 상태에서 실제로 그러한 대립은 어떤 정서가 과도한 힘을 지님으로써 생겨날 수 있다고 여겼다. 니체가 보기에 관대한 사람은 다음과 같은 사람이다. 즉 그는 "극단적인 복수 욕구를 지닌 사람으로서 복수 욕구가 충족될 가능성이 가까이 보이면, 이것을 충분하고 철저하게, 이미 생각 속에서 마지막 한 방울까지 다 마셔버림으로써 이 신속한 낭비에 뒤이어 혐오감을 빠르게 느낀다. 그는 사람들이 흔히 표현하는 대로 자기 자신을 '넘어섬'으로써 그의 적을 용서하거나, 심지어 축복하고 존경한다. 자신에 대한 이러한 폭력, 강력한 복수 충동에 대한 이러한 경멸을 통해 그는 단지 새로운 충동에 굴복할 뿐이다."(《즐거운 학문》, 49) 그러나 본래의 자기 자신을 통해 초인적인 것을 묘사하는 조건은 이러한 것이 고통스러운 과도함이라는 야생적인 힘을 보전하는 것,—대립에서 그 고통스러운 긴장을 취하기 위해, 이 야생적인 힘을 약화시키고, 억제하고 완화시키거나 "정련하지" 않는다는 것이다. 아름답고 신적인 것이 가장 부드럽게 개화되는 정도로 높게 도달하고자 하면 할수록, 가장 어두운 지상의 영역으로, 그의 비인간적인 것과 초인적인 것으로 그 힘의 뿌리가 잠기는 것은 틀림없다. 이로 인해 순수하게 신적인 겉모습을 표현하기 위해, 말하자면 순간의 모습을 표현하기 위해 인간이 산출한 초인적인 것은 물론 현실 속에 있는 자기 존재의 겉모습이 아닐 것이다.—그러나 이는 오직 그러한 방식으로만 실현될 수 있다. 왜냐하면 어떤 점진적 발전 과정도, 어떤 이행 과정도 상호 간에 접근할 수 없고, 이 대립들은 오히려 바로 이 대립성에 기인해 제한되고 산출하기 때문에, 이 대립들의 건널 수 없는 심연은 영원히 남는다. 한편으로 공포에 이르기까지 올라가고 카오스적인 것에 이르기까지 파헤쳐진 인간적 충동의 생명 현실이,—다른 한편으로 단순한 외견적 모습, 가벼운 본질의 반영, 그 어떤 자립적 현실도 내재해 있지 않은 어느 정도의 신적인 가면이 있다. 니체의 이러한 이론, 그가 보통의 도덕관에 대해 행한 이와 같은 비난, 다시 말해 인간을 자신이 품고 있는 이상적 모습과 닮게 하는 것으로 충분하다는 비난은 최고조에 달할 수 있다: 단호하게 이루어지는 변화가 아니라, 오직 미적 은폐만을 목적으로 하는, 즉 인간이 단순한 "자신의 이상의 배우"로 떨어지게 되는 비난 말이다. 우리는 여기에서 미적인 것에 대한 니체의 입장에서 우리를 놀라게 했던 바로 그 현상을 만난다: 니체가 가장 근본적으로 투쟁한 것으로 보이는 것, 그는 이것을 결국 자신의 이론에 심지어는 가장 근본적으로 받아들인다.—

그러나 이는 오직 가장 외적인 결론이나 가장 극단적인 의미에서 받아들인 것이었다. 그가 자신의 길 위에서 목적에 이르는 수단으로 가장 중요하게 비난하는 것, 그것을 자신의 궁극 목적에, 자신의 목적 자체에 합치기 위해 결국 이용한다. 물론 우리는 니체가 아주 특별한 증오심을 가지고 그 무엇을 추적하고 낮추는 모든 경우, 그 자신의 철학이나 삶의 핵심에 그 무엇이 깊이 감추어져 있다고 가정할 수 있다. 이것은 인간이나 이론에도 적용된다.

니체는 그러한 사례에서 대부분 그가 투쟁한 대상이 그의 새로운 견해로 발전하는 계기로서 일종의 가치를 지니고 있었다고 인정한다. 니체는 인간이 지배적인 도덕, 예술, 종교 안에서 자신의 발전을 통해 초인을 묘사하는 능력을 점진적으로 얻어왔음을 시인한다.

니체는 사람들이 자기 존재의 향상 가능성을 믿도록 만들 때, "예술, 표면적인 것, 색채의 유희가 (…) 되며, 자신의 모습에 대해 더 이상 고통스러워하지 않는다"(《선악의 저편》, 59)는 것을 가르친다. 즉 "모든 일상적 인간들 속에 감추어져 있는 연극의 주인공들을 흠모하도록 가르치고, 우리가 자신을 멀리서 단순화되고 변용된 모습의 영웅으로 바라보게 하는 기술―자신을 '장면 속에 집어넣어' 자신 앞에 세우는 기술을 가르쳤다."(《즐거운 학문》, 78) 지금까지의 인간과 니체가 추구한 인간의 차이점은, 후자는 그가 도덕적·예술적·종교적 성향을 자기 안에서 발전시킨 이래로 그의 존재가 변형되고 변화된다는 믿음에 빠져들지 않았다는 점에 있다. 그는 이상을 나타낼 때, 소위 오직 작가나 배우로만 창조하는 것을 의식한다. 그러나 이러한 견해는, 니체가 전제로 하는 힘의 척도에 도달했을 때, 인간이 "충분히 강하고, 충분히 엄격하며, 예술가가 되기에 충분할 때" 비로소 인간에게 다가올 것이다. 그렇지 않으면 자신의 존재가 변화시킬 수 없는 존재이며, 그의 초인적인 이상이란 단지 바라본 모습이고, 그의 최고의 윤리적 작품은 단지 예술작품일 뿐이라는 진리를 인간은 견딜 수 없을 것이다. 니체가 "우리는 종교적 인간die homines religiosi을 최고의 서열에 두거나 예술가들에 포함시킬 수도 있을 것이다"(《선악의 저편》, 59)라고 말할 때, 우리는 그것을 이해할 수 있게 된다. 왜냐하면 예술적 원칙은 살아 있는 최고의 윤리적·종교적 가치 차이가 그 원칙으로부터 흘러나오는 것이기 때문이다. 니체의 "선악의 저편"은 또한 그의 "진리와 허위의 저편"처럼 "아름다움과 추함의 저편" 앞에서 멈춰 서며 이러한 것에 이르기까지 뚫고 들어가지 않는다. 초인은 인간의 예술작품으로만 가능하며 이해될 수 있다. 만일 우리가 이러한 사실로부터 하나의 상을 만들고자 한다면, 니체가 예술 창조에서 디오니소스적인 것과 아폴론적인 것의 관계에 대해 말할 때, 그가 자신의《음악 정신으로부터 비극의 탄생》에서 사용한 것보다 아마도 더 나은 것은 없을 것이다. 그는 이 책에서 디오니소스적인 것의 열광적 힘의 생명성에서 생겨난 아폴론적 비전을 잘 알려진 시각 현상과 비교한다. 이 시각 현상에서 태양이 작열하는 바다로 시선을 고정할 때 어두운 색깔의 여러 얼룩은 마치 우리의 눈이 머는 것을 방지하는 치료제로 만들어진다. 이때 인간은 그의 전환에서 다음과 같은 현상을 이용한다: 그는 고삐 풀린 과도함이라는 고통 가득한 어둠 속으로, 스스로를 삼켜버린 근원적인 힘의 어둠 속으로 잠김으로써, 초인적인 것이라는 부드럽고 광휘 비추는 영상이 동일한 치유 작용을 위해 우리 앞에 생겨난다. 니체가 아폴론적 영상, 즉 헬레니즘 무대의 영웅적 인물이란 근본적으로 오직 디오니소스라는 하나의 신의 가면이었다는 비유를 사용한 그리스 비극에서처럼, 창조적인 것이 몰려와 혼잡을 이루는 가운데 만들어진 이러한 초인의 상은 근본적으로 오직 하나의 신적 가상이자 예술적 의미의 상징을 체현하는 것이다. 디오니소스적 존재 자체나 그것을 출산하기 위해서는 언제나 새로운 것을 필요로 하는 생명의 자연력은 그 뒤에서, "보랏빛 어둠"에 깊이 빠져 있게 된다.

이렇게 우리는 니체의 철학에서 윤리학이 부지불식간에 미학으로 흘러 넘어간다는 것과 — 일종의 종교적 미학으로 — 좋음에 관한 학설이 아름다움의 신성에 의해 가능하다는 것을 보게 된다. 이상을 만들기 위해 가상이 존재와 결합해야만 하는 예민한 경계는 아름다움의 세계나 "이상적·가상적 사건의 본래적 모태"로 가기 위한 상상적 자기기만의 세계를 만든다. 이 세계는 영원히 실현될 수 없으며, 그 동경은 그 사건들에 어떤 본질적 진리나 현실을 부여할 수 없다는 바로 그러한 사실을 통해 가장 깊은 자극이 이 사건들에 주어진다. 이것은, 니체가 예술가에 대해 "그의 풍부한 능력이라기보다는 그의 (⋯) 무능력.—그의 비전에 대한 엄청난 욕망은 그의 영혼에 남아 있어, 이로부터 그는 소망이나 갈망의 엄청난 화술을 획득해낸다"(《즐거운 학문》, 79)고 말할 때, 그가 서술한 것과 같은 상태다. 우리는 초인적 가상의 발생을, 갑작스러운 자기 체념과 자기 고양의 신비를, 니체의 윤리학이 흘러나오는 이러한 미적 근본 관념을 미적 현상으로, 이 고뇌로부터 동경이 대립을 응시하고 추체험한 비전으로 싹틔운 과도함의 고뇌 속으로 강하게 잠기는 것으로 생각해야만 한다. "⋯ 나는 너 외에 그 누구로부터도 바로 아름다움을 원하지 않는다, 너 힘을 사용하는 자여." 이것은 대단히 강렬한 정동에 가득 찬 인간을 뜻한다. "그러나 영웅에게 아름다움이란 모든 것 가운데 가장 어려운 일이다. 온갖 격렬한 의지로도 얻어낼 수 없는 것이 아름다움이다. (⋯) 영혼의 비밀은 바로 이런 것이니, 영혼이 영혼을 저버려야 비로소 꿈속에서 영웅 이상의 영웅이 그에게 다가오는 것이다."(초인)(《차라투스트라는 이렇게 말했다》 II, 54f.(〈고매한 자에 대하여〉)) 황홀한 꿈에서 그는 말을 더 듣는다: "내게 어떤 그림자가 다가왔기 때문이다.— 만물 가운데 가장 조용하고 경쾌한 것이 나를 찾아온 것이다! / 초인의 아름다움이 그림자로서 나를 찾아온 것이다."(《차라투스트라는 이렇게 말했다》 II, 8(〈행복한 섬에서〉)) 왜냐하면 "모든 신적인 것은 부드러운 발걸음으로 달리기" 때문이다.—"모순이 스스로 의식되지 않을 때라도, 추한 것이 스스로에게 '내가 추한가?'라고 말하지 않을지라도 도대체 무엇이 아름답단 말인가?" 인간이 자신의 가장 거친 힘을 풀어놓아야 하는 저 혼돈의 과잉이라는 추함 속에서 그는 결국 추함에서 나온 존재 근거의 지팡이로서 자기 자신에 대한 지팡이를 부러뜨린다. "이때 특정한 증오심이 돌출한다: (…) 그는 인간 종의 가장 심층적인 본능에 의해 증오한다: 이러한 증오에는 공포, 신중, 심원함, 멀리 바라봄이 내재한다.—이것이 모든 증오 가운데 가장 깊은 증오다. 이것 때문에 예술이 깊이가 있는 것이다. …"《우상의 황혼》 IX, 20〔〈어느 반시대적 인간의 편력〉〕) 예술은 깊이가 있다. 왜냐하면 예술은 이러한 증오를 통해 인간에게 아름다움을 향한 끝없는 동경을 가르치며 실제 존재가 고삐 풀린 채 가득 찬 것으로부터 아름다운 가상의 산출을 가능하게 하기 때문이다. 또한 예술은 깊이가 있다. 왜냐하면 이것은 어마어마한 이상화의 욕구를 일깨우며, "생산"하고자 하는 아름다움의 비전으로 인간 의지를 자극해 인간 의지가 열정적 열광 속에서 자기 본질의 대립과 하나가 되기 때문이다. 최고로 넘쳐흐를 때까지 고삐 풀린 힘은 아름다움의 창조적 산출 조건인 열광의 도취 상태로 넘쳐흐르기 위해 오직 상승한다. "도취에서 본질적인 것은 힘이 상승하는 느낌과 충만함의 느낌이다. 이런 느낌으로 인해 사람들은 사물에 나누어주고, 우리로부터 받기를 사물에 강요하며, 사물을 폭압한다.—이런 과정이 이상화라고 불린다."《우상의 황혼》 IX, 8(〈어느 반시대적 인간의 편력〉)) "이런 상태에서 사람들은 자기 자신의 충만함으로 만사를 풍요롭게 만든다. 무엇을 보고 무엇을 원하든 사람들은 그것을 부풀려서 보고 절실한 것으로 보며 강하고 힘이 넘쳐난다고 본다. 이런 상태에 있는 인간은 사물이 그 힘을 반영해낼 때까지, 사물을 변모시킨다. (…) 이렇게 완전성으로 변화시켜야 한다는 것—바로 이것이 예술인 것이다."(같은 책 IX, 9(〈어느 반시대적 인간의 편력〉))

완전성으로의 변화가 단지 아름다운 가상만을 생기게 하는 것이라고 할 때, 니체의 윤리학이 주로 미학적 성격을 지니고 있다면, 이것을 위해 그의 미학이 인간과 사물을 신성시하거나 이 것들을 견뎌내기 위해 신적인 것으로 녹이고자 하는 갈망에서 생겨나는 한, 그의 미학은 아주 강하게 종교적-상징적인 것에 가까이 가게 된다. 이러한 심리적 과정에 대해 니체는 하나의 이론을 세우거나 흩어진 잠언으로 예시할 뿐만 아니라, 심지어 저 높은 인간의 창조 행위나 초인의 산출이 처음 실현되는 기본적인 첫 작품을 만드는 시도를 했다. 이 작품이 그의 문학작품인 《차라투스트라는 이렇게 말했다》다. 차라투스트라라는 인물은 니체의 자기 변용이고 신과 같은 영상 속에서 그의 존재 충일감의 반영이자 변화인데, 인간적인 것으로부터 그가 꿈꿔왔던 초인적인 것이 발생하는 것에 대한 완벽한 유사물類似物을 만들 수밖에 없다. 차라투스트라는 말하자면 니체의 초인der Nietzsche-Uebermensch이며, "니체를 넘어선 자der Ueber-Nietzsche"인 것이다. 그 결과 이 작품은 기만적인 이중성격을 지닌다. 한편으로 이 작품은 순수한 미적 의미에서 문학이며, 그 자체로 순수한 미적 관점에서 이해되고 평가될 수 있다. 그러나 다른 한편으로 이 작품은 순수-신비적 의미에서 문학이 되고자 한다.—니체 윤리학 최고의 요구가 처음으로 실현되는 종교적 창조 행위라는 의미에서 말이다. 여기에서 밝혀지는 것은 니체의 다른 저서들이 훨씬 엄격한 철학적 형식으로 이루어져 있는데, 이 작품은 문학적 형식으로 이것을 대중화한 것이라고 가정되기 때문에 니체의 모든 저서 가운데 가장 오해가 많은 작품이다. 실제로 이 작품은 그의 작품들 가운데 가장 대중적인 것으로 여겨지지 않는 작품이다. 왜냐하면 니체에게 언젠가 그 누군가가 전혀 접근할 수 없는 "비의적秘義的" 철학이 있다고 할 때, 이 철학은 여기에 있으며, 그가 그 밖에 기술했던 모든 것은 그의 학설의 더 공개적인 부분에 속한다. 따라서 "차라투스트라"의 가장 깊은 이해는 니체의 윤리적·종교적 관념을 제약하고 그의 특이한 신비의 토대가 되는 숨겨진 영혼의 움직임을 따라가며 추적할 때, 니체-철학의 길 위에서가 아니라 니체-심리학의 길 위에서 열리게 된다. 그다음에 니체 이론 모두는 본래의 자기 구원의 욕구에서 들어온 것이며—깊게 요동치고 고통스러워하는 그의 내면성에 신자信者가 자신의 신 안에 지니고 있는 저 토대를 제공하려는 갈망에서 들어온 것이다. 이러한 강력한 소망과 갈구는 결국 만족하게 된다:

이는 자기 존재의 반대상이 외화되거나 변용되던 신이나 적어도 신 같은 초월적 존재를 창조했다. 니체가 자신을 "두 번째 인물"로 바라보았던 그리고 그렇게 부여했던 이중의 존재는 그의 차라투스트라에서 실현되었고, 자신 안에서 마치 자신의 발로 거닌 것이다. 그 문학작품의 어느 한 문장에서 차라투스트라는 자신의 존재 진리를 지니고 있는 것이 아니라 오직 시인의 창조물이며, 심지어 시인과 허구를 만드는 자라는 은밀한 고백이 희귀하게 비춰진다. "일찍이 차라투스트라가 네게 무슨 말을 했던가? 시인들이 너무나 많은 거짓말을 한다고 했던가? 그 자신도 시인이면서."(《차라투스트라는 이렇게 말했다》 II, 68[〈시인에 대하여〉]) 그렇다고 할지라도 이것은 최고 이상에 대한 니체의 견해 속에, 즉 이미 가상이 존재와 본질을 부여할 권리가 있으며, ─모든 최고의 진리가 가상의 작용에서, 다른 것에 대한 작용에서 성립한다는 견해 속에 있다. 인간은 자신의 신비한 존재 변화 속에서 철저히 그 어떤 고등 종도 저항할 수 없는 그런 방식으로 유혹하고 동경을 일깨우며 교육하는 환영이 되고자 한다. 그에 대해 다음과 같은 말이 적용된다. "근본적으로 선생이란, 모든 일을 자기 학생과의 관계에서만 진지하게 생각한다. ─심지어 자기 자신마저도."(《선악의 저편》, 63)

　따라서 의식적으로 "성스러운 기만"를 정당화하면서 니체는 반복해서 말하는데, 이것이 그가 오랫동안 깊이 있게 추적했던 "성스러운 기만pia fraus"의 문제라는 것이다. 부드러운 양심을 견뎌내지 못하는 자신의 목적 때문에 자기 안에서 극복하는 모든 문화의 덕목을 자유롭게 처분하는 위대한 "반시대적인 자"는 현대적 진리 인간의 비교적 후기 덕목인 정직성도 갖는다. 이미 《즐거운 학문》(159)에 유별난 방식으로 표현된 다음과 같은 문장이 있다: "오늘날 강직한 사람은 자신의 정직함으로 인해 양심의 가책을 느끼게 된다. 강직함은 정직함과는 다른 시대의 미덕이기 때문이다." 그러나 그의 말에 귀를 기울이고 그의 사상을 읽어내는 영리한 곱사등이는 차라투스트라에 대해 다음과 같이 말한다: "왜 차라투스트라는 그의 제자들에게 자신과 다른 방식으로 이야기하는가?"《차라투스트라는 이렇게 말했다》II, 91〔〈구제에 대하여〉〕) 차라투스트라는 이를 큰 소리로 외친다: "진실로 너희에게 권하거니와 나를 떠나라. 그리고 차라투스트라에 맞서 너희 자신을 지켜라. 더 바람직한 일은 차라투스트라의 존재를 부끄러워하는 일이다! 그가 너희를 속였을지도 모르지 않는가. (…) 너희는 나를 숭배한다. 그러나 너희의 숭배가 어느 날 뒤집히면 어찌할 것인가? 신상에 깔려 죽는 일이 없도록 조심하라!"《차라투스트라는 이렇게 말했다》I, 111〔〈베푸는 덕에 대하여 3〉〕)

그러나 이 측면에 따라 모든 현실과 진리가 완벽하게 사라지면 사라질수록, 이상이 가상으로 더 의식화되면 될수록, 종교적으로 하나의 진리를 허용하며, 그것을 신비적 자기 신성화로 만들려는 니체의 요구는 더욱 커져간다. 여기에서 우리는 니체의 사상이 그 자신의 주변에 있는 얼마나 기이한 영역을 기술하는

지 알게 된다. 모든 도덕의 금욕적 자기부정에서 빠져나오기 위해 그는 도덕적 현상을 인간의 근본 본성이 미적 자태 옆에서 변하지 않는 미적 현상으로 녹인다. 그러나 이러한 자태에 긍정적 의미를 부여하기 위해 그는 이 자태를 신비적이고 종교적인 것으로 끌어올린다. 그러고 나서 투명한 이러한 대립을 끄집어내기 위해 실제 인간의 근본 본성을 가능한 한 어둡고 고통스럽게 그리게 한다. 구제하는 초월적 존재가 신뢰받을 수 있도록, 이 존재는 자연적 인간 존재로부터 최대한 구별되어야만 하고, 대립은 가능하면 예리해져야 한다. 모든 매개 과정은 신비적 환상을 파괴하며 인간을 자기 자신에게로 되돌렸을지도 모른다. 그때 초월적 존재는 그 자신 안에서 단적인 본질의 발전 과정이 되어버렸을 것이다. 한편으로—초인적인 측면에서—빛이 밝게 드러나고 그것은 완전히 다른 종류라는 믿음을 강제해야 하는 것처럼, 다른 한편으로 그림자는—인간적인 측면에서—그와 같은 정도로 깊어져야 했음에 틀림없다. 이렇게 해서 교리가 생겨났는데, 즉 초인을 낳기 위해 비인간이 필요하며, 가장 열렬한 욕구의 넘쳐흐름에서만 자신의 대립을 향해 자신을 포기하는 동경이 생겨난다는 것이다. 니체가 그리스도교적-금욕적 신의 창조에 대해 했던 그와 같은 비난은 이러한 신비적 신의 창조를 향할 수 있다: 인간의 창조 속에는 다음과 같은 의지가 있었다. 즉 "그와 같은 이상 앞에서 자신이 절대적으로 무가치함을 분명히 하기 위해, 하나의 이상을 (…) 세우려는" 의지인 것이다. 그다음 문장은 다음과 같이 이어진다: "이 모든 것은 지극히 흥미로운 일이지만, 암담하고 음울하고 쇠약해진 슬픔을 띠고 있기도 하다. (…) 의심할 것도 없이 여기에는 병이, 지금까지 인간에게서 창궐했던 가장 무서운 병이 있다:— 이 고문과 부조리의 밤에 어떻게 사랑이 외치는 소리가, 그리워하는 환희가 외치는 소리가, 사랑에서의 구원이 외치는 소리가 울려 퍼졌는지 아직도 들을 수 있는 사람은 견뎌내기 어려운 전율에 휩싸여 얼굴을 돌리고 만다. (…) 인간에게는 이렇게 놀랄 만한 일이 많다! …"《도덕의 계보》 II, 22)

금욕적인 것과 신비적인 것에 대해 투쟁하는 가운데 금욕적인 것과 신비적인 것으로 밝혀지는 니체 철학의 이러한 은밀한 근본 특징은 가장 분명하게 쇼펜하우어적-바그너적인 그의 첫 번째 철학 세계관으로의 복귀를 보여준다. 그러나 원칙적으로 지금까지의 모든 신비와 금욕에 반항함으로써, 니체는 경험 과학과 실증주의 이론이 그에게 주었던 영향에 적지 않게 맡겨 놓게 된다.—그의 후기 철학의 두 주요 노선이 여기에서나마 아주 명백하게 드러난다. 그의 체계에서 미적인 것의 신비적이고 금욕적인 의미는 쇼펜하우어의 체계에서보다 결코 사소하지 않은 의미를 지닌다. 양자에게서 이 의미는 가장 깊이 있는 윤리적·종교적 체험과 일치한다. 니체는 이 의미를 헛되지 않게 설명하기 위해 그의 《비극의 탄생》의 사상과 이미지로 되돌아간다. 그러나 쇼펜하우어에게서 미적 관조는 사물의 형이상학적 배경,

"물자체"의 본질에 대한 신비적 관점에서의 응시로 파악되며, 따라서 영혼의 삶 전체를 진정시키는 것은 어느 정도 온갖 세속적인 것을 벗겨내는 것을 전제로 한다. 이에 반해 니체에게는 형이상학적 배경이 결여되어 있고, 그것을 위해 넘쳐흐르는 세속적인 생명력으로부터 그 대리물을 만드는 사상이 나오는데, 심리적 전제가 바로 그 대립물이다. 아름다움은 의지의 생명을 가장 깊이 불러일으키며, 이것은 모든 힘을 풀어헤치고, "격정적으로 만들며 생산하도록 자극"해야 한다. 왜냐하면 영원히 존재하는 그 무엇에 대한 형이상학적 표명이 중요한 것이 아니라 현존하지 않는 그 무엇의 신비적 창조가 중요한 문제이기 때문이다. 따라서 니체에게서 "신비"는 언제나 마치 엄청난 것으로, 그리고 결과적으로 초인적으로 상승된 생명력이다. 그러나 바로 쇼펜하우어에게서 세속적인 것의 금욕적 부정에서 초현세적인 것이 귀결되는 것처럼, 니체에게서 신비적 생명의 넘쳐흐름은 모든 인간적인 것과 주어진 것이 과잉에 의해 몰락한 결과에서만 가능하다. 여기에서 두 사람의 견해에 접점이 생긴다: 두 사람 모두 비극을 통해 신비의 황홀로 들어간다.《음악 정신으로부터 비극의 탄생》은 생명 정신으로부터의 비극의 탄생으로 전환된다.[7] "언제나 자기 자신을 극복해야만 하는 것"으로서의 생명은 다시금 훨씬 높은 창조의 근본 조건으로서 몰락을 요구한다. 그렇게

---

7 쇼펜하우어에 따르면 음악은 소리가 울려 나오는 물자체의 모사로 파악된다.

몰락하도록 예정된 입장에서 비극적으로 보이는 것은 현존 자체의 입장에서 보거나, 몰락이 현존을 자기 안에서 과도해질 때까지 상승시켜 갈 때 스스로를 현존과 동일시하고 고갈되지 않는 생명 충일감의 황홀함을 느끼는 것이다. 비극적인 것에 대한 이러한 변화된 견해는 니체가 《비극의 탄생》에 나오는 자신의 옛 문제, 즉 디오니소스적 신비감이나 그리스인들의 비극적 감정의 의미에 대해 다시 한번 언급하는 《우상의 황혼》에서 특징적 방식으로 제시된다. 그에게 디오니소스적 광란성은 근원적으로 정동을 방출하는 수단이었으며, 이를 통해 아폴론적 형상을 관조하는 데 필요한 영혼의 고요함이 만들어졌다.─이제 이 광란성은 니체에게는 빛과 신적인 것을 조형하기 위해 광란과 고통을 필요로 하는 삶 자체의 창조 행위다.[8] 광란성에서 삶의 가장 내면적인 것이 어둠, 고통, 카오스로 드러날 때, 그것은 근원적으로 그에게는─쇼펜하우어적인 의미에서─그리스인의 깊은 염세주의적 본성에 대한 증거였다. 이는 니체에게 충분히 행할 수 있었고, 승리하는 삶이 고갈되지 않기에 고통, 죽음, 카오스에도 기뻐했을지 모르는 삶을 갈구하는 그리스적 본능으로서 나타난

---

[8] 니체가 인간들이 진정되고 그들의 열정으로부터 해방된다는 것에 광란 제의의 영향이 있다는 것을 알게 될 때, 유사한 사상이 《즐거운 학문》(84)에서도 울리고 있다. 즉 "사람들은 그들 정동의 도취와 그 분출을 극단까지 몰아갔다. 다시 말해 광기에 사로잡힌 사람을 미친 듯이 만들었고, 복수욕에 불타는 사람을 복수심에 취하도록 만들었던 것이다. 모든 밀교적 제의는 신의 광기ferocia를 한꺼번에 풀어놓아 광적인 연회를 만들어냄으로써 후에 이 신의 광기가 보다 자유롭고 고요한 느낌을 갖게 되었다."

다: "… 디오니소스적 비의에서야, (…) 그리스적 본능의 근본적 사실이 표출된다.—즉 그것의 '삶에의 의지'가 말이다." 그리스 인들은 이런 비의를 통해 무엇을 보증하고 싶어 했는가? 영원한 삶, 삶의 영원회귀, 과거 안에서 약속되고 신성시된 미래, 죽음과 변화를 넘어 삶에 대한 승리를 외치는 긍정, (…) 비의 속에서는 고통이 신성하다고 불린다: '산모의 통증'은 고통 일반을 신성하게 한다. (…) 창조의 기쁨이 있기 위해서는, 삶에의 의지가 영원히 자신을 긍정하기 위해서는, '산모의 고통'이 영원히 존재해야만 한다. (…) 이 모든 것을 디오니소스라는 말이 의미하고 있다. …"《우상의 황혼》 X, 4〔〈내가 옛사람들의 덕을 보고 있는 것〉〕) "모든 아름다움이 생식하게끔 자극한다는 것"(IX, 22〔〈어느 반시대적 인간의 편력〉〕)은 예술의 종교적 측면이다. 왜냐하면 이것은 완전한 것을 창조하도록 가르치기 때문이다. 최고의 것, 다시 말해 최고의 종교적인 예술은 비극이다. 왜냐하면 예술가는 끔찍한 것에서 아름다움을 산출하기 때문이다. "비극적 예술가는 자신의 무엇을 전달하는 것인가? 그가 보여주는 것은 다름 아닌 끔찍한 것과 의문스러운 것 앞에서의 공포 없는 상태가 아닌가? (…) 강력한 적 앞에서, 장엄한 재난 앞에서, 공포를 불러일으키는 문제 앞에서 느끼는 용기와 자유—이런 승리의 상태가 바로 비극적 예술가가 선택하는 상태이며, 그가 찬미하는 상태다. 비극 앞에서 우리 영혼 내부의 전사가 자신의 사티로스의 제의_{祭儀}를 거행한다. 고통에 익숙한 자, 고통을 찾는 자, 영웅적인 인간

은 비극과 더불어 자신의 존재를 찬양한다.—비극 시인은 오직 그에게만 그런 가장 달콤한 잔혹의 술을 권한다.—"(IX, 24〔〈어느 반시대적 인간의 편력〉〕)

"그 안에서는 고통마저도 자극제로 작용하는 넘쳐흐르는 생명의 느낌과 힘의 느낌으로서의 광란성의 심리학은 비극적 감정이라는 개념을 이해할 열쇠를 내게 주었다. (…) 삶 자체에 대한 긍정이 삶의 가장 낯설고 가혹한 문제들 안에 여전히 있는 것이다. 자신의 최고 유형을 희생하며 그 고유의 무한성에 환희를 느끼는 삶에의 의지—이것을 나는 디오니소스적이라고 불렀으며, 비극 시인의 심리학에 이르는 다리로 파악했다. 공포와 동정에서 벗어나기 위해서가 아니라 (…) 공포와 동정을 넘어서서 생성의 영원한 쾌락 자체이기 위해서.—파괴의 쾌락 역시 자기 안에 내포하는 저 쾌락…."(X, 5〔〈내가 옛사람들의 덕을 보고 있는 것〉〕)

비극적인 것과 이처럼 제약된 생명 감정에 대한 견해는 다음의 사실을 가능하게 만들었다.—니체는 쇼펜하우어의 염세주의 철학과 금욕으로 되돌아가면서 모든 사물의 영원회귀에 관한 학설로서 삶을 최고로 환희하는 자신의 학설을 만들었다. 니체의 체계가 철학적, 심리학적으로 금욕적 근본 성향을 요구했듯이, 이것은 그 대립, 즉 생명의 찬미를 필요로 했다. 왜냐하면 형이상학적 믿음의 결핍에서 찬미되고 신격화될 수 있었던 고통과 고통스러운 삶 자체에 다름이 아닌 것이 있었기 때문이다. 니체의 영원회귀설은 그것이 어느 정도 그의 사상의 건축물에서 기초이자 최고 지점을 형성하고, 그가 자신의 미래철학의 개념에서 출발하고 그 미래철학의 끝을 맺는 이념이었다 할지라도, 결코 충분히 강조되거나 존중되어 평가된 적이 없다. 미래철학이 여기에서 비로소 자신의 자리를 찾는다면, 그것이 오직 전체와의 연관성에서만 이해되기 때문에, 실로 니체의 논리학, 윤리학, 미학이 영원회귀학설을 위한 초석으로 여겨질 수밖에 없기 때문에 가능한 것이다. 존재의 영원한 순환 속에서 모든 사물의 가능한 회귀에 대한 사상을 니체는 이미 《즐거운 학문》에서, 즉 책의 마지막 이전 장(341)의 잠언 "최대의 중량"에서 다음과 같이 가정한다: "어느 날 낮 혹은 어느 날 밤에 악령이 너의 가장 깊은 고독 속으로 살며시 찾아들어 이렇게 말한다면 그대는 어떻게 하겠는가: "너는 네가 지금 살고 있고, 살아왔던 이 삶을 다시 한 번 살아야만 하고, 또 무수히 반복해서 살아야만 할 것이다. 거기에 새로운 것이란 없으며, 모든 고통, 모든 쾌락, 모든 사상과 탄식, 네 삶에서 이루 말할 수 없이 크고 작은 모든 것이 네게 다시 찾아올 것이다. 모든 것이 같은 차례와 순서로—나무들 사이의 이 거미와 달빛, 그리고 이 순간과 바로 나 자신도. 현존재의 영원한 모래시계가 거듭해서 뒤집혀 세워지고—티끌 중의 티끌인 너도 모래시계와 더불어 그렇게 될 것이다!' 그대는 땅에 몸을 내던지며, 그렇게 말하는 악령에게 이를 갈며 저주를 퍼붓지 않겠는가? 아니면 그대는 악령에게 이렇게 대답하는 엄청난 순간을 경험한 적이 있는가?: "너는 신이로다. 나는 이보다 더 신성한 이야기를 들어보지 못했노라!" 그러한 생각이 그대를 지배하면, 그것은 지금의 그대를 변화시킬 것이며, 아마도 분쇄시킬 것이다. "너는 이 삶을 다시 한번, 그리고 무수히 반복해서 다시 살기를 원하는가?"라는 질문은 모든 경우에 최대의 중량으로 그대의 행위 위에 얹힐 것이다! 이 최종적이고 영원한 확인과 봉인 외에 더 이상 아무것도 요구하지 않기 위해서는, 그대 자신과 그대의 삶을 어떻게 만들어나가야만 하는가?"

여기에서 니체의 근본 사상이 명료하게 나타난다.— 후일의 그 어떤 때보다도 더 명료하고 솔직하게 나타난다. 왜냐하면 니체는 그의 정신을 가득 채우고 자극했던 것에 대해 전적으로 침묵하는 것을 견딜 수 없었기 때문이다. 그러나 이러한 새로운 인식에 대해 이야기하는 것이 얼마나 그를 전율하게 만들었는지, 그는 자신의 영원회귀 사상을 다른 착상들 사이에서 무해한 착상인 듯 아주 소박하게 밀어 넘겼다. 그래서 그것에 대해 읽는 사람이 "비극의 시작Incipit tragoedie"이라는 진지한 결론과의 연관성을 알아차리지 못하는 것이다.—"은밀하게 온 세상이 그것을 못 들은 체하며, 온 세상이 우리의 말을 못 들은 체하는구나!"《아침놀》, 신판, 서문 5) 그는 말하자면 그 밖의 사상 가운데서, 숨겨진 것 가운데 가장 숨겨진 사상으로서, 공개적으로 노출해 세움으로써 가장 잘 숨길 수 있는 무엇인 섬세한 가면놀이에 머물며, 은밀함에서 그렇게 풍요롭고 온갖 은밀함에 즐거워하는 니체의 정신은 모든 심원한 영혼의 요동에도 재미있어 했다.

실로 니체는 이미 그 당시 자신을 변하게 하고 부수고자 했던, 피할 수 없는 운명과 사상을 짊어졌다. 니체는 그 사상과 인간을 자기 영향력 안에서 논박할 수 없는 진리로 허용하려는 용기를 얻고자 했다. 니체가 비밀로서, 그것을 증명하고 확신하는 데 직면해 말할 수 없는 회색의 무엇으로서, 내게 털어놓았던 그 시간은 내게는 잊을 수 없는 일이다: 그는 나직한 목소리로, 소스라치게 놀랐음을 표시하면서 말했다. 실로 그는 삶에 깊이 고통스러워했으며, 삶의 영원한 회귀의 확실성은 그에게는 섬뜩한 무엇이었음이 틀림없었다. 영원회귀설의 정수, 니체가 다시 한 번 빛을 비추는 삶의 찬미는 자신의 고통스러운 삶의 감각과는 아주 반대되는 것이기에, 우리에게 이 감각은 마치 엄청난 가면 같은 느낌을 불러일으킨다.

한 학설을 공포하는 자가 된다는 것은, 인간의 사상이 삶의 신성화에―이 삶은 진실로 자신의 내적 감각에 엄청난 모순을, 결국 자신을 부숴버리는 모순을 만들 수밖에 없는데―이르기까지 도약하는 곳에서, 마음을 고무시킬 수 있는 삶에 대한 사랑이 지배적일 때, 오직 그 정도까지만 견딜 수 있다. 영원회귀 사상이 생겨난 후 니체가 생각하고 느끼고 살아왔던 모든 것은 그의 내면적 삶의 이러한 괴리에서 생겨난 것이며, 이빨 가는 소리로 삶의 영원성을 부여한 악령에게 저주하는 것과 "너는 신이며 더 신적인 것을 나는 들은 적이 없구나!"라는 말에 힘을 보태주는" 저 "엄청난 순간"이 오기를 기대하는 것 사이에서 움직이고 있다.

철학자로서 삶의 찬미의 완전한 고양 상태에 오르면 오를수록, 니체는 인간으로서 자신의 삶에 관한 학설로 더 깊은 고통을 받는다. 그의 책과 말이 불완전하게 제시한 이러한 영혼의 투쟁, 그의 마지막 철학의 참된 근원은 아마도 니체가 나의 시 "삶에 대한 찬가Hymnus an das Leben"에 곡을 붙인 음악에서 가장 감동적으로 울려 퍼지는 듯하다. 이 음악은 그가 튀링겐의 도른부르크 Dornburg에서 나와 함께 머무른 1882년 여름에 작곡했다. 이 음악을 작곡하는 도중 니체는 발작을 일으켜 작업을 중단했고, 그에게서 거듭 "신"은 "악령"으로 변했고, 삶에 대한 열광은 삶에 대한 고통으로 변했다. "침대로 가자. 격렬한 발작이 있다. 나는 삶을 경멸한다." 그가 침대에 묶였을 때, 내게 보낸 쪽지에 이렇게 쓰여 있다. 여기서의 기분은 그가 작곡을 막 마치고 나서 썼던 편지에서도 드러난다.

"나의 사랑하는 루에게,

당신이 내게 알려준 모든 것은 내 마음에 듭니다. 그 밖에 도 나는 도움이 되는 것들을 더 필요로 합니다!

(…)

베네치아의 미술 비평가는 당신의 시에 붙여서 작곡한 내 음악에 대해 편지를 보내주었습니다. 여기에 그 편지를 동봉합니다. ─ 당신은 여기에서 다른 생각을 하게 될 것입니다. 삶을 받아들이는 것은 나에게 점점 더 큰 결단을 내리게 합니다. 나는 내 앞에, 나를 위해, 내 뒤에 너무나 많은 것을 갖고 있습니다. (…)

앞으로 (…) 이를 향해서!"

그 당시 영원회귀의 이념은 니체에게 아직 신념이 된 것은 아니었으며, 겨우 수태에 이르렀을 뿐이다. 그는 자신이 선포한 이 이념이 혹시 그리고 어느 정도로 학적으로 논증될 수 있는지에 조건을 붙일 생각이었다. 우리는 이러한 주제에 대해 일련의 편지를 주고받았으며, 니체의 표현에서 잘못된 생각들이 드러났다. 마치 물리학적 연구나 원자론을 근거로 과학적으로 확고한 기초를 얻는 것이 가능한 것처럼 말이다. 그 당시는 니체가 빈대학이나 파리대학에서 10년 동안 오로지 자연과학만을 공부하려고 결심한 때였다. 절대적 침묵을 지킨 여러 해가 지난 후에 그는 두려워할 만한 성공 사례로, 영원회귀의 교사로서 인간들에게 나타나고자 했다.

잘 알려진 바와 같이 완전히 다른 상황이 일어났다. 니체는 내적·외적 이유들로 계획된 작업을 하지 못했고, 그를 다시 남쪽 지역으로, 그리고 고독으로 몰아갔다. 그러나 침묵의 10여 년간은 그의 생애에서 가장 논란거리가 많고 생산적이었다. 이미 표면적 연구조차도 영원회귀설이 원자론을 근거로 수행될 수 없으리라는 것을 보여주었다. 그는 운명적인 사상이 반박할 수 없게 옳은 것으로 증명되리라는 자신의 두려움이 확인되지 않는 것을 알았다. 이와 더불어 자신에게 주어진 선포의 과제로부터, 공포에 사로잡혀 기다리고 있던 이러한 운명에서 해방되는 것처럼 보였다. 하지만 곧 특징적인 일이 나타났다: 통찰의 결과 스스로 구원받았다는 느낌에서 멀어졌지만, 니체는 바로 그에 반대하는 태도를 취했다. 두려운 운명이 자신에게서 물러나는 것처럼 보이는 순간에 그는 결정적으로 그것을 받아들였고 자신의 학설을 사람들에게 전하고자 했다. 자신의 불안한 예측이 증명할 수 없고 유지될 수 없어지는 순간에 그 예측은 마치 마법처럼 반박할 수 없는 신념으로 그를 단단하게 한다. 무엇이 과학적으로 증명된 진리가 될 수밖에 없는지는 신비적 계시의 성격을 가정하는데, 니체는 자신의 철학 일반에 과학적 기초를 대신하는 궁극적 토대로서 내적 영감을—그 자신의 개인적 영감을 부여한다.

한편으로는 마음을 거스르는 두려움이, 다른 한편으로는 증명거리가 부족함에도 그를 변화하도록 영향을 끼친 것은 무엇이었을까? 이 수수께끼의 답은 우리에게 니체의 감추어진 정신적 삶이나 그의 이론의 발생 원인을 들여다보도록 한다. 사물의 보다 깊은 새로운 의미성, 마지막이자 최고의 문제들에 대한 새로운 탐구나 물음—니체가 형이상학자로서는 알고 있었지만, 경험론자로서는 고통스럽게 대하기를 바랐던 이 모든 것, 이것이 그를 회귀설의 신비로 몰아댔던 것이다. 또한 이러한 학설이 그에게 새로운 영혼의 고통을 안겨주었을 때, 심지어 이 학설이 그를 뭉개버릴 수도 있었을 때, 그는 탈신격화하거나 망연자실하는 것을 고집하기보다는 오히려 삶의 고통을 받아들였다. 이러한 고통을 해결하는 것을 제외하고 그는 다른 모든 고통을 해결할 수 있었다.—그는 이러한 학설을 감내했을 뿐만 아니라, 그 학설이 그에게 하나의 의미를, 가장 깊은 삶의 비밀스러운 의미를 끊임없이 찾거나 탐색하는 법을 가르쳤을 때, 그 고통들에 대해 그의 정신을 자극하고 찌르는 법을 알고 있었다. 니체는《우상의 황혼》(I, 12[〈잠언과 화살〉])에서 "왜 살아야 하는지 자신의 삶에 대한 이유를 아는 사람은 거의 모든 방법으로 견뎌낸다"고 말한다. 그러나 그 삶의 근본 동경으로서의 '왜?'라는 이유는 풍부한 대답을 갈구했고 자기 겸손을 받아들이지 못했다.

여기에서도 철학자는 자신 안에서 두려운 학설의 고통에서 해방되는 것이 아니라 그 학설을 두려워하며, 그 학설에 대해 아는 자와 예고자가 되는 것을 갈구했다.—그리고 그는 학적 논거가 약화된다 해도 불안정한 추정을 고무된 신념으로 끌어올리기 위해 저 내적 근거가 충분히 힘을 가지게 되기를 열정적으로 원했다.

따라서 회귀사상의 이론적 윤곽 역시 본래 명료하게 그려지지 않는다. 이 윤곽은 희미하고 불분명하며 니체가 외견상 그 윤곽에서 뽑아낸 실제의 추론, 즉 윤리적·종교적 귀결 뒤로 완전히 물러나는데, 이 요구나 결론들은 실질적으로 내적 전제를 형성한다.

그의 초기 저작, 즉《반시대적 고찰》의 두 번째 장인 〈삶을 위한 역사의 공과〉에서 니체는 자신의 "엄밀히 형성된 특징과 유일성 속에 있는 모든 사실"을 잊을 수 없는 의미로 만드는 데 적절한 수단의 하나로서 피타고라스학파의 회귀철학을 지나가는 투로 한 번 언급하지만, 그러한 학설은 천문학이 다시금 점성술이 될 때까지 우리의 사유에서 결코 공간을 요구할 수 없다고 덧붙인다. 확실히 니체 후기에는 이러한 오랜 이념의 근대적 재생에 대한 이론적 어려움이 그가 쇼펜하우어의 형이상학을 믿던 시기보다 적지 않게 나타났다. 그러나 이러한 형이상학은 그에게 그 당시 고무된 방식의 삶의 문제를 의미하는 것이었으며, 따라서 신비적으로 골몰히 생각하는 것을 불필요하게 만들었다. 객관화되고, 어느 정도 높은 수준의 의미가 나타나는, 모든 형태를 만드는 과정을 통해 그 모습이 드러나는 현상세계의 엄청난 생성 과정 뒤에 있는 영원한 존재는, 존재가 순환하는 과정에서 이러한 것이 영원히 반복됨으로써 일시적인 것을 넘어서는 의미를 이러한 생성 자체에 돌리고자 하는 갈망을 드러내지 않는다. 니체가 자신의 형이상학적 세계 설명을 포기하거나 본의 아니게 그에 대한 대체를 요구했을 때보다 더 나중에서야 비로소 저 생각이 그의 머리에 스쳐 지나갔던 것이다. 물론 외견상으로는 그와 같은 생각이 하찮은 실증주의적 인생관의 염세주의를 점차 약화시키지만, 오히려 그는 그것을 더 강화한다. 왜냐하면 무한하게 흐르는 생성의 지선支線의 무의미함은 그 무수히 감추어진 미래의 가능성 때문에 그 자체의 무의미함이 끊임없이 반복되는 것보다 훨씬 덜 억압되는 것처럼 보인다. 그러나 여기에서 니체의 새로운 구원 철학이 특징적인 방식으로 생겨났다. 삶에 대한 냉정하고 차가운 고찰 방식에 놓여 있는 억압당하고 좌절하는 것을 첨예화함으로써, 그러한 삶으로 거듭 회귀할 수밖에 없게 하는 엄격한 강요를 통해, 인간 정신은 최고의 행위로 자극을 받을 수밖에 없을 것이다: 인간은 마치 불만과 전율에 채찍질당하듯, 폭력적 의지로 무의미한 삶에 하나의 의미를, 우연한 전체의 생성 과정에 하나의 목적을 부여하며 이로부터 실제로 존재하지 않는 삶의 가치를 스스로 만들 수밖에 없게 된다.

니체는 그의 "자유정신"의 염세주의에서 몸을 돌리거나, 보다 큰 위로를 주는 형이상학으로 되돌아가는 대신에 이러한 염세주의를 극도로 상승시키고, 극도의 싫증이나 삶의 고통을 그가 자신의 신비의 심연 안으로 내몰아가도록 하는 도약판으로 이용하고자 한다.

사실 회귀사상은 개별적 인간의 실제 삶에 관련되고, 철학적 사유뿐만 아니라 창조적 의지를 향하도록 하는 한에서 그렇게 작용하기에 특히 적합한 듯 보인다. 무의미하고 우연의 총체인 삶 전체에 관해 사유하는 것은 그 개별적 삶에서 빠져나올 수 없으면서도, 항상 새로운 것을 무의미하게 반복해야만 하는 것과는 다른 것이다:— 이로부터 순수한 추상적 고찰 방식은 인성적인 것을 향하는 방향을 제시하며, 철학 이론은 어떤 경우에도 새로운 희망, 새로운 삶의 의미, 새로운 삶의 목적을 만들도록 이끄는 고통스러운 박차拍車처럼 살아 있는 예민한 살 속으로 밀어 넣어진다.

이러한 낙관주의와 관련해 니체의 마지막 철학은 그의 첫 번째 철학 세계관이나 금욕이라는 불교적 이상을 숭배하는 쇼펜하우어의 형이상학, 의지 부정과 삶의 단념과는 정반대의 모습이다. 자기부정에까지 들어가지 못한 개별적 인간들이 빠지는 저주인 영혼의 윤회에서 영원한 재생에 관한 인도의 학설은 니체에 의해 바로 정반대로 전환되었다. 영원회귀의 강박으로부터의 해방이 아니라 그것에 대한 즐거운 귀의가 최고의 인류적 노력의 목적이며, 열반Nirwâna이 아니라 윤회Sansâra가 최고 이상을 지칭하는 명칭인 것이다. 염세주의적인 것에서 낙관주의적인 것으로 이렇게 입장을 바꾸는 것은 니체의 초기 사유와 후기 사유의 본래적 차이이며, 이러한 외롭게 고통받는 자의 발전 과정에서 자기 극복의 대담한 승리를 표현한다. 그러나 철학적으로 이것은 두 시기 사이에 놓인 니체의 실증주의적 정신의 시기를 통해 준비되었는데, 이 시기에 니체는 현존재만을 적절하게 염세적으로 고찰하지만, 동시에 삶의 현실로 제한하면서 그에 대한 모든 형이상학적 부수적 의미를 단념하는 법을 배웠다. 왜냐하면 그의 낙관주의는 삶의 사실을 강조하거나 영원화하는 것에서 오는 철학적 삶의 학설로, 최고의 원리로 뒤따라오는 것이기 때문이다. 그가 삶의 사실에 부여했던, 억지로 신비적인 것으로까지 고조된 강세를 통해 그는 그것을 신격화했다. 삶의 순환에 가차 없이 휩쓸려 들어가서, 영원히 그것에 묶인 채, 우리는 삶의 조형을 감당하기 위해 온갖 조형에 대해 "긍정적으로" 말하는 법을 배워야만 하는 것이다: 그러한 "긍정"의 힘과 즐거움에 의해서만이 우리는 그러한 삶과 화해할 수 있으며, 그 삶과 하나가 되는 것이다. 그럴 때 우리는 스스로 그 존재의 창조적 부분으로서, 즉 끝없이 흘러넘치는 힘과 충일 속에서 이러한 존재 자체의 창조적 부분으로서 느끼게 된다. 생명의 힘에 기초해 스스럼없이 드러나는 삶의 사랑은 따라서 새로운 법칙 부여자의 유일하고 성스러운 도덕법칙이다. 도취에 이르기까지 풀어진 삶의 흥분 상태는 종교적 고양, 즉 신적인 문화의 자리를 차지한다.

염세주의적인 것으로부터 낙관주의적인 것으로의 이러한 전복과 세계 긍정의 새로운 이상에 대해 니체는 《선악의 저편》(56)에서 다음과 같이 말한다: "나와 똑같이 어떤 수수께끼 같은 욕망을 가지고 염세주의를 밑바닥까지 생각해보고, 금세기에, 즉 쇼펜하우어 철학의 형태로 나타난 염세주의의, 반쯤 그리스도교적이고 반쯤 독일적인 편협함과 단순성에서 염세주의가 해방되도록 오랫동안 노력한 사람, 실로 한번은 (…) 가능한 모든 방식 중 세계를 가장 부정하는 사유 방식으로 꿰뚫고 들어가 바닥을 본 적이 있는 (…) 사람, 이러한 사람은 그것을 의도한 적이 없다고 해도 아마 이것으로 말미암아 반대되는 이상에 눈을 떴을 것이다: 즉 가장 대담하고 생명력 넘치며 세계를 긍정하는 인간의 이상에 눈을 떴을 것이다. 그러한 인간은 과거에 존재했고 현재 존재하는 것과 타협하고 화합하는 법을 배워왔을 뿐만 아니라, 과거에 그렇게 존재했고, 현재도 그렇게 존재하는 방식대로 그것을 다시 갖고자 한다. 자기 자신에 대해서뿐만 아니라 인생이라는 전체 작품과 연극에 대해서, 이러한 연극에 대해서뿐만 아니라 근본적으로 바로 이러한 연극이 필요한—필요하게 만든—사람에 대해 영원을 넘어 지치지 않고 다시 한번da capo을 외치면서 말이다. 그에게는 항상 다시 자신이 필요하며,—필요하게끔 만들기 때문이다. (…) 뭐라고? 이것이야말로 악순환의 신circulus vitiosus deus이 아니란 말인가?"

이러한 말 속에는 니체의 철학에서 어떻게 염세주의를 예리하게 만들고 부풀리게 하는 것에서 낙관주의가 솟구쳐 나왔는지에 대한 해석뿐만 아니라 어느 정도까지 니체의 새로운 철학에 종교적 고양의 성격이 포함되었는지에 대한 해석이 담겨 있다.

한편으로 인간은 세계 전체로, 삶 전체로의 신비로운 확장을 느낌으로써 자신의 몰락과 자기 삶의 비극이 더 이상 그에게 존재하지 않게 한다.—다른 한편으로 그는 다시 이렇게 그 자체로 우연적이고 무의미한 삶 전체를 신적인 것으로 고양하는 인격화와 정신화를 부여한다. 세계와 신, 자아는 하나의 개념으로 융합되는데, 여기서 형이상학, 윤리 또는 종교가 추론될 수 있는 것처럼, 개별적 존재를 위해서도 행위의 규범이나 최고의 숭배가 추론될 수 있다. 세계 전체는 세계 전체를 창조하는 인간의 픽션이며, 자신의 신성 속에서, 즉 삶의 충일감이 있는 자기 본질의 통일성 속에서 그 세계 전체가 자기 자신에 그리고 자신의 창조적이고 가치를 각인하는 의지에 달렸다는 것을 알고 있다는 사상은, 전체 관념의 배경을 만든다. 《선악의 저편》(150)에 나오는 비밀스러운 말이 이를 해명한다: "영웅을 둘러싼 모든 것은 비극이 되며"(인간이 그 자체로 바로 최고의 발전단계에서 몰락하는 자가 되며 희생양이 된다는 것을 뜻한다), "반신을 둘러싼 모든 것은 희극이 된다."(그가 삶 전체에 완전하게 헌신하면서, 고양된 자로서 자신의 운명을 비웃게 된다는 뜻이다.) "신을 둘러싸고 있는 모든 것은─어떻게 될까? 아마도 "세계"가 되는 것일까?─(인간이 삶과 완벽하게 하나가 됨으로써 스스로 삶 전체에 받아들여질 뿐만 아니라 삶 역시 완전하게 그 안으로 들어가는데, 결국 그는 세계를 자신에게서 내보내고 창조하면서 끊임없이 자신의 존재를 표현하는 신이 된다는 뜻이다.)

여기서 우리는 니체 철학의 근본 사상과 다시 접하게 되는데, 이 근본 사상은 니체의 모든 학설과 마찬가지로 창조자-철학자의 엄청난 신격화 위에서 그의 회귀설을 생겨나게 한다. 이 사상 안에는 이 철학의 처음과 끝이 있으며, 그 체계의 가장 추상적인 특성 역시 그의 강력한 초인적 성향을 표시하는 하나의 시도라고 말할 수 있다. 우리는 그가 논리와 윤리 안에서, 또한 다른 모든 것을 자기 안에 품는 초-천재로서 삶 전체의 핵심으로 고양되는 것을 보았다. 더 나아가 니체의 미학에서 종교적-신비적인 것에 대한 의미가 첨예화되는 것처럼, 그가 단순히 인간적인 것에서 구분되고, 신적 존재로서 인간 존재를 품고 있는 것도 보았다. 그러나 회귀설에 근거해 비로소 모든 것은 유일하게 거대한 모습으로 유착癒着하게 된다. 왜냐하면 세계 과정은 결코 무한한 것이 아니라 그 경계에서 끊임없이 반복된다는 상황만이 초월적 존재를 구성할 수 있도록 하는데, 이 초월적 존재에서 전체 세계 과정은 시작하며 끝난다. 오직 그러한 것을 통해서만 마침내 의미와 목적, 초인적인 것을 구원하는 창조의 방향을 얻으며,—이러한 후자의 것이 가설 이상의 의미를 지니고— 이는 하나의 행위가 된다. 따라서 우리는 니체가 이러한 가장 근본적이면서도 동시에 가장 신비한 학설을 소위 그 자신의 이름으로 말하지 않고 차라투스트라의 이름으로 말하고 있는 것을 본다. 이 학설을 말하는 것은 사상가나 인간이 아니라 이 학설을 행복한 구원으로 전치시키는 힘을 부여받은 자인 것이다.[9] 그러나 니체는 언젠

---

9   이러한 사상과 연관해서는《차라투스트라는 이렇게 말했다》(III, 9ff.) 〈환영과 수수께끼에 대하여〉에 나오는 영원회귀에 대한 묘사를 읽어보자.

"여기 성문을 통해 나 있는 길을 보라! (…) : 그것은 두 개의 얼굴을 가지고 있다. 두 개의 길이 여기에서 만난다. 그 길을 끝까지 가본 사람이 아직 없다.

뒤로 나 있는 이 긴 골목길, 그 길은 영원으로 통한다. 저쪽 밖으로 나 있는 저 긴 골목길—그것은 또 다른 영원이다.

이들 길들은 서로 모순된다. 이들은 서로 부딪히고 있다:—그렇게 여기 이 성문에서 이것들은 만나고 있는 것이다. 그 위에 성문의 이름이 적혀 있으니 '순간'이 바로 그것이다.

그러나 누군가가 이 길 가운데 하나를 따라 앞으로 더욱 앞으로,—그리고 더더욱 멀리 갈 경우, 그래도 이 길들은 영원히 모순되리라고 믿는가?" (…)

만물 가운데 달릴 줄 아는 것이라면 이미 언젠가 이 골목길을 달렸을 것이 아닌가? 만물 가운데 일어날 수 있는 것이라면 이미 언젠가 일어났고, 행해졌고, 지나가버렸을 것이 아닌가?

그리고 만약 모든 것이 이미 존재했다면,—너는 이 순간을 어떻게 보는가? 이 길 또한 이미 존재했음에 틀림없지 않은가?

이 순간이 앞으로 일어날 모든 사물을 자기 자신에게 끌어당기는 방식에 따라 모든 사물은 이처럼 견고하게 연결되어 있는 것이 아닌가? 이렇게 하여—자기 자신까지도?

만물 가운데 달릴 줄 아는 것이라면 언젠가 이 기나긴 골목길 저쪽으로—달리지 않을 수 없기 때문이다! —

그리고 달빛 속으로 느릿느릿 기어가고 있는 이 거미와 달빛 자체, 함께 속삭이며 영원한 사물에 대해 속삭이며 성문으로 난 이 길에 앉아 있는 나와 너, 우리 모두는 이미 존재했음이 분명하지 않은가?

— 그리고 되돌아와 우리 앞에 있는 또 다른 골목길, 그 길고도 소름끼치는 골목길을 달려나가야 하지 않는다. 우리도 영원히 되돌아올 수밖에 없지 않은가? —

나는 이렇게 말했다. 점점 소리를 죽여가며, 나 자신의 사상과 속사상이 두려웠기 때문이다. (…)

거기에 한 인간을 위해 도움을 요청하며 부르짖는 개의 이야기가 연결된다. 뱀 한 마리가 인간의, 한 양치기의 목으로 기어들어가 목구멍을 꽉 문 것이다.

"나는 손으로 그 뱀을 잡아당기고 또 잡아당겼다. 소용없는 일이었다! 아무리 잡아당겨도 뱀은 꼼짝하지 않았다. 그때 내 안에서 '물어뜯어라! 물어뜯어라! 뱀 머리를 물어뜯어라! 물어뜯어라!'라고 소리치는 것이 있었다. 나의 공포, 나의 증오, 나의 역겨움, 나의 연민, 내게 있는 좋고 나쁜 것이 한목소리로 내 안에서 소리쳤다. (…)

— 그러나 양치기는 내가 고함을 쳐 분부한 대로 물어뜯었다. 단숨에 물어뜯었다! 뱀 대가리를 멀리 뱉어내고는 벌떡 일어났다. —

그는 이제 더 이상 양치기나 사람이 아닌,—변화하는 자, 빛으로 감싸인 자가 되어 웃고 있었다! 지금까지 지상에서 그와 같이 웃어본 자는 없었다!

오 나의 형제들이여, 나는 사람의 것이 아닌 그 어떤 웃음소리를 들었다. (…) 이제 어떤 갈증이, 결코 잠재울 수 없는 어떤 동경이 나를 사로잡고 있다."

순환 속에서 진행되는 영원회귀의 뱀은 인간이 뱀의 대가리를 물어뜯을 때, 즉 그가 영원회귀의 무의미함과 공포스러움을 지양하고 인간을 자신의 주인으로 만들 때—변화하는 자, 빛으로 감싸인 자, 웃음을 웃는 초인으로 만들 때, 차라투스트라가 인간을 구원하는 바로 그것이다.

"내가 그때 본 이 수수께끼를 풀어달라! 이 가장 고독한 자가 본 환영을 설명해달라! 그것은 하나의 환영이며 예견이었으니 말이다. 나는 그때 비유 속에서 무엇을 보았던가? 그리고 언젠가 반드시 나타나야 하는 그 사람은 누구인가?"

(Ⅲ, 96 참조[〈건강을 되찾고 있는 자 2〉]): "어떻게 저 괴물이 내 목구멍으로 기어들어가

가 자신의 아포리즘에서 영원회귀 사상을 슬쩍 다루고 나서, 두려움과 경외의 몸짓을 하며 침묵한다:

"그러나 내가 여기서 무슨 말을 하고 있는가? 그만하자! 그만하자! 이 자리에서 나에게 어울리는 것은 단 한 가지, 침묵하는 것이다: 그렇지 않다면 나는 나보다 젊은 자, "더 미래가 있는 자", 더 강한 자에게만 허용된 권한을 침해하는 것이다.─오직 차라투스트라에게만, 무신론자인 차라투스트라에게만 허용된 권한을…."《도덕의 계보》II, 25)

니체라는 존재에게 차라투스트라라는 인물의 영적인 의미는 영원회귀설의 담지자로서 그 인물이 드러나는 곳에서 비로소 완전하게 명료해진다. 니체는 자신 안에 이 인물을 신비적 존재처럼 품는다고 생각했지만, 그와는 자연적, 인간적 실존형식에서 구분된다. 지나가버리는 삶의 상황이나 부침浮沈에 의해 신체적, 정신적으로 제약받는 우연한 시간의 현상 속에서 니체는 오직 가치 있어 그것을 향해 몰락해가는 다른 사람들처럼 자신을 "데카당스"하다고 여겼다. 그러나 다른 한편 니체는 스스로를 필연적으로 병적인 소질이 있는 매개자로 여겼는데, 이를 통해 모

나를 질식시켰는가를! 그러나 나는 그 괴물의 머리를 물어뜯어 뱉어버렸다."

든 시간의 영원성은 그 자신이나 그 의미를 의식하게 된다. 또한 그는 스스로를 육화된 인간 종 자체로 여겼는데, 이때 과거는 현재에서 모든 미래의 수수께끼를 풀어낸다. 이렇게 그는 인간 데카당스 형태의 최고의 의미로 묘사했던 것을 자기 안에서 체현한다고 믿었다: 그는 초인적 존재에 적용했던 출산통 속에서 스스로 아프다고 느꼈고, 자신을 세계를 구원해야 하는 최고의 새로운 창조에 맞추어 몰락하는 자 또는 부서지는 자로 느꼈다: ─ "창조하는 자가 스스로 다시 태어날 어린아이가 되기 위해서는 먼저 산모가 되어야 하며 해산의 고통을 마다하지 않아야 한다."(《차라투스트라는 이렇게 말했다》II, 7〔〈행복한 섬에서〉〕)

차라투스트라는 동시에 니체의 신이 그러하듯 어린아이이며, 개별자의 행위 혹은 예술 창조이자 개별적 인간이 전체 궤도의 인간이나 인류의 의미 자체와 통합되는 것이다. 그는 "창조자의 피창조자"이며 "보다 강한 자"이고 고통받는 인간적 니체 현상을 뛰어넘는 "훨씬 미래적인 자"다. ─ 그는 "니체를 넘어선 자"다. 따라서 개별자의 체험과 이해는 그로부터 말하는 것이 아니라 가장 멀리 있는 근원으로부터 인류 의식이 말하는 것이다. 그의 말은 다음과 같다: "나는 '무슨 까닭'이냐고 물어도 좋을 그런 사람이 아니다. 내 체험이 어제의 것인 줄 아는가? 내가 내 견해들의 근거를 체험한 것, 그것은 이미 오래전의 일이다. 내가 나의 근거를 지니고 있고자 한다면, 나는 기억을 담아두는 통이 되어야 하지 않는가?"(《차라투스트라는 이렇게 말했다》II, 68〔〈시인

에 대하여〉〕)

이렇게 니체와 그의 차라투스트라가 끊임없이 서로 접근하고 서로 분리하는 것처럼 보이는 놀라운 사고놀이가 생겨난다. 니체가 얼마나 많은 소소한, 순수하게 개인적인 성향 속에서 스스로 자신의 차라투스트라에 비밀스럽게 들어와 있었는지, 이러한 신비함 전체가 그에게는 몽상적인 황홀감으로까지 상승되는지를 아는 사람에게 이것은 완전히 명백한 것이다. 그가 자신의 책에 대해 이야기하고 언젠가 다음과 같은 말을 터트리게 만든, 들어보지도 못한 자의식 역시 이로부터 설명된다: "이 책은 깊고도 낯설어 이 책으로부터 여섯 문장을 이해하거나 체험했다는 것은 죽을 운명의 존재가 보다 높은 질서로 올라가는 일이다!"

차라투스트라라는 문학작품이 니체에게는 인간적인 것에서 초인적인 것이 탄생하게 된 작품이었다면, 그는 자신의 간행되지 않은, 제1부만으로 완성된 주저 《힘에의 의지Der Wille zur Macht》가 어느 정도 차라투스트라라는 인물에 의해, 다시 말해 오직 "모든 가치의 가치 전도"가 성공할 수 있는 영원하고 자유로운 인간에 의해 만들어진 것으로 생각할 수 있었다. 왜냐하면 그는 오로지 독립적인 자로서, 모든 것을 자기 안에서 파악하거나 품은 자로서 모든 시간과 어떤 영향의 밖에 서 있기 때문이다. 《우상의 황혼》(IX, 51〔〈어느 반시대적인 인간의 편력〉〕)에서의 주장은 오직 다음과 같이 이해될 수 있다: "나는 인류에게 인류가 소유한 것 가운데 가장 심오한 책을 주었다. 나의 차라투스트

라가 그것이다: 최근에 내가 인류에게 넘기는 책은 가장 독립적인 책이다." 첫 번째의 경우 초인적인 것이 니체라는 인간세계의 심층에서 올라올 수밖에 없으며, 두 번째의 경우 이것은 이미 자유롭게 만들어져 그와 같은 인간세계 위에 떠 있게 된다.

이러한 차라투스트라라는 인물이 그 세계 의미에서도 신비적이고 비밀스럽게 파악되었다면, 이 인물은 그 구성에서 미래조건으로서 독창적인 것, 의지의 자유, 격세유전적인 것으로 실행되도록 니체의 엄격한 논리로 연결된다. 니체의 이론을 고찰하는 것은 이 모든 것이 하나의 가능한 초월적 존재의 창출을 목적으로 한다는 것을 알린다. 니체에게서 얼마나 일찍 유사한 사상이 이야기되어왔는지를 추적하는 것은 흥미로운 일이다. 이 사상은 그의 첫 철학적 시기에서 받아들여졌고, 그의 실증주의적 세계관을 통한 작업을 거쳤는데, 이는 마침내 그의 마지막 철학에서 새로운 생명으로 부활하기 위한 것이었다. 윤리와 미학에서의 천재성은 이미 쇼펜하우어에게서 전체 세계와 인류가 지닌 의미와 본질 근거를 포괄하고 있으며, 이러한 것은 모든 그와 같은 창조적 정신과 대등하게 새로운 것을 행하지만, 의미와 존재 이유는, 세계와 인류의 실제 발달사에서 완전히 분리된 채로 이러한 천재성에서 영원히 빛을 비추는 존재, 형이상학적 물자체를 의미한다. 그러나 이러한 형이상학적 관념을 알아챈 니체는 하나의 고립된 초월적 존재 안에서 천재성의 등장을 필요로 한다. 초월적 존재는 다수의 다른 존재를 배제하며 실제로 주

어진 세계와 인류의 현상을 자기 안에 함축한다.《인간적인 너무
나 인간적인》(II, 185)에서 그는 실증주의적 의미에서 변주한 쇼
펜하우어 사상에 관해 다음과 같이 말한다: "쇼펜하우어가 고찰
한 것처럼, 만약 천재성이 자기 체험에 관련된 살아 있는 기억
속에 있는 것이라고 한다면, 전 인류의 천재성을 향한 노력은 모
든 역사적으로 이루어진 것 전체를 인식하려는 노력 속에서 이
해되어야 할 것이다. (…) 완벽하게 숙고된 역사란 우주적 자기
인식인 것이다." 여기에《즐거운 학문》(34)의 다음 문구가, 즉
숨겨진 역사Historia abscondita라는 아포리즘이 제기된다: "모든 위
대한 인간은 시간을 거슬러 작용하는 힘을 갖는다. 모든 역사는
이들 덕분에 다시금 저울 위에 오른다. 과거의 수많은 비밀이 숨
겨져 있던 곳으로부터 이들의 태양 속으로 기어나오는 것이다."
더 나아가 다음의 구절이 나온다(같은 책, 337): "… 인류의 역
사 전체를 자신의 역사로 여길 줄 아는 사람은 엄청나게 과감한
일반화를 통해 건강할 때를 생각하는 환자, 청춘의 꿈을 생각하
는 노인, 애인을 빼앗긴 연인, 이상이 좌절된 순교자, 아무런 성
과도 얻지 못하고 부상당하고 친구를 잃은 채 싸움터에서 저녁
을 맞는 영웅 등의 비통함을 느낄 것이다.―하지만 이 모든 종류
의 엄청난 비통함을 견뎌야 하고, 또 견딜 수 있는 영웅이 아직
존재할 것이다. 그는 싸움터에서 두 번째 날이 밝아오면 아침놀
과 그의 행운에 감사할 것이다. 수천 년의 지평을 자신 앞에 그
리고 자신 위에 지닌 인간으로서, 지난 시대의 모든 정신이 지닌

고귀함의 상속자, 그것도 책임 있는 상속자로서, 과거의 모든 귀족 가운데 가장 귀족적인 자이자 과거의 누구도 보거나 꿈꾸지 못한 새로운 귀족의 시조로서: 인류의 가장 오래된 것과 가장 새로운 것, 상실과 희망, 정복과 승리 등 이 모든 것을 자신의 영혼에 받아들이는 것: 이 모든 것을 마침내 하나의 영혼 속에 지니고 하나의 감정으로 모으는 것:—이것이 인간이 지금까지 알지 못했던 행복을 부여할 것이다. 힘과 사랑, 눈물과 웃음으로 충만한 신의 행복, 고갈되지 않는 자신의 부유함을 끊임없이 나누어 주고는 바다로 가라앉는 저녁 무렵의 태양 같은 행복, 가난한 어부가 황금빛 노를 저어갈 때 가장 커다란 풍요를 느끼는 태양의 행복을!—그때는 이 신적인 감정이 인간성이라고 불릴 것이다!"

　그러나 니체에게 인간의 천재성은 역사적으로 이루어진 것의 인식이나 추遄지각을 획득함으로써 해결되는 것은 아니다. 왜냐하면 이 이루어진 것의 충일성은, 인간 자체에 이미 있으며 보다 깊은 자기 몰입을 통해 이끌어낼 수 있고 의식화될 수 있기 때문이다. 《인간적인 너무나 인간적인 I》(14)에서도 그는 지나가버린 과거에 속하는 우리 안에 잠들어 있는 것을 소급해 일깨우는 정동의 속성을 알려준다: "좀 더 강한 기분은 모두 유사한 감각과 기분이 함께 울려 퍼지는 작용을 수반한다. 동시에 그것은 기억을 교란시킨다." 그러나 그 정동과 함께 개별적 과거에 관련해서뿐만 아니라 동시에 인류 발전의 과정에서 사상과 감각에 설정되었던 것 역시 마찬가지다.—왜냐하면 개별자는 그와 같은 것의 산출이며, 그 다양한 단계를 지속적으로 자기 안에 품고 있기 때문이다.《즐거운 학문》(54)에서, 즉 〈가상의 의식〉이라는 아포리즘에서는 이와 관련해 다음과 같이 말한다: "인식을 지니고 모든 현존재에 직면할 때 나는 얼마나 커다란 경탄과 새로움과 두려움과 역설을 느끼는가! 나는 오래된 인간성과 동물성, 아니 태고 시대와 과거의 모든 것을 느끼는 존재가 내 안에서 계속 시를 짓고 사랑하고 증오하고 추론한다는 사실을 발견했다. 나는 갑자기 이러한 꿈의 한가운데서 깨어나지만, 몰락하지 않기 위해 꿈을 꾸며, 또한 꿈을 계속 꾸어야만 한다는 의식에 도달했다. 몽유병자가 추락하지 않기 위해서는 계속 꿈을 꾸어야 하는 것처럼 말이다. 이제 내게 '가상'이란 무엇인가! 아마도 본질의 반대가 아니라는 것은 분명하다.—가상의 술어에 불과한 어떤 본질에 대해 내가 무엇을 알 수 있단 말인가! 실로 미지의 것에 씌우고 또 벗겨낼 수 있는 죽은 가면이 아니라는 것이다! 가상은 내게는 활동하고 살아가는 것 자체다. 그것은 자기 경멸 속에서 이 세상에는 가상과 도깨비불과 유령의 춤 외에는 아무것도 없다는 것을 내게 느끼게 한다.—이 모든 꿈꾸는 자 가운데 '인식하는 자'인 나도 나의 춤을 추고 있다는 것, 인식하는 자는 이 지상의 춤을 오래 끌게 하는 수단이며, 그러한 현존재의 축제를 주관하는 자에 속한다는 것, 모든 인식의 숭고한 일관성과 결합은 아마도 꿈의 보편성과 모든 꿈꾸는 자의 상호 이해, 그리고 꿈의 지속을 유지시켜주는 최상의 수단이라는 것을 나는 느낀다."

여기에서 니체는 이미 전환점을 만들었는데, 이는 그의 후기 신비주의로 향하는 이행 과정을 형성하는 것이었다. 이러한 전환점에서 세계는 그에게 인식하는 자의 가상이 되었는데, 이 인식하는 자는 몽유병에서 가상의 의식으로 깨어날 때, 자기 자신을 이러한 가상의 의미, 이러한 꿈의 의미를 강제로 규정하는 주인이나 창조자로 느낄 수 있는 자다. 일상의 꿈에서 깨어남은 동시에 창조적으로 세계를 구원하는 행위가 된다는 신비적 관념을 통해 변형하면서, 그와 같은 사상은 후에 깊은 정오에 열두 번의 타종을 통해 깨어나는 자의 낮이 시작되는 것을 알리는 "우렁 소리를 내는 낡은 종"의 노래에서 놀랍게도 시적 비유로 반복된다(《차라투스트라는 이렇게 말했다》 III, 110f.(〈춤에 붙인 또 다른 노래 3〉)).

하나!
오, 사람들이여! 조심하라!
둘!
깊은 자정은 무슨 말을 하고 있는가?
셋!
"나 잠을 자고 있었노라, 잠을 자고 있었노라―,
넷!
"나 깊은 꿈에서 깨어났노라: ―

다섯!

"세계는 깊다,

여섯!

"그리고 낮이 생각했던 것보다 한층 더 깊다.

일곱!

"그의 고통은 깊다―,

여덟!

"쾌락은―가슴을 에는 고통보다 깊다:

아홉!

"고통은 말한다: 사라져라!

열!

"그러나 모든 쾌락은 영원을 원한다 ―,

열하나!

"― 깊디깊은 영원을 원한다!

열둘!

이러한 관념의 최종 형태는 또다시 니체의 쇼펜하우어 시기 및 인도철학에 대한 강한 호응을 함축하지만, 그렇다고 할지라도 이 인도철학에 대한 호응은 항상 궁극적 목적과 그것으로 향하는 길이 삶의 소멸 대신에 삶의 상승에서 찾을 수 있다는 특징적 변화와 함께하는 것이다. 그렇다고 할지라도 현존 문제에 관한 이러한 두 감정에 대한 견해가 얼마나 서로 접근하는가는, 새로운 견해에서 보자면 심지어 인도적인 삶을 등지는 것이기도 한데, 이러한 세계 부정적인 철학의 가장 극단적인 표현은 본래 삶으로부터의 해방을 위해 노력하는 것이 아니라, 영혼 윤회의 결과 언제나-다시-노력해야만 함으로부터의 구원이라는 사실에서 최소한 생겨나는 것은 아니다. 이는 결국 다른 종교들에서 불멸성 신앙의 모티브가 제기했던 죽음 공포의 다른 형태에 다름이 아니다.─ 이것은 공포인데, 그 공포의 진정은 개인이 삶 전체의 힘이나 충일과 완전히 하나 되어 삶의 영원성으로 지양됨으로써, 또한 죽음이나 해방, 소멸이 분리되지 않고 연결되어 있는 모든 생명 충동이 벗겨지거나 증발되어 없어짐으로써 이루어질 수 있다.[10]

그러나 니체의 입장에서 꿈의 상태에 대한 신비적 해석이나 꿈의 의식으로서 세계 의식의 견해가 사로잡은 자극은 여전

10　추정컨대 니체가 전적으로 상세히 몰두하며 작업했던 마지막 학적 작업의 하나는 인도철학에 대한 쇼펜하우어의 엄격한 준수였으며, 이것이 니체를 자신의 이전 세계관의 이념층에 다시 한번 접근하게 한 것은 우연이었다. 파울 도이센Paul Deussen의 탁월한 책《바다라야나의 브라마경전과 이에 대한 샹카라의 주석에 따른 베단타 시스템Das System des Vedânta nach den Brahma-Sûtra's des Bâdarâyana und dem Commentare des Çankara über dieselben》(라이프치히: 브로크하우스 출판사, 1883)이 그것인데, 이 책에서 저자는 자신의 대상을 객관적으로 묘사하고 해석하지만, 동시에 그 대상을 자신의 입장에서 판단한다. 1883년 이후 니체가 저술한 저작들에서 이 책의 영향을 무시하는 것은 불가능하다. 특히 창조자-철학자의 신격화나 그것을 최고의 모든 것을 포괄하는 생명 원리와 동일시하는 것에 관련해서, 그리고 이러한 것이 모든 생성된 것의 순서를 어느 정도는 영혼의 순서 속에서, 즉 시간적인 영혼윤회 대신에 공간적인 영혼윤회 속에 담겨 있다는 관념과 관련해서 말이다. 만일 우리가 개별적 영혼 상태에 대한 니체의 흩어져 있는 묘사를 반쯤 신비적 의미 속에 연관시킨다면, 우리는 때로 "아트만Âtman"과 "브라만Brahman"을 설명하기 위해 여백에 써넣는 시도를 할 것이다.

히 개인적인 이유를 가지고 있었다. 사실 이때 이 문제는 그에게 는 비유나 유추 이상으로 중요한 것이었다.─왜냐하면 그는 특히 도취나 꿈의 상태에서 인간 속에 있는 충일한 과거를 현재로 다시 깨어나게 할 수 있다는 신념을 가지고 있었기 때문이다. 꿈 은 언제나 그의 삶이나 사고 속에서 중요한 역할을 했으며, 그의 마지막 생애에서 그는 종종 마치 하나의 수수께끼의 해명처럼 그 꿈으로부터 자신의 학설의 내용을 끄집어냈다. 이러한 방식 으로 그는 예를 들어《차라투스트라는 이렇게 말했다》(II, 80ff.) 에서 설명되는 꿈을 사용했는데, 이 꿈은 그가 1882년 라이프치 히에서 꾸었던 것이다. 그는 이 꿈을 해석하는 데 지치지도 않고 계속 간직하고 다녔다. 총명한 해석이나 꿈꾸는 사람의 감정에 행복하게 꿰맞춘 해석은 그를 행복하게 만들거나 형식적으로 구 해낼 수 있었다. 분명한 사실은 그가 이미 일찍이 이러한 대상에 몰두했지만, 여전히 감행하며 나중에 선호했던 해석을 거부했 다는 데 있다. 그는《인간적인 너무나 인간적인》의 여러 문장에 서 이 꿈에 대해 말했다(예를 들어 아포리즘 I, 12, 〈꿈과 문화Traum und Kultur〉와 I, 13, 〈꿈의 논리〉를 비교해보라). 여기에서 그는 관 념이란 꿈 아래 자리 잡고 뒤엉켜 있다는 것, 명료성이나 논리가 결여되어 있다는 것, 꿈속에서 우리의 방식을 판단하고 결론을 내리는 올바른 인과관계가 결여되어 있다는 것, 우리가 현재 꿈 속에서 하는 것처럼 오늘날에도 야만인은 깨어 있을 때 역시 그 렇게 처리하는 과거 인류의 상태를 기억한다고 여긴다. 이에 대해《아침놀》에서 그는 더 이상 그와 같은 방식의 유비에 대해서가 아니라 꿈속에서 과거의 산출 가능한 일부에 대해 직설적으로 말한다.《즐거운 학문》에서는 그의 입장에서 보자면 꿈은 여기저기에서 삶이나 개별적 인간 안에 있는 세계 과거의 긍정적인 모사로 상승된다. 여기에서 앞에서 서술한 두 가지를 포괄하는 세 번째 사상으로의 발걸음이 나타난다: 그 하나는 꿈속에서 과거를 산출한다는 것이며, 다른 하나는 세계 전체나 삶의 발전과정이 철학적으로 꿈의 가상과 비교될 수 있다는 것이다. 이러한 연결로부터 꿈은 어떤 상황에서는 모든 존재했던 삶의 부활이며,—삶이란 다시금 깨어 있는 우리가 그 의미와 중요성을 규정할 수 있는 깊은 본질 속에서 하나의 꿈이라는 사실이 나온다. 앞에서 언명한 것들은 무엇보다도 꿈과 유사한 상태, 삶의 토대의 카오스적인 것이나 어두운 것, 깊이를 알 수 없는 것으로 매우 깊게 내려갈 수 있는 상태에 적용된다.—즉 존재했던 인류뿐만 아니라 이러한 인류 밑으로 내려가 이 인류가 이러한 것에서 형성되는 데 이르기까지 말이다. 왜냐하면 평화로운 꿈은 이 문제를 해결하는 데 충분하지 않다. 훨씬 더 현실적이고 심지어는 훨씬 무시무시한 체험이 필요하기도 하다: 흥분을 일으키는 정열과 무절제한 디오니소스 상태의 카오스 말이다.—모든 감정이나 관념이 해결하기 어려운 상태로 다시 빠져들어가는 것으로서의 광기 차체는 그에게는 우리 안에서 휴지하고 있는 과거 인간 층의 근원적 심층에로 나아가는 마지막 길로 보인다.

이미 일찍이 니체는 가능한 인식의 근원으로서 광기의 의미에 대해 깊이 생각해왔고, 옛날 사람들이 그것을 선택의 기호로 보는 데 있을 수 있는 의미에 대해서도 깊은 생각을 했다.《즐거운 학문》에서 이와 관련해 이렇게 말한다: "손을 뻗는 자만이 이끌게 된다." 그리고《아침놀》(312)에는 전체 인류의 과거를 실현하는 미래의 천재라는 그의 후기 사상을 상기시키는 다음의 주목할 만한 말이 나온다: "열정의 폭발과 꿈과 망상의 상상 속에서 인간은 자신과 인류의 선사先史를 다시 발견한다: (…) 인류의 문명화된 상태는 이러한 근원적 체험을 망각하는 데서, 즉 저 기억을 버리는 데서 발전하는 반면, 인간의 기억은 일단 과거로 뻗어나간다. 최고로 잘 잊어버리는 종인 인간으로서 이 모든 것에서 아주 멀리 떨어져 있는 사람은 인간을 이해하지 못한다." 그러나 그 당시 니체는 스스로 망각하는 자가 되기를 원하는데, 왜냐하면 그는 인간의 위대성을 여전히 "감정 없이 인식하는 자"에게서 찾았고, "이성으로부터 태어난 것" 속에서 찾았기 때문이다. 당시 니체는 이것을 그 이전 시기의 엄청난 혼동이라고 불렀으며, 이 인식하는 자들에게 광기는 새롭고도 위대한 인식과 떨어질 수 없는 것으로 보였다. "그렇다고 할지라도 새롭고 이단적인 사상과 가치 평가, 그리고 충동이 거듭 출현할 때마다 이는 무서운 현상들을 수반하면서 일어났다. 거의 모든 곳에서 새로운 사상들에 길을 열어주면서 이전에 존중되던 습관과 미신의 속박을 부수는 것은 광기다. 그대들은 왜 그것이 광기여야만 했는지 이해하는가? 소리와 몸짓에서 전율을 일으키는 불가해한 것…? (…) 전혀 자유의지를 갖지 않은 상태의 징후를 현저하게 보이게 하면서 광인을 이처럼 신성의 가면이나 확성기로 나타나게 하는 어떤 것을? (…) 한 걸음 더 나아가보자: 어떤 윤리의 질곡을 부수면서 새로운 법칙을 부여하려고 하는, 거역하기 어려운 유혹에 사로잡혔던 저 탁월한 모든 인간에게는 그들이 실제로 미치지 않았을 경우 자신을 미치게 하거나 미친 것처럼 보이게 하는 것 외에 다른 방도가 없었다. (…) "미치지 않았는데도 (…) 어떻게 자신을 미치게 할 것인가?" 고대 문명의 거의 모든 중요한 인간은 이러한 무서운 사상을 따랐다. (…) 그야말로 모든 시대의 가장 생산적인 인간들이 겪었을 가장 쓰라리면서도 황량하기 짝이 없는 엄청난 정신적 고통을 누가 감히 들여다볼 수 있을 것인가! 저 고독하고 어찌할 줄 모르는 사람들의 한숨을 누가 감히 들을 수 있을 것인가?: "아, 그대 하늘에 있는 자들이여, 광기를 주소서! 마침내 내가 나를 믿을 수 있도록 광기를 주소서! 황홀경과 마비, 섬광과 암흑을 주소서! 일찍이 죽어야 할 어떤 사람도 경험한 적이 없는 혹한과 뜨거운 열로 나를 겁에 질리게 하소서! 포효하며 이리저리 어슬렁거리는 형태로 나를 겁에 질리게 하소서! 나로 하여금 울부짖고 신음하게 하시고 동물처럼 기게 하소서! 내가 나 자신을 믿을 수 있게만 하소서! 의심이 나를 파먹어갑니다. 나는 법을 파괴했습니다. 시체가 사람들을 불안하게 하는 것처럼 법이 나를 불안하게 합니다. 내가 법

이상의 존재가 아니라면, 나는 모든 사람 중에서 가장 타락한 자입니다."《아침놀》, 14)

《아침놀》에서 이미 니체에게 은밀하게 작용하기 시작했던 저 사상이 설명되거나 반박되는 듯한 묘사도 보이는데, 이러한 묘사 방식 속에서 도취 상태는 그에게 후일 특별한 선택의 증거로 여겨졌다. 그는 현재 지속되는 모든 절망 상태나 견디기 힘든 상태에서, 그에게 실증주의의 풍자에서 생겨난 현실의 왜곡된 상에서 출발하며, 이러한 입장에서 새로운 것과 훌륭한 것을 창출하고자 한다. 그러나 이렇게 만들어진 것은 오로지 그에게 의존하기 때문에, 그 자신의 확신과 더불어 있고 일체가 된다.—이것은 그 자체로는 전혀 존재하지 않았다. 따라서 기분이 한순간에 가라앉자마자 그를 괴롭혔던 의심은 천 배 정도가 되었음이 틀림없다. 이렇게 동요하며 의심스러운 인간성에서 자신을 자기 확실성이 있고 영원히 확실한 존재로부터, 니체를 차라투스트라로부터 구분하려는 욕구는 엄격한 것이었다. 시간으로 주어진 자기 몰락의 운명으로서 가장 끔찍하게 무서운 것이 니체에게 속하는 것이라면, 차라투스트라에게는 선택과 상승의 기호가 남는다. 니체가 무섭고-혼돈스러운 것의 상태 자체에서 동물이 되는 데까지 이끌려 내려갈 수밖에 없었다면, 차라투스트라에게 그것은 가장 저열한 것과 심층에 있는 것도 자기 안에 받아들이는, 모든 것을 포괄하는 표현일 뿐이었다. 이러한 의미에서 《우상의 황혼》(I, 3)에서는 최고 수준의 철학자들에 대해 그가 동물과 신의 결합이라고 말하는데, 이와 유사한 사상은 인식하는 자를 창조자-철학자(《선악의 저편》, 101)로 표현하는 발언에도 있다: "오늘날 인식하는 사람은 스스로를 금수화禽獸化된 신처럼 가볍게 느끼고 싶어 한다." 물론 이러한 가장 저열한 것의 가면은 인간들 앞에서는 최고의 것에 적합한 표현 형식일 수 있다. 왜냐하면 이러한 형식 안에서 그는 그 가면을 부끄러워하지 않고 유효한 방식으로 자신의 광채를 숨기기 때문이다. "대립이야말로 신의 수치가 드러나기에 적합한 변장이 아닐까?"(《선악의 저편》, 40) 여기서 니체에게서 스스로 은폐하는 마지막 시도가, 즉 결국에는 가면에 대한 그의 요구가 일어난다. 외견상 이 가면은 신을 너무나도 인간적인 외양으로 감쌀 수밖에 없는데, 반면 니체의 인간 정신을 위협했던 두려운 운명을,— 이를 견뎌내며—신적인 것으로 바꾸어 해석하고자 했던, 진실로 동요하는 욕구가 그 가면의 토대가 된다. "여기에 전망이 열려 있다"는 잠언구(《우상의 황혼》 IX, 46[〈어느 반시대적 인간의 편력〉])에서 그는 이것이 두려움 없이 "가장 가치 없는 차"에게로 향하는 영혼의 위대성이 될 수 있다고 해석한다: "사랑하는 여인은 자신의 결혼생활에 헌신한다. 사랑하는 인식자는 아마도 자신의 인간성에 헌신할 것이다. 사랑했던 신은 유대인이 되었다…."

우리는 자기희생이나 자기 박해, 의도한 분열의 고통이 가장 정신적인 영역에까지 증대되어갈 뿐만 아니라 가장 개인적인 영역에까지 들어오는 것을 보게 된다. 사유 과정 전체는 점점 더 명료하게 스스로 부정하는 행위로 첨예화되며, 이러한 행위를 통해 사적인 행동이나 인고 속에서 구원이 완성된다. 니체의 내면적인 삶이 그의 미래 학설에서 철학적 형식으로 어떻게 이야기하는지를 분명하게 따라가보면, 우리는 여기에서 그의 철학이 거꾸로 가장 개인적인 체험으로 변화시키는 지점에 이르게 된다.─그것에 적합한 말은 다음과 같다: "나는 내게서 솟아오르는 불꽃을 내 안으로 되마신다."《차라투스트라는 이렇게 말했다》II, 35〔〈밤의 노래〉〕) 그의 사유의 기본 특징이 추상적 체계와 연결하는 대신에 신적 형태라는, 신비적 자기-신격화라는 어마어마한 스케치와 연결하는 선상에 있었다면, 자기 신격화의 지복 상태는 이제 순수하게 인간적인 삶의 비극으로 전환된다. 차라투스트라의 구원적 세계 행위는 동시에 니체의 몰락이며, 삶의 해석과 모든 가치의 가치 전도에 대한 차라투스트라의 신적인 권리는 니체의 인간 현존에서 어두운 광기의 심층으로 묘사된 생명의 근원으로 들어가는 대가를 치르고야 얻게 된다. 차라투스트라는 다음과 같이 말한다. "나와 같은 부류의 사람은 이러한 길을 모면하지 못한다. 이렇게 말하는 시간을. '이제야 비로소 너는 위대함을 향한 너의 길을 간다! 산정과 심연은 이제 하나가 되었다!'"(III, 2〔〈방랑자〉〕) 이렇게 깊이를 알 수 없게 빠져들어가는 것에 대한, "심연의 사상"에 대한 차라투스트라의 두려움은 동시에 자신의 개인적 운명에 대한 니체의 두려움이기도 하다. 이 양자는 구별할 수 없을 정도로 변용된 니체의 삶과 니체를 넘어서는 니체의 세계를 묘사하는 것인 문학작품에서 융합된다.

"모든 것이 이처럼 징표로서 '때가 되었다!'고 내게 소리쳤다. 그러나 나는 듣지 못했다. 마침내 나의 심연이 요동을 치고 나의 사상이 나를 물어뜯을 때까지는. 아, 심연의 사상, 너, 나의 사상이여! 무덤을 파헤치는 너의 소리를 듣고도 더 이상 떨지 않을 만큼 강한 힘을 나는 언제 찾아낼 것인가? 무덤을 파헤치는 너의 소리에 나의 심장의 고동은 목까지 올라온다! 너, 심원한 침묵자여, 너의 침묵조차 나를 질식시키려 하는구나! 지금까지 나는 너를 감히 위로 불러올리지 못했다. 너를 내 몸에 지니는 것만으로도 족하리라!"《차라투스트라는 이렇게 말했다》III, 16[〈뜻에 거슬리는 열락에 대하여〉]) 삶 자체가―즉 개별자의 고통을 넘어서며 웃음을 웃는, 스스로 환희에 가득한 웃는 삶이―그에게 자신의 사상을 체험하고 예고하라는 명령을 내리는 "가장 고요한 시간"에 대한 묘사를 니체의 작품 속에서 읽어낼 때, 이러한 전율을 느끼는 말들을 우리는 기억해야만 할 것이다.

"땅이 꺼지고 꿈이 시작되면서 그는 발끝까지 놀란다. 나는 이것을 비유를 들어 너희에게 말한다. 어제, 더없이 고요한 시간에 땅이 꺼지더니 꿈이 시작된 것이다. 시곗바늘은 움직였다. 내 생명의 시계는 놀라 숨을 죽였다. 나는 나를 에워싸는 그 같은 고요함을 한 번도 경험해본 적이 없다. 그러니 나의 시장이 경악할 수밖에. 그때 소리 없이 내게 말하는 것이 있었다. '차라투스트라여, 너는 그것을 알고 있지?'—나는 그 속삭임에 놀라 소리치고 말았다. 얼굴에서 핏기가 가셨다: (…) 그러자 내 주변에서 웃음이 터졌다. 아, 이 웃음이 나의 내장을 얼마나 뜯어내고 심장을 도려내던지! (…) 그리고 다시 한번 웃음소리가 나더니 시간이 지나갔다. 그러자 내 주위는 마치 이중으로 된 침묵처럼 조용해졌다. 나는 바닥에 누워 있었고 온몸에서 땀이 흘러내렸다. …"(《차라투스트라는 이렇게 말했다》 II, 97ff.〔〈더없이 고요한 시간〉〕)

여기에 〈건강을 되찾고 있는 자〉라는 장이 연결된다(III, 92ff.).

"어느 날 아침, (…) 차라투스트라는 미친 사람처럼 잠자리에서 벌떡 일어나 무시무시한 소리로 외쳤다. 그러고는 누군가[11] 그의 잠자리에 누워 도무지 일어날 생각을 하지 않고 있다는 듯한 몸짓을 했다. (…) 그러나 차라투스트라는 다음과 같이 말했다:
너, 심오한 사상이여, 나의 심연에서 올라와라! 잠꾸러기 벌레여, 나는 너의 수탉이며 새벽이다. 일어나라! 일어나

---

11 니체―차라투스트라.

라! 나의 목소리는 닭의 울음소리가 되어 너를 잠에서 깨우고 말리라!

네 귀의 사슬을 풀고 귀 기울여라! 네 목소리를 듣고 싶다! 네 목소리를 듣고 싶다! 일어나라! 일어나라! 무덤초차도 귀 기울이지 않을 수 없을 만큼[12] 엄청난 뇌성이 울리지 않는가!

그리고 눈에서 잠과 흐릿한 온갖 것, 캄캄한 것을 씻어내라! 또 눈으로도 내 말을 들어라. 나의 목소리는 타고난 맹인까지도 고쳐주는 영약이다.

그리고 일단 깨어나면 영원히 깨어 있어야 한다. 계속 주무시라고 말씀드릴 생각에서 이미 잠들어 있는 증조모들을 깨우는 것은 내 방식이 아니다![13]

몸을 뒤척이며 기지개를 켜고 웅얼거리는가? 일어나라! 일어나라! 웅얼거리지만 말고.—내게 말을 해야 한다! 신을 믿지 않는 자, 차라투스트라가 너를 부르고 있지 않는가!

생의 대변자이자 고뇌의 대변자이며 둥근 원환의 대변자이기도 한 나 차라투스트라가 너를,—나의 더없이 심오한 사상을 부르고 있지 않은가!

아, 너는 올라오고 있다.—나는 네가 오는 소리를 듣는

---

12 지나가버린 것, 기존에 있던 모든 것의 무덤.

13 아무것도 해결할 수 없는 학문을 통해 지나간 과거를 단순히 연구하거나 사상적으로 인식하는 것과는 반대의 것.

다! 나의 심연은 말을 하고 있으며, 나는 나의 마지막 깊은 곳을 백일하에 드러냈다!

아, 가까이 오라! 내게 손을 달라! (…) 앗! 놓아라! 아아! 메스껍다, 메스껍다, 메스껍다. (…) 애통하도다!"

광기의 이미지는 니체 철학의 마지막에 그가 미래철학에서 출발한 인식론적 수행에 대한 날카롭고도 생산적인 예시로 있다. 왜냐하면 모든 지성인은 그에게 토대이자 의미이기도 한 혼동과 충동적인 것을 지배함으로써 문제 해결의 출발점을 이루기 때문이다.―그러나 니체 인식론의 추론은 최고의 삶의 계시를 파악하기 위해 인식하는 자의 몰락에 이르며, 이 인식하는 자를 향해 모든 오성적 인식의 "광기로 너는 접종될 수밖에 없다." 인상적인 방식으로 그 앞에 놓인 개인적 운명의 예고와 정신적 삶과 그 의미 일반의 신비적 견해는 차라투스트라의 말(II, 33〔〈이름 높은 현자들에 대하여〉〕) 속에 뒤섞여 있다: "정신은 그 자체로 생명 속을 파고드는 생명이다. 생명은 그 자신이 겪는 고통을 통해 자신의 앎을 증대시킨다.―너희는 이것을 진작부터 알고 있었는가? 정신의 행복이란 성류를 바르고 산제물이 되어 눈물로 봉납되는 데 있다.―너희는 이것을 진작부터 알고 있었는가? 맹인의 맹목과 그의 탐색과 모색은 그가 들여다본 태양의 위력을 증거해야 한다.―너희는 이것을 진작부터 알고 있었는가?"

광기는 그 광채에 인류 정신이 눈멀게 되는 삶의 진리의 힘에 의해 산출될 수밖에 없다. 왜냐하면 그 어떤 이해도 삶의 충일 자체의 깊이로 들어오지 못하며— 한 계단 한 계단씩, 생각을 하나씩 넘어 이러한 충일로 올라갈 수 없기 때문이다: "올라갈 사다리가 더 이상 없다면, 너는 너 자신의 머리를 딛고 올라갈 줄도 알아야 한다. 너는 어떻게 다른 방식으로 앞을 향해 올라가고자 하는가? (…) 그러나 너 차라투스트라는 모든 사물의 바탕과 배경까지 보려고 했다. 그러니 너는 너 자신을 뛰어넘어 오르지 않을 수 없는 것이다.— 너의 별을 발아래 둘 때까지 위로, 위를 향해!"(《차라투스트라는 이렇게 말했다》III, 2f.〔〈방랑자〉〕)

여기에서 마지막에 이르고, 전체의 전개가 어쩔 수 없이 끝난 것 같다: 이러한 정신을 움직였고 상승시켰던 만족할 줄 모르는 열정적 갈망이 결국 그를 소진시켰고, 스스로 안에서 다시 먹혀 버렸다. 밖에 서 있는 우리의 입장에서 보면 이제부터 완전한 어둠이 그를 정신착란 상태로 만들고, 그는 자신을 동반한 사상이 멈출 수밖에 없는 가장 개별적인 내면적 체험의 세계로 들어간다: 우리의 입장에서 보면 깊이 떨려오는 침묵이 그것을 넘어서 확산된다. 그러나 우리는 그의 희생으로 이르게 된 마지막 변화까지 그의 정신을 더 이상 쫓을 수 없을 뿐만 아니라, 다음과 같은 사실도 따를 수 없게 된다: 즉 그의 내면성의 비밀과 감추어진 것과 완전히 하나가 된 진리의 증거가 그 안에서 쉬게 된다. 그는 우리 앞에서 거꾸로 그의 마지막 고독으로 옮아갔고, 문을 뒤로하며 닫아버렸다. 그러나 출구에서 다음과 같은 말이 빛을

비춘다: "… 지금까지 네게 더할 나위 없는 위험으로 간주되던 것이 이제는 너의 마지막 은신처가 되었구나! (…) 네 뒤에는 되돌아갈 길이 더 이상 없다는 것이 이제 네게 더할 나위 없는 용기를 불러일으켜야만 하리라! (…) 그 누구도 네 뒤를 밟아서는 안 된다! 너의 발 스스로가 네가 걸어온 길을 지워왔다. 그리고 그 길 위에 '불가능'이라는 글자를 썼다."《차라투스트라는 이렇게 말했다》Ⅲ, 2f.(〈방랑자〉))

또한 이러한 문 뒤에 우리에게는 가까이하기 어려운 정신적 변화의 세계가 있다는 사실을 유일하게 알리는 것으로서 내면으로부터 나직한 불만 소리가 사라지게 된다: "아, 나 더없이 험난한 나의 길을 올라가야 하노라! 아, 나 더없이 외로운 방랑을 시작했으니! (…) 방금 나의 마지막 고독이 시작되었으렷다. 아, 발 아래 펼쳐진 저 검고 슬픔에 차 있는 바다여! 아, 이 음울함을 품고 있는 짜증스러움이여! 아, 숙명이여, 그리고 바다여! 나 이제 너희에게 내려가려 한다! (…) 내 일찍이 내려갔던 것보다 더욱 깊은 고통 속으로, 더없이 검은 물길 속으로! 나의 숙명이 바라는 것은 바로 그것이니. 좋다! 나 준비가 되었다.

이 높디높은 산들은 어디서 오는 것일까? 나 일찍이 물어본 바 있었다. 그때 나는 그들이 바다에서 나왔다는 것을 알게 되었다. 그 증거가 산에 있는 돌과 산정의 암벽에 기록되어 있지 않은가. 더없이 깊은 심연으로부터 더없이 높은 것이 그의 높이까지 올라왔음에 틀림없으렷다. —"(Ⅲ, 2ff.(〈방랑자〉))

이렇게 깊이와 높이, 그리고 광기Wahnsinn의 심연과 진리의 미Wahrheitssinn의 정상頂上은 서로 얽혀 있다: "나는 가장 높은 산을 눈앞에 두고 있다: 그리하여 나는 먼저 내가 일찍이 내려갔던 것보다 더 깊이 내려가야 하는 것이다."(III, 3〔〈방랑자〉〕) 이렇게 최고의 자기 신격화는 비로소 인식하는 자의 더없이 깊은 부정이나 중지, 몰락 속에서 신비에 가득 찬 승리를 구가한다. 차라투스트라 주변에 있던 두 마리의 상징 동물, 즉 인식과 영리함을 뜻하는 뱀과 우뚝 솟아오르는 제왕의 자부심을 뜻하는 독수리로부터 오직 이러한 승리는 그에게 진실되게 있다: "나 더욱 영리해지고 싶다! 나의 뱀처럼 철저하게 영리해지고 싶다! 그러나 나 지금 가능하지 않은 것을 소망하는 것이다. 그리하여 나의 긍지가 나의 영리함과 함께하기를 당부하노라! 언젠가 나의 영리함이 나를 떠나버린다면: (…) 그렇게 되면 내 긍지 또한 나의 어리석음과 함께 날아가버리기를!

—차라투스트라의 몰락은 이렇게 시작되었다."(I, 26〔〈차라투스트라의 머리말 10〉〕)

이렇게 니체의 정신은 우리에게 몰락과 고양의 비밀 속에서, 독수리가 날아다닌 어둠 속에서 사라진다.

여기에는 피로에 지친 어린아이가 최고의 은총이나 계시를 경험하기 위해 그 어떤 지성도 필요하지 않은 근원적인 믿음의 고향으로 되돌아가듯이 언급하거나 파악할 만한 그 어떤 것이 있다. 정신이 모든 순환을 내달리거나 만족하지 못한 채 모든 가능성을 소진한 후, 그는 마침내 그 자신을 희생함으로써, 즉 최고의 희생자를 가지고 그 가능성을 얻게 된다. 우리는 두 번째 장(S.76[14])에서 언급한 니체의 말을 기억하고 있다: "모든 것이 진행된다면 그다음에는 어디로 가는가?—어떻게 진행되는 것인가? 다시 신앙에 도달하는 것은 아닐까? 아마도 가톨릭 신앙에 말인가? 모든 경우 정치보다는 순환이 있을 수 있다." 실제로 그는 스스로 반복하면서 순환에 대해 기술한다. 그가 자신의 이전 개인주의에 반대해 무조건 통용되는 전통의 복구를 내놓고 자기 신격화를 종교적 절대주의에 연결시키면서, 자신의 근원적 출발점에 접근해가고, 또 지성 자체는 신비적 신앙을 요구하는 초월적 존재에 대해서 의미 없어 보임에 따라, 그의 철학은 점점 더 절대적이고 보수적 경향을 증대시킨다는 사실이 흥미롭다. 이러한 진행 과정은 그의 병리적 전제에도 심리학적으로 정말 전형적인 것을 가지고 있기 때문에 흥미로운 일이다: 엄밀히 개별적으로 펼치는 자유로운 사유를 필요로 하는 종교적 충동이 결국 니체에게서처럼 자기 자신에게서 신적인 그 무엇을 만든다고 할 때, 이 충동은 이로 인해 객관적으로 생각된 신의 권한인 더없이 절대적이고 보수적인 힘의 권능을 즉시 다시 강요한다.—그가 그 인식욕이 그에게 근원적으로 방향을 제공했던 지성 자체를 중지하며, 그에게서 보다 멀리 떨어져 있던 온갖 항의를 잘라낼

---

14   이 문장은 현재 《니체전집 Kritische Gesamtausgabe Werke》에서 확인할 수 없다. —옮긴이

때까지 말이다. 인간이 어린 시절이나 미성숙으로 되돌아감으로써 이것을 가능하게 만들 수밖에 없다고 할지라도, 신은 인간에게서 부활할 수밖에 없다. 그가 어쨌든 자신에게서 수행하는 이러한 두 분열 속에서야 비로소 그는 자신의 구원과 신앙 속의 신비적 자기 통합을 축하하는 것이다.

"…

정오에 하나는 둘이 되었다. (…)

이제 우리는 축하하며 하나로 뭉친 승리를 확신하고,
축제 가운데 축제를 한다:
친구 차라투스트라가 왔다. 손님들 가운데 손님이!
이제 세계는 웃고 끔찍한 커튼은 찢기고, 빛과 어둠을 위한 결혼식이 다가왔다. …"

《선악의 저편》의 끝부분에 있는 〈높은 산에서〉라는 놀라운 후곡에서 이렇게 말하듯이 말이다.

니체의 개인적 운명은 자신의 미래철학이 형성될 것이라는 그의 흐릿한 예감이 가져왔던 영향을 의심할 수 없다는 식으로 이러한 사상적 건축 전체에 종석宗石으로 덧붙여진다. 폭력적인 손길로 그는 자신을 기다려왔던 것을 전체의 계획안으로 들이밀고, 그의 철학의 비밀스런 의미에 기여할 수 있게 만들었다. 여기서 뒤돌아보면서 그는 자신의 변화 과정 전체의 교체 속에서 처음으로 자신의 삶과 사유를 통찰했고, 자신의 생성 과정에 추가로 신비적 의미가 있는 통일적 의미를 갖다 붙였으며,—바로 창조자-철학자처럼 인류의 삶 전체에 관련해 이것을 행한 것이다. 이렇게 그는 스스로 중요한 신이 되었는데, 이 신은 비록 약간은 폭력적일지라도 과거의 모든 것을 최선의 궁극적 목적, 다시 말해 최고의 궁극적 목적으로 전환시키는 신이었다. "과거를 미래에 의미 있게" 만드는 것은 이제 그의 좌우명, 즉 그가 이전에 자신의 변화 과정 한가운데서 추구했던 것의 정반대의 것, 다시 말해 과거를 가능하면 완벽하게 새로운 미래와 분리시키기 위해, 과거를 다시 급하게 밀어내는 것이다.

여기에서 입증되는 것은 이미 그의 이전 관점이 미래철학의 사상에 강한 영향을 미쳤다는 것이다. 이전에 그는 끊임없이 사로잡힌 진리로부터 다시 해방될 수 있는 능력 속에서 정신적 독립성이 증명되는 것을 보았기 때문에 그에게는 그와 같은 진리를 포착하는 데 다른 것에 의존했는지는 중요치 않아 보였다. 이제 그의 모든 것을 포괄하는 독립성은 모든 과거의 반박된 사상 속에서 자기 자신과 그의 의미가 유지되는 것을 요구한다.—그러나 이러한 독립성은 이제 다른 것으로부터가 아니라 오직 이러한 자신에게서 자극을 받을 수 있다. 따라서 우리는 겉으로 보면 가장 독립적으로 자신의 체계를 세운 니체의 마지막 저작들에 대해서, 니체가 온전히 개별적으로 획득한 가설의 자립성 속에서 가장 폭넓게 자신의 변화 과정에서 떨어져 있을 때, 마치 그가 뒤로 눈길을 주는 모습으로 서 있는 듯한, 마치 다시금 그의 과거의 변화에서 떠난 장소에 접근하는 듯한 느낌을 종종 갖는다. 이러한 모순을 해결하는 것은 그가 자신의 과거 신념에서 그의 개별 존재, 숨겨진 의욕이 표현되는 것을 제거하는 데 있으며, 모든 다른 사상가에게서 취해온 이론들 속에서 근본적으로 오직 무의식적 구실로서, 그의 내적 발전 과정을 위해 자기도 모르는 기회 원인으로서 이러한 정열적 정신에 기여할 수밖에 없었던 것을 제거하는 데 있다. 발전 과정의 말미에 도달해, 그는 자신의 전체적 내면적 삶의 통일성 속에서 파악되며, 그가 이전에 오직 자신의 변화 능력을 강조했듯이, 그와 같은 내면적 삶을 통찰하고 조망하며, 모든 변화 과정에 기초가 되는 통일성을 명백히 강조한다. 여행으로부터 되돌아옴이 더 이상 없는 그러한 여행을 막 시작하려는 누군가처럼, 이별하고자 하며 언젠가는 자신의 것이었던 모든 것을 자기 주변에 모으는 누군가처럼, 우리는 그가 수행해왔던 다양한 정신적 단계로부터 이제 그 자신의 것을 모으는 니체를 보게 된다. 그는 다음과 같은 의식으로 "성취한 것, 원했던 것에 대한 평가와 삶에 대한 총결산"(《우상의 황혼》IX, 36〔〈어느 반시대적 인간의 편력〉〕)을 한다: "되돌아올 뿐, 끝내 되돌아올 뿐이다. 나 자신의 자기, 그리고 그 자기를 떠나 오랫동안 낯선 곳을 떠돌고 모든 사물과 우연 사이에 흩어져 있던 것들은."(《차라투스트라는 이렇게 말했다》III, 1〔〈방랑자〉〕)

이것은 그로 하여금 그가 과거에 동반했던 것들과 그 신념들에 대해 부당하게 행동하게 만들었다. 그는 이러한 것들이 그의 사유 방향을 얼마나 규정해왔는지를 잊고자 했다. "집이 지어졌을 때, 비계는 철거되어야만 한다."(〈방랑자와 그림자〉, 335) 이것은 "건축가를 위한 도덕"이며, 이렇게 그는 그의 건물을 위해서는 비계가 필요했다는 사실을 생각하며 무시했다. 이러한 부당함은 사상의 열정적 변화에서 기인했던, 즉 그가 이전에 벗겨낸 사상의 피부를 부정했던 에너지에서 기인한 저 이전의 것에 대항하는 것이다. 이제 그는 그에게 낯선 피부가 자신에게 굳게 자라나 증식될 수 있을 거라고 믿고자 하지 않는다. 실증주의에 대한 이러한 부당함은 완전히 특별하게 그의 책 《도덕의 계보》 서문에서, 그리고 그 밖의 저작들의 개별 문장에서,―바그너에 대해 쓴 소책자인 《바그너의 경우》에서 언급된다. 후자의 책은 어떻게 바그너가 그 저서에서, 어떻게 그가 《인간적인 너무나 인간적인》에서 투쟁하게 되는지의 방식에서, 그가 당시 바그너주의를 스스로 던져버리게 된 증오와, 자신의 독립성을 포기하지 않고 거기서 자신의 정신적 소유물을 끄집어내기 위해 또다시 그에게 접근한 증오 사이에서 흥미롭게 비교할 것을 요구한다.

마지막으로 이미 처음부터 독립적이고 통일적인 것으로 간주하는 그의 요구는 그가 《인간적인 너무나 인간적인 II》, 2판, 서론 (1)(1886년 9월)에서 그의 이전의 모든 저서는 "이전 날짜가 기록될 수 있다"고, 이 저서들은 그가 그 책들을 창작할 때 이미 극복했던 것이나 이미 그의 뒤에 놓여 있던 것에 대해서만 언급했다고 설명하도록 이끌었다. 이 저서들에 대해 심사숙고하는 저자는 의도적으로 변장한 채로 보인다. 이렇게 바그너 찬미 속에 있는《반시대적 고찰》의 네 번째 장 〈바이로이트의 리하르트 바그너〉는 오직 "과거에 대한 경의와 감사"였을 뿐이며, 실증주의 저서들 역시 레의 견해에 접근하며 이미 살아남은 것에 대한 회고적 설명을 제공할 뿐이다. 그의 저작의 의미를 변화시키고, 이 저서들에 마치 새로운 연도로 새기는 니체의 이러한 시도에 대해 그 자신의 말을 적용할 수 있다(《인간적인 너무나 인간적인 I》, 2판, 서론, 1886년 봄): "아마도 사람들은 나에게 이러한 고찰에서 많은 경우 '예술'을, 많은 경우 보다 섬세한 위조지폐를 비난할 수 있을 것이다." 이것은 이 은둔자의 수많은 가면에 속하는 것으로, 그는 그가 한 번도 써본 적이 없는 가면을 자신의 탓으로 돌린다. 그러나 그가 여기서도 진심으로 저 가면으로 오직 자기 자신을, 다시 말해 신비적인 '니체를 넘어선 자'로서의 차라투스트라와 반대로 인간 니체를 생각하는 것은 이해할 수 있고 허용할 수 있다. 인간적 니체는 물론 그때마다의 변화에서 자신의 가면의 성격에 대해 아무것도 알 수 없었다.—니체가 처음부터 자기 안에서 예감하고 느끼고자 했던 '니체를 넘어선 자'만이 이것을 할 수 있었다. 이렇게 해서 '니체를 넘어선 자'는 니체의 가장 내면적인 존재와 요구에 대한 신비적 해석이나, 우리가 보아왔듯 그 자신에게는 무의식적이지만 다른 사람의 이론들을 그 이론들 안에서 결국 온 힘을 다해 스스로 관철하기 위해 적절히 재단하는 저 감추어진 "근본 의지"에 대한 신비적 해석에 다름 아닐 것이다.

아직 출판되지 않은 《모든 가치의 가치 전도》(《힘에의 의지》)의 첫 권이 완성된 후인 1888년 가을에 니체는 자신의 저작을 최소한 잠정적으로는 끝냈다고 생각했다. 왜냐하면 서론에 1888년 9월이라는 날짜가 표기된 《우상의 황혼》은 명백히 원고를 완성하고 다음 저작을 기다리는 분위기 속에서 쓴 것이었다. 현저하게 이 책의 첫 제목은 "한 심리학자의 게으름Müssiggang eines Psychologen"이라 불렸고, 서론에서 그는 이것을 바로 "회복"이라고 부른다. 이것은 매우 흥미로운 게으름인데, 왜냐하면 이것은 그가 자주 자신을 드러내고 그의 영혼의 비밀에서 스스럼없이 떠들어댔던 자신의 책들 가운데 나오는 것의 하나이기 때문이다. 소재에서 더 중요한 책은 아니라고 해도, 이러한 관계에서 이 책은 《인간적인 너무나 인간적인》이나 《아침놀》을 닮았다. 니체가 이 두 권의 책 가운데 첫 번째 책에서, 어떻게 그가 갑작스럽게, 하지만 궁극적으로 이루어진 변화에 정신적으로 만족하는지를 드러내는 방식으로 그의 내면적 삶에 대한 그 무엇을 드러낸다고 할 때,—그리고 그가 두 번째 책에서, 새롭게 드러난 소망과 생각에서 그의 새로운 철학으로 빠져들도록 만들기에 앞서, 이러한 소망과 생각을 분석하며 싸움으로써 우리가 그의 내면을 바라보도록 할 때,《우상의 황혼》에서는 완전히 서로 다른 정조의 상태가 그의 비밀을 누설하는 자가 된다: 즉 엄청난 성취라는 뒤따르며 울리는 감정과 다가올 것의 기다림이 뒤섞인 소진 상태.[15] 이러한 전율 속에서 우리는 니체가《우상의 황혼》으로

---

15 이와 같은 시기(1888년 가을)에 생겨나고《차라투스트라는 이렇게 말했다》의 제4부 뒤에 인쇄된 〈디오니소스-송가Dionysos-Dithyramben〉에서 이러한 감정 상태는 숨겨지지 않은 채 반영되어 있다. 무엇보다 다음의 시구들(5ff.)이 특징적이다:

이제는 —
너 자신과 홀로,
자신의 앎에서는 단둘이,
백 개의 거울 사이에서
너 자신 앞에서는 거짓이며,
백 개의 기억 사이에서
불확실한 채,
온갖 상처로 지쳐 있고,
온갖 서리에 차가워지며,
자신의 끈에 목이 졸린다,
자신을 아는 자여!
자신의 목을 매는 자여!

병자는 이제,
뱀의 독으로 병들어 있고,
포로는 이제,
가장 혹독한 운명의 제비를 뽑으며:
자신의 갱도坑道에서
허리 구부려 일하면서,
너 자신 안으로도 파고들어가,
너 자신을 파묻으면서,
둔하게,
뻣뻣해진,
하나의 시체 —,
(…)

(…)
잠복하며,
웅크리고 앉아,

318

부터 마치 정신의 황혼으로 미끄러져 내려가는 것으로 본다.

이와 같은 분위기는 또한 이미 1885년에 생겨난 차라투스트라-시의 제4부와 최종부를 특징짓는데, 대중은 1891년에 이르러서야 이 시에 접근할 수 있었다. 그의 입장에서 보면 초인의 웃음이 울려 퍼지지만, 여기저기에서 이미 날카로운 소리가 나고 스산한 부조화의 소리가 난다. 차라투스트라의 이러한 마지막 말은, 순전히 개인적으로 고찰하자면, 웃음 뒤에 자신의 몰락을 숨긴 몰락하는 자로 그 자신을 나타내기 때문에, 아마도 니체가 쓴 가장 인상적인 말일 것이다. 이렇게 출발함으로써 비로소 그의 웅대함 전체에서 드러나는 화해할 수 없는 모순이 명백해진다. 이 모순은 니체가 자신의 미래철학을 《즐거운 학문》으로 시작했고, 그 철학을 즐거운 복음으로 명명하는 데 있었는데, 이 복음은 삶을 전체적 힘, 충일감이나 영원성 속으로 영원히 정당화하고자 예정된 것이었다.―그는 자신의 최고 사상을 생명의 영원회귀로 제시했다. 이제야 비로소 우리는 전적으로 승리의 낙관주의를 인지하게 되는데, 이 낙관주의는 어린아이의 감동적인 웃음처럼 그의 마지막 저작들 위에 놓여 있지만, 그와 반대로 어느 영웅의 몸짓을 나타내고, 견디기 힘들게 일그러진 특징들을 숨기는 것이다. "무릇 운다는 것은 하소연한다는 것이 아닌

이미 더 이상 올바로 설 수 없는 자여!
너는 아직도 네 무덤이 되어가고 있구나,
기형의 정신이여! ….

가? 그리고 하소연한다는 것은 한결같이 나무란다는 것이 아닌가? 너는 너 자신에게 이렇게 말하며, 그리하여 네 고통을 쏟아 버리는 것보다 차라리 미소 짓고자 한다, 오 나의 영혼이여." 차라투스트라는 이렇게 노래를 불렀다.(《차라투스트라는 이렇게 말했다》 III, 104〔〈위대한 동경에 대하여〉〕) 이렇게 해서 그는 "모든 용기의 주홍색 왕자"(〈디오니소스 송가 7〉)로 걸어온 것이다. "웃음을 웃는 자를 위한 이 면류관, 장미로 엮어 만든 이 화관: 나 스스로 이 면류관을 내 머리에 얹었다. 그럼으로써 나는 나 자신의 웃음을 신성한 것으로 드높인 것이다. 오늘날 나 말고 그럴 수 있을 만큼 강한 사람을 나는 보지 못했다."(《차라투스트라는 이렇게 말했다》 IV, 87〔〈보다 지체가 높은 인간에 대하여 18〉〕)

위대한 점은 그가 자신이 몰락한다는 사실을 알고 있었다는 것이며, 그렇다고 할지라도 그는 "장미로 만든 화관을 쓴 채" 웃음을 웃는 입과 헤어졌다는 것이다.―삶을 용서하고 정당화하며 미화하면서―.디오니소스 송가에서 그의 정신적 삶이 울려 퍼지며, 그 송가가 환희에 차 크게 울려 퍼질 수밖에 없었던 것은 고통의 절규였다. 이 송가는 차라투스트라를 통한 니체의 마지막 폭력이었다.

니체는 언젠가 다음과 같이 역설적인 말을 한 적이 있다: "웃음이란 편안한 양심으로 남의 손상에 기쁨을 느끼는 것이다."(《즐거운 학문》, 200) 자기 자신의 손상에 기쁨을 느끼는 그러한 손상을 좋아하는 뛰어난 마음은, 즉 손상을 자기 자신에게 끼칠 수 있는 그러한 마음은 영웅적 자기모순과 영웅적 웃음으로 니체의 전체 삶과 고통을 통해 함께하게 된다. 그러나 니체가 자신을 넘어 높이 세울 수 있었던 거친 영혼의 힘 속에는, 심리학적으로 살펴보자면, 그에게는 스스로 신비적 이중의 존재로 바라볼 내적인 권리가 놓여 있었고, 우리에게는 그의 저작들의 가장 깊은 의미와 가치가 놓여 있었던 것이다.

왜냐하면 그의 웃음에서 다음과 같은 것에 마주대하며 뒤흔들리는 이중의 소리가 우리에게도 울려 퍼지는 것이다: 방황하는 자의 큰 웃음소리—그리고 극복하는 자의 웃음소리가 그것이다.

살로메,
니체를 서양철학사의
무대에 세우다

1. 이 책의 의미

이 책은 루 안드레아스 살로메가 쓴 니체 철학에 관한 저술로, 1894년 오스트리아 빈의 칼 코네겐 출판사에서 처음 출간되었다. 살로메가 이 책을 출간한 때는 21세의 나이에 니체와 처음 만난 뒤 12년이 지나 33세일 때로, 당시 50세였던 니체는 이미 정신병에 걸려 독일 나움부르크에서 어머니 프란치스카Franziska Nietzsche와 누이동생 엘리자베트의 간병을 받고 있었다. 이 책은 니체의 생전에 그의 모습과 정신 활동의 특징, 저서와 사상을 소개한 책이다. 그전까지 유럽에서 그리 크게 주목받지 못했던 니체는 40대 중반에 덴마크의 브란데스에 의해 1888년 대학 강연에서 소개되었고, 비슷한 시기 살로메에 의해 독일에 본격적으로 소개되었다. 브란데스가 역사상 최초로 니체를 대학 강단에 소개한 것은 사실이나 그 내용은 주로 니체의 저서를 읽고 그와 편지로 교류했던 것에 근거했다. 하지만 살로메의 경우, 니체를 만나 그의 사상을 직접 듣고 대화를 나누었다는 점에서 차이가 있다. 특히 두 사람의 대화 가운데 살로메가 이 책의 구상과 계획을 니체에게 밝혔고, 12년이 지난 이후 니체 저서들을 통독하며 이 책을 썼다는 점에서 보면, 이 책은 '니체와 직접 만나 정신적으로 동행한 이야기를 담은 서양정신사 최초의 니체 철학 소개서'라고 할 수 있다.

이 책은 니체의 저서에 담긴 내용뿐만 아니라 그의 성격, 인성, 영혼의 삶을 더듬으며 니체 사상의 주요 내용과 핵심 개념을 소개하는 본격적인 니체 철학 안내서이다. 이 책은 브란데스의 강연과 더불어 니체를 체계적으로 소개하고 20세기 서양정신사에 자리매김하게 하는 데 매우 중요한 역할을 한다. 이 책은 니체의 저서는 물론 니체에 대한 인상과 그의 영혼에 대한 통찰, 그와의 개인적인 관계와 사건들, 니체가 살로메에게 보낸 편지 및 그녀가 니체와 지인들에게 보낸 편지와 자료들을 토대로, 니체의 저서 속에 숨어 있는 그의 사유가 발전한 과정과 철학적 인식 방법을 분명하게 밝히고자 시도한다. 니체의 글들이 비유와 상징, 단편과 잠언 형식으로 되어 있어 체계가 없고 내용을 정리하기 어려운 직관적 예언 정도로 평가되고 있을 때, 브란데스와 살로메는 니체 저서의 내용을 정리하고 그 철학적 의미를 밝히며 니체 철학으로 들어가는 문을 열어놓은 것이다. 물론 그 문을 여는 두 사람의 열쇠는 서로 다른 형태를 띤다. 브란데스는 니체의 저서를 정리하며 그의 사상을 '귀족적 급진주의'로 정리한 반면, 살로메는 니체의 삶과 영혼의 내면에서 그를 이해하며 그의 철학적 체계와 문제의식에 접근해가야 한다고 본 것이다. 브란데스에게 귀족적 급진주의자로서 니체는 연민, 이웃사랑, 이타심 속에 저급하고 비열한 것이 숨어 있다는 점에서 현대의 인도주의humanitarianism를 비판하며 현대성의 심리를 해명하는 시대의 사상가이자 예언가였다면, 살로메에게 니체는 자신의 고통과 치유의 과정 속에서 인류를 위한 새로운 인식과 자기구원의 영적 길을 예시한 종교사상가였다.

니체 사상이 최초로 강연되고 글의 형태로 소개된 것은 앞서 말했듯 브란데스에 의해서였다. 브란데스는 1877년 덴마크를 떠나 1883년까지 독일 베를린에서 거주하며 니체의 친구이자 철학자인 파울 레와 살로메를 비롯한 독일 지성계와 교류했고, 1887년 니체와 편지를 주고받기 시작하며 키르케고르Søren Kierkegard라는 철학자의 존재를 니체에게 소개하기도 했다. 니체의 정신병 발병으로 인해 이러한 학문적 교류는 중단되었지만, 편지를 통해 이루어진 브란데스와 니체의 교류는 니체를 무척 고무시켰음에 틀림없다. 브란데스는 1888년 4~5월에 덴마크 코펜하겐대학에서 처음으로 니체에 관한 공개 강연을 했고, 니체와 편지를 주고받으며 그의 철학을 '귀족적 급진주의'로 규정한 것을 니체에게 인정받고자 했으며, 1890년에는 독일 학술지《도이체 룬트샤우》에 〈프리드리히 니체. 귀족적 급진주의에 대한 논문Friedrich Nietzsche. Eine Abhandlung über aristokratischen Radikalismus〉이라는 제목의 글을 발표했다. 1909년에는 위의 글과 그동안 니체와 주고받은 편지들, 〈니체의 특징들〉(1900년 8월), 〈니체의《이 사람을 보라》〉를 포함하는《프리드리히 니체》라는 덴마크어판 책을 간행했는데, 이 책은 1914년에 차터A. G. Chater에 의해 영어로 번역되어 니체 사상이 영어권 세계로 확산되는 데 기여했다.[1] 브란데스의 이러한 시도는 비록 니체와의 직접적 만

1　　기오 브란데스, 《니체―귀족적 급진주의》, 김성균 옮김, 까만양, 2014 참조.

남 없이 편지를 통해 교류한 것에 근거하긴 하지만, 니체의 사상이 세상에 알려지는 데 최초의 역할을 했음에는 틀림없다.

살로메의 작업은 한편으로 니체에게 청혼을 받으며 매우 사적인 관계를 맺었을 뿐만 아니라 니체의 영혼을 뒤흔들며 그의 사상이 산출되는 데 크게 기여했던 니체의 연인이 남긴 니체에 관한 통찰적 기록이자 보고이기에 의미가 매우 크다. 다른 한편으로는 한때 니체와 함께 삶을 동반하며 그의 사상을 직접 듣고 토론한 한 인간이 그들의 삶을 뒤흔들어놓은 만남을 뒤로하고 12년 동안 니체의 저서들을 꼼꼼히 읽어 내려가며 그의 사상을 체계적으로 이해하고자 시도한 학문적 결과물이기도 하다. 여기에는 살로메가 니체를 처음 만났을 때의 인상과 느낌, 감정이 표현되어 있고, 니체의 삶과 영혼을 이해하려는 그녀 자신의 방식이 서술되어 있어, 니체의 성격, 삶의 태도, 질병, 인간관계, 철학적 경향, 사상 등 니체에 대한 생생한 보고로서 가치가 있다. 이 책은 니체의 삶에 깊은 영향을 미쳤고 또한 그의 사상을 형성하는 데도 중요한 역할을 했던 살로메가 존경하는 스승 니체에게 주었던 최고의 정신적 선물이었다.

독일의 철학자 카를 뢰비트Karl Löwith는 그의 저서 《니체의 동일한 것의 영원회귀 철학Nietzsches Philosophie der ewigen Wieder-kehr des Gleichen》의 부록에서 루 안드레아스 살로메의 이 책에 대해 다음과 같이 평가한다. "이 저술은 1894년에 출간되었는데, 니체의 자서전인 《이 사람을 보라》가 출판되기도 전이었다. 더욱 놀랄만한 것은 〔니체 철학을〕 특징짓는 데 용의주도하고 완성도가 있다는 것이다. 이후 50여 년 동안은 이렇게 핵심적으로 시도하는 저술이 나타나지 않았으며, 지금도 주목받지 못할 것이 없다."[2] 카를 뢰비트가 말하고 있듯이 니체의 사후, 즉 1908년에 출판된 니체의 자서전《이 사람을 보라》에 앞서 니체의 생애를 정리하고 이를 통해 그의 저작과 철학적 문제의식에 접근하려 한 살로메의 시도는 단순히 니체에 관한 사적인 묘사가 아니라 니체와 한 시기의 삶을 동행하며 얻은 통찰에 근거한 니체 철학의 체계적 접근로를 제시해주고 있어 오늘날에도 여전히 의미와 가치가 있다. 살로메는 신중한 태도를 보였지만, 그녀의 작업은 니체를 철학사의 무대에 올려놓는 길을 준비해주었다.

이 글에서는 먼저 이 책의 저자인 루 안드레아스 살로메의 생애를 간략하게 언급하며 니체와 살로메가 만난 과정 및 둘의 철학적 동행이 지닌 의미를 살펴볼 것이다. 그다음 살로메가 서술하고 있는 니체의 모습과 정신적 특성을 정리하고, 이 책에 나오는 니체 철학의 중요한 특징을 순서대로 살피고자 한다. 또한 니체가 철학사의 무대로 올라서는 과정을 평함으로써 이 책의 의미와 한계를 논의할 것이다.

---

2   K. Löwith, *Nietzsches Philosophie der ewigen Wiederkehr des Gleichen*, Hamburg: Meiner, 1978, 200.

2. 니체와 살로메의 만남, 그리고 철학적 동행

　루 안드레아스 살로메는 누구인가?[3] 그녀의 삶은 어떻게 니체와 연결되어 있으며 니체 사상에 동행하게 되었는가? 그녀가 바라본 니체의 인간적인 모습은 어떠했을까? 그녀는 니체의 사상을 어떻게 이해하고 있을까? 니체와 톨스토이Leo Tolstoj, 릴케Rainer Maria Rilke, 프로이트에 관한 글뿐만 아니라 다수의 소설과 수필을 쓰며 수많은 유럽 지성의 한가운데 있었던 그녀가 유럽 지성사에서 했던 역할은 무엇일까? 여기서는 살로메의 삶의 궤적을 따라가며, 그녀가 유럽 최고의 지성과 어떻게 교류했고 특히 니체의 삶 속에서 어떤 역할을 했는지 그 철학적 동행의 과정을 살펴볼 것이다.

　살로메는 1861년, 러시아의 페테르부르크에서 니콜라우스 1세 황제에 충성을 바쳤던 러시아 장군 구스타프 폰 살로메Gustav von Salomé와 독일-덴마크계의 혈통을 지닌 제당업자의 딸인 루이즈 폰 살로메Louise von Salomé 사이의 여섯 자녀 가운데 외동딸이자 막내로 태어나 러시아어뿐만 아니라 프랑스어와 독일어를 사용하며 성장했다. 17세 때는 목사 길로트Hendrik Gillot를 만

3　루 안드레아스 살로메의 생애와 니체와의 만남에 대해서는 다음의 책을 참조하며 서술했다: H. F. 페터즈, 《나의 누이여 나의 신부여 — 루 살로메의 사랑과 생애》, 홍순범 옮김, 문학출판사, 1993; Linde Salber, *Lou Andreas-Salomé*, Reinbek: Rowolt Taschenbuch Verlag, 2011; Mario Leis, *Frauen um Nietzsche*, Reinbek: Rowolt Taschenbuch Verlag, 2000; Kerstin Decker, *Lou Andreas-Salomé—Der bittersüße Funke Ich*, Berlin: Ullstein Buchverlag, 2012; Michaela Wiesner-Bangard·Ursula Welsch, *Lou Andreas-Salomé*, Stuttgart: Philipp Reclam jun., 2008.

나 종교학과 철학, 논리학, 형이상학, 인식론, 교리론, 프랑스 연극, 고전 프랑스 문학 등을 배웠고, 데카르트René Descartes, 파스칼, 라이프니츠Gottfried Wilhelm Leibniz, 루소Jean Jacques Rousseau, 칸트, 피히테Johann Gottlieb Fichte, 쇼펜하우어, 키르케고르 등을 읽으며 고도의 지적 훈련을 받았다. 이후 그녀는 스위스 취리히대학에서 신학, 철학, 예술사 등을 공부했고, 독일 베를린 동양어연구소의 페르시아어와 터키어 담당 교수이자 후일 괴팅겐대학의 서아시아어학과Lehrstuhl für Westasiatische Sprachen 교수가 된 안드레아스Friedrich Carl Andreas를 만나 1887년 결혼함으로써 독일 국적의 작가가 되었으며, 만년에는 프로이트에게서 정신분석학을 공부하고 정신분석가로 활동했다.

살로메의 일생에서 가장 중요한 사건은 니체, 릴케, 프로이트 등 유럽 최고의 지성인들과의 교우였다. 그녀가 쓴 세 권의 책《니체의 작품으로 본 니체》,《라이너 마리아 릴케》(1928)와《프로이트에 대한 나의 감사Mein Dank an Freud》(1931)는 살로메가 만나고 교류했던 지성인을 통해 20세기 전후 유럽 지성사를 보여준 작업이었다. 살로메는 무명의 릴케를 세계문학과 러시아 문학으로 안내하며 시적 영감을 불러일으켰고, 러시아에 동반해 두 차례 톨스토이와 만나게 했으며, 그가 살로메에게 헌정한 시집《그대의 축제를 위하여Dir zur Feier》(1897/98),《기도시집Das Stunden-Buch》(1905)을 출간하게 하는 등 릴케를 세계 최고의 대大서정시인으로 태어나도록 했다.

살로메와 프로이트의 만남은 단순히 그녀를 정신분석가로 만들고 프로이트의 지성적 작업을 보조하게 한 것을 넘어, 그녀를 통해 프로이트가 니체 사상에 깊이 접속하도록 가교 역할을 했고, 정신분석이 철학에 뿌리내리게 하는 데 크게 기여했다. 살로메는 1911년 바이마르에서 개최된 국제정신분석학회에 참석해 스웨덴 출신의 정신병리학자 비에르Poul Bjerre의 소개로 프로이트를 만나게 된다. 당시 비에르는 니체의 생애에 관해《천재의 광기. 니체의 기억에 대한 연구Der geniale Wahnsinn. Eine Studie zum Gedächtnisse Nietzsches》(1904)라는 책을 썼으며 프로이트의 정신분석을 스웨덴에 소개하는 작업을 하고 있었다. 비에르가 볼 때, 자신보다 10여 년 먼저 니체의 병력을 언급하며 심리학적 통찰을 통해 니체 사상에 접근하는 통로를 열어준 살로메야말로 프로이트의 정신분석의 동료로서 함께할 수 있는 정신을 지니고 있었다. 살로메는 프로이트가 주최하는 빈의 수요 모임에 참석하며 정신분석을 공부해 인간 내면의 깊은 통찰을 얻어 마침내 첫 여성 정신분석가가 되었고, 정신분석의 동반자로서 죽을 때까지 프로이트와 인간적 우애를 이어갔다. 그녀가 쾨니히스베르크에서 6개월간 체류하는 동안에는 직접 환자를 만나며 다섯 명의 내과의사에게 정신분석을 해주었고, 괴팅겐에서는 정신분석 잡지《이마고Imago》에 〈항문적인 것과 성적인 것'Anal' und 'Sexual'〉(1916), 〈이중성향으로서의 자기애Narzißmus als Doppelrichtung〉(1921) 등 정신분석에 관한 글을 발표하기도 했다. 전후 유럽의 사회적·경제적 사정으로 살로메가 어려움에 처했을 때는 프로이트가 괴테상으로 받은 자신의 상금 1000마르크를 그녀에게 주며 경제적 도움을 주기도 했다. 이후에도 프로이트가 정신분석학을 따르는 제자와 동료들에게 주기 위해 만든 다섯 개의 반지 중 하나를 살로메에게 선사하고, 1931년 프로이트의 75세 생일에 즈음해 살로메가 자신의 저서《프로이트에 대한 나의 감사》를 프로이트에게 헌정하는 등 서로 깊은 인간적 우정과 정신적 교류를 나누었다. 하지만 살로메의 삶에 니체, 릴케, 프로이트만 있었던 것은 아니었다.

살로메는 자서전인《삶의 회상Lebensrückblick》에서 그녀의 삶에 들어왔던 중심적 인물로 레, 니체, 릴케, 프로이트, 안드레아스 등 다섯 명을 적고 있지만, 그녀의 삶 자체가 유럽 정신사라고 할 정도로 실로 수많은 지성인들이 그녀의 삶과 연결되어 있었다. 당대 최고의 음악가 바그너, 철학자이자 의사인 파울 레, 극작가 하우프트만Gerhart Hauptmann, 독일 여성 작가인 뷜로Frieda von Bülow, 오스트리아의 소설가인 슈니츨러Arthur Schnitzler, 오스트리아의 시인이자 극작가인 호프만슈탈Hugo von Hofmannsthal, 러시아 대문호 톨스토이, 사회학자 퇴니스Ferdinand Tönnies, 실존주의 사상가 부버Martin Buber, 빈의 신경과의사인 피넬레스Friedrich Pineles, 프로이트의 문하생이자 신경과의사인 타우스크Victor Tausk, 의학적 인간학의 창설자 바이츠제커Viktor von Weizsäcker 등 헤아릴 수 없이 많은 지성인들이 그녀의 삶과 연결되어 있었다.

이 가운데는 레와 퇴니스, 피넬레스처럼 살로메를 사랑했던 이도 있었고, 바그너와 톨스토이처럼 그녀가 존경했던 인물도 있었으며, 바이츠제커와 같이 그녀의 삶을 통해 유럽의 지성계에 접근하고 이를 이해하고자 했던 이도 있었다. 살로메는 당시 수많은 지성인의 영혼과 삶을 뒤흔들어놓았는데, 레나 타우스크처럼 그녀와의 이루어지지 않은 사랑으로 인해 자살했다고 추정되는 비극적인 일화도 있어 팜 파탈femme fatale로 여겨지기도 한다. 그러나 다른 한편에서 보면 그녀의 삶은 당시 최고 지성인들의 삶이나 사상과 연결되어 있어 그 자체로 19세기 후반과 20세기 초반 유럽 지성사의 생동하는 맥박을 보여준다. 그렇기 때문에 그녀의 삶을 이해하는 것은 당대의 지성계뿐만 아니라 시대의 문제를 읽는 일이 된다.

이 가운데 가장 중요한 사건은 역시 1882년 4월 니체와의 만남일 것이다. 두 사람의 만남은 니체보다 다섯 살 적은 친구 파울 레와 유럽 문화계의 대모였던 마이젠부크Malwida von Meysen-bug 여사의 주선으로 로마에서 처음 이루어졌다. 레는 유대인으로 1873년 바젤에서 니체를 알게 된 뒤 우정을 발전시켜 친구가 되었고, 1876년과 1877년 겨울 마이젠부크의 초대로 니체, 브레너와 더불어 이탈리아 소렌토에 체류하며 니체가《인간적인 너무나 인간적인》을 집필할 때《도덕적 감각의 기원》을 집필했다. 레에 따르면 인간의 도덕적 감각의 근원은 '이기적인 것'과 '비이기적인 것'으로 구분되는데, 이기적인 것은 다른 인간에게 손해를 입히기에 배척되었고, 비이기적인 것은 공동체에 유용하기 때문에 칭송되었으므로, 따라서 이기적인 것은 그 자체로 나쁜 것으로, 공평무사함은 그 자체로 좋은 것으로 여겨지게 되었다. 후일 니체는《도덕의 계보》에서 레의 이러한 공리주의적 관점의 견해와 방법론을 비판하며 좋음과 나쁨, 선과 악의 기원에 대해 새로운 논의를 이끌게 된다. 한편 레의 다른 저작《심리학적 고찰》과《양심의 발생》 등은 인간의 본성, 도덕, 사회적 질서, 선과 악의 문제 등을 고찰하는 니체의 '폭로심리학entlarvende Psychologie'과 도덕 및 가치의 유용성에 대한 심리학적 통찰에 지대한 영향을 주었다. 레는 살로메와 1883년부터 1885년까지 베를린에서 함께 거주했으나, 스트라스부르크대학의 교수자격논문(하빌리타치온Habilitation) 통과가 부결되자 교수의 길을 포기했다. 이후 그는 새롭게 의학을 공부하고 서프로이센과 스위스에서 의사로 활동하다가 1901년 스위스 오버엥가딘 셀레리나Celerina의 산에서 추락해 죽었는데, 실족사인지 자살인지는 해명되지 않았다. 살로메가 안드레아스와 결혼을 함으로써 니체와 레가 엄청난 심리적 충격을 받았던 것은 사실이다. 살로메가 니체에 관한 이 책을 헌정한 "이름을 언급하지 않은" 이는 파울 레였다.[4] 살로메와 니체, 레는 한때 소위 '삼위일체'로 알려진 정신 공동체

---

4 Ernst Pfeiffer, Vorwort, in: *Lou Andreas-Salomé, Friedrich Nietzsche in seinen Werken*, Hrsg. von Ernst Pfeiffer, Frankfurt a.M.: Insel Verlag, 1983, 18쪽.

를 형성했으며, 살로메는 한때 베를린에서 레와 동거했던 잊을 수 없는 연인이었다. 살로메의 삶도 레와 깊은 인연으로 연결되어 있었고, 니체의 사상도 레의 영향을 받은 것이 많았기에, 이 책의 속표지에서 "이름을 언급하지 않은 그 누군가에게" 이 책을 헌정하며 레를 자신과 니체의 공동 기억 속에 집어넣고 있다.

살로메와 니체가 처음 만난 1882년, 살로메는 건강 문제로 요양 중이던 21세의 대학생이었고, 니체는 그녀보다 17세나 많은 38세의 스위스 바젤대학 교수였다. 1880년 가을 살로메는 러시아를 떠나 어머니와 함께 당시 여자를 받아들이는 소수 대학 가운데 하나인 스위스 취리히대학에서 유학하고 있었는데, 취리히대학의 교수들은 이구동성으로 루의 진지함과 총명함을 칭찬했다. 자유주의 개신교 신학자 비더만Alois Emanuel Biedermann 교수는 교리학과 일반 종교사를 들었던 살로메를 "다이아몬드"라 부르며, 자신의 저서 《그리스도교의 도그마Christliche Dogmatik》에 "정신은 모든 사물을 탐구하며, 신성의 깊이도 탐구한다"라는 헌정 문구를 써주었고, 예술사 교수였던 킹켈Gottfried Kinkel은 "사고에서 가장 독특하며 영혼의 정조에서 깊이가 있다"고 살로메를 높이 평가했다. 그러나 근면함과 엄격함을 지니고 공부하며 체력을 혹사한 결과 쇠약해지고 피로와 각혈에 시달리게 된 살로메는 요양을 권한 의사의 말에 따라 어머니와 함께 1882년 1월, 따뜻한 기후의 로마로 가게 되었다. 열정적으로 공부에 전념하는 살로메를 아꼈던 노교수 킹켈은 살로메의 병세가 위험하다는 것을 알고 자신의 오랜 지인 마이젠부크 여사에게 소개장을 써주었다. 당시 66세의 마이젠부크는 여성도 고등교육을 받아야 한다고 주장하며 가난하고 억압받는 사람에게 연민을 베푸는 한편, 정치적 자유를 쟁취하기 위한 노력을 기울여 유럽 혁명주의 운동가들에게 존경받던 독일 여권운동의 선각자였다. 마이젠부크는 살로메를 딸처럼 받아주었다. 과거 마이젠부크는 바그너와의 친분으로 1872년 바이로이트 축제에 참여했을 때, 피아노 즉흥연주를 하는 니체를 처음 보고 학자의 몸 안에 예술가가 있다는 인상을 받으며 니체와 친해졌다. 이후 마이젠부크는 니체와 레, 브레너 등을 이탈리아 소렌토의 별장으로 초대해 휴양을 취하도록 했다. 한편 예술과 과학 아카데미를 만드는 것을 꿈꾸었던 마이젠부크는 로마 콜로세움 근교의 집을 세계 각국의 작가, 음악가, 화가, 정치가들이 모일 수 있는 살롱으로 운영했는데, 1882년 3월 레가 이곳을 방문하며 살로메를 알게 되었고, 이때 레와 마이젠부크의 초청으로 니체가 로마를 방문하게 되었다. 니체는 편두통, 위경련, 발작적 구토, 소화불량, 눈의 충혈, 불면증에 시달리는 등 건강 악화로 1879년 바젤대학에서 퇴직하고 적은 연금을 받으며 쾌적한 기후를 찾아 실스마리아, 니스, 제노바, 로마, 토리노 등을 돌아다니고 있었다. 1879년 5월 15일 제노바에서 레에게 보낸 편지에서 니체가 "8분의 7이 맹인이며 고통 속에 15분 정도 있는 것 말고는 더 이상 아무것도 읽을 수도 없는 환자"로 자신을 표현하고 있듯이, 당시 니체는 신체적 고통과 회복이 반복되는 삶을 살고 있었다. 1882년 니체는 제노바에서 시칠리아 메시나Messina로 정양靜養을 떠났고, 레의 편지와 마이젠부르크의 초대를 받고 4월 2일(혹은 3일)에 로마를 방문했다.

로마의 성 베드로성당에서 니체는 살로메와 처음 만났다. 파울 레는 부속 예배당의 방 하나를 빌려 쓰며 신의 부재를 증명하는 새로운 저술을 했는데, 살로메가 가끔 이곳을 찾아와 레와 토론을 하곤 했다. 이미 레의 편지 소개로 니체와 살로메 두 사람은 서로를 잘 알고 있었다. 로마에 도착한 니체에게 마이젠부르크가 살로메와 레의 행방을 알려주어 니체는 성 베드로성당을 찾았다. 니체는 살로메를 보자 "우리는 어떤 별에서 내려와 여기 서로에게로 떨어진 것일까요?"라고 인사했고, 살로메는 이러한 니체의 말에 처음에는 다소 당황했으나 기지를 발휘해 "'그녀'는 취리히에서 왔어요"라고 대답했다고 한다. 니체는 1882년 11월 초까지 살로메에게 내밀한 애정을 느끼며 정신적 관계를 이어갔다.

1882년 4월 말 살로메는 어머니와 함께 로마를 떠나 여행했고, 밀라노에서 니체와 레를 만나 북부 이탈리아 호수 가운데 아름답기로 이름 난 오르타 호수Ortasee로 갔다. 5월 초 네 사람은 함께 오래된 작은 도시인 오르타에 도착했고, 이 도시의 맞은편에 있는 상 줄리오 섬Isola San Giulio과 그 섬에 있는 성당과 고색창연한 고탑을 구경했다. 살로메와 니체는 이 섬 밖에 있는 오르타의 몬테 사크로Monte Sacro라는 울창한 언덕을 더 올라가보기로 했다. 동반자 없이 처음으로 두 사람만 있게 된 이 산행은 생각보다 너무 오래 지체되었는데, 몸이 불편해 쉬면서 기다리고 있던 살로메의 어머니와 레는 화를 내며 불쾌해했다고 한다. 이 산행에서 니체와 루 둘 사이에 어떤 일이 일어났는지는 알 수 없지만, 살로메가 만년에 친구인 파이퍼Ernst Pfeiffer와 대화하던 중 약간 당황한 듯 미소를 띠며 "몬테 사크로의 언덕에서 니체와 키스를 했는지 지금은 기억에 없다"고 했다는 이야기와 니체가 그 이후에 루에게 보낸 편지에서 "당신 덕택으로 내 생애 가운데 가장 황홀한 꿈을 가질 수 있었던 것에 대해 감사드립니다"라고 쓴 것을 볼 때, 그때 두 사람 사이에 있었던 일이 니체의 마음을 크게 동요시켰던 것은 틀림이 없다.

5월 초, 스위스 루체른 공원의 사자상 앞에서 니체는 살로메에게 자신의 아내가 되어달라고 구혼했으나 거절당했다. 살로메는 니체를 철학자이자 선생으로 여겼을 뿐, 미래를 함께할 남편으로는 생각하지 않았던 것이다. 살로메는 자신은 자유롭게 살고 싶으며 레나 니체와는 친구로 남고 싶다고 말했고, 니체는 이를 담담하게 받아들였다. 이 사건 이후 살로메와 니체, 레는 소위 '삼위일체Dreieinigkeit'로 알려진 사진을 찍는다. 이 삼위일체의 관계는 기실 다른 사정에서 생겨난 것이었다. 즉 그해 3월, 레는 시칠리아의 메시나에 있던 니체에게 편지를 보내, 루라는 젊은 러시아 아가씨가 로마에 와 있는데, 그녀는 "에너지가 넘치고, 소녀다우며 어린아이 같은, 믿을 수 없을 정도로 영리한 존

원쪽부터 루 살로메, 파울 레, 프리드리히 니체(1882)

재"로, 마이젠부크와 레, 니체, 살로메까지 네 사람이 학술공동체 모임eine akademische Kommune을 만들어 좋은 일 년ein nettes Jahr을 보내고 싶어 한다는 뜻을 전해왔다. 그런데 마이젠부크가 관심 없어하는 바람에 결국 세 사람이 남게 된 것이다. 살로메를 잃고 싶지 않았던 니체의 제안으로 5월 13일에 살로메, 니체, 레 세 사람이 '삼위일체'가 되는 것을 기념해 사진을 찍게 된다. 이는 스위스의 유명한 사진가 쥘 보네Jules Bonnet의 스튜디오에서 달구지에 올라간 살로메가 라일락 꽃송이가 매달린 채찍을 들고 있고 레와 니체가 그 달구지를 끌고 가는 모습을 연출한 사진이었다.

　1882년 여름, 니체는 독일 튀링겐 주 도른부르크에 머무는 동안 살로메의 시 〈삶에 대한 찬가Hymnus an das Leben〉에 곡을 붙여 가곡을 썼는데, 작곡 중 병이 발작해 중단하기를 되풀이하며 고통을 겪었다. 같은 해 8월 7일부터 26일까지 3주 동안 살로메는 니체와 함께 독일의 작은 도시 타우텐부르크에서 지냈는데, 니체는 살로메에게 자신의 영원회귀 사상을 설명하였고, 이 사상이 온 세상을 뒤흔들어놓을 것이라고 암시하기도 했다. 타우텐부르크에서 니체가 살로메와 보낸 시간들은 소위 '루-체험'이라고 불리는데, 이는 니체가 겪는 삶의 체험 가운데 절정을 이루는 것이었다. 살로메는 이때의 일을 1882년 8월 18일 파울 레에게 보낸 편지에서 다음과 같이 적었다. "니체와 본격적으로 알게되면서 나는 마이젠부르크에게 니체에 대해 다음과 같이 편지를 썼습니다: 그는 종교적 본성을 지니고 있으며, 이로 말미암아 가장 강력하고 사려 깊은 종교적 사상을 일깨웠습니다. 오늘 나는 이 표현을 한번 더 강조하고 싶습니다. 〔…〕 우리는 이 3주 동안 참으로 죽도록 이야기했으며, 특히 그는 이제 돌연히 거의 10시간씩 떠들며 시간을 보내는 것을 참아내고 있습니다. 〔…〕 기이하게도 우리는 대화하는 중에 의도치 않게 깊은 곳을 보기 위해 언젠가 사람들이 외롭게 매달려 있던 현기증 나는 장소에, 절벽에 도달했습니다. 우리는 언제나 양이 다니는 비탈길을 선택했습니다. 누군가가 우리가 하는 이야기에 귀를 기울였다면, 그는 두 악마가 대화하고 있다고 생각했을 것입니다."[5] 1882년 9월 중순 라이프치히에서 오버베크Franz Overbeck에게 보낸 니체의 편지도 이때의 만남을 자세히 적고 있다. "그러나 내가 올 여름에 했던 가장 유용한 일은 루와 대화를 나눴다는 것입니다. 우리의 지성과 취향은 가장 깊이 닮아 있습니다. 한편 반대되는 것도 많았는데, 즉 우리는 서로에게 가장 유익한 관찰대상이자 관찰주체라는 점입니다. 나는 아직 자신의 경험에서 그렇게 많이 객관적 통찰을 이끌어낼 줄 아는 사람을 알지 못합니다. 즉 모든 학자들 가운데 그렇게 많은 것을 이끌어낼 줄 아는 사람을 알지 못합니다." 니체에게 살로메는 지성과 취향에서 서로 닮은꼴을 하고 있었지만, 서로를 관찰과 인식, 통찰의 대상으로 대하고 있다는 점에서 연인이 되기 어려운 관계였다고 추측할 수 있다.

11월 첫 번째 일요일, 니체는 라이프치히역에서 살로메와 레를 전송하며 자신의 저서 《즐거운 학문》을 살로메에게 기념으로 주었는데, 이것이 두 사람의 마지막 만남이 되었다. 살로메는 1883년부터 레와 베를린에서 동거하기 시작했다. 니체와 살로메의 관계는 연정과 연민, 아쉬움과 회한의 관계로 끝나게 된 것이다. 1882년 12월 25일에 오버베크에게 보내는 니체의 편지에 당시 니체의 감정이 잘 표현되어 있다: "루와의 관계는 가장 고통스러운 막바지에 이르렀습니다. 최소한 오늘 나는 이렇게 믿

---

5   Lou Andreas Salomé, *Lebensrückblick*, Hamburg: Severus, 2013, 104.

습니다. 후일―만일 후일이 있다면, 나는 그것에 대해서도 한마디 하고자 합니다. 내 친구여, 연민은―쇼펜하우어의 지지자들도 말하고 싶어 하는―일종의 지옥입니다." 이렇듯 견디기 힘든 고통을 '지옥'으로까지 표현하며 니체는 《차라투스트라는 이렇게 말했다》를 집필하는 구상으로 넘어간다. 니체가 살로메를 만나 그의 삶 가운데 가장 강렬한 체험을 했던 1882년은, 니체가 자서전 《이 사람을 보라》에서 밝히고 있듯이, "차라투스트라를 임신하고 있던 해"였다. 이후 니체는 살로메를 직접 만난 적이 없었지만, 그의 편지에 그녀의 이름이 자주 나타나는 것을 보면 여전히 그녀가 그의 심중에 살아 있었던 듯하다. 니체는 1884년 자신의 여동생 엘리자베트에게 보낸 편지에서 "루는 사람들이 생각할 수 있는 가장 재능이 있고 사려 깊은 인간"으로, "내가 했던 교류 가운데 루와의 교류는 가장 가치 있고 풍요로운 성과를 이룬 교류였으며", "이러한 교제를 한 이후로 나는 차라투스트라에 이를 수 있을 만큼 성숙해졌다"[6]고 살로메와의 관계에 대해 밝혀두었다. 살로메와의 만남은 《차라투스트라는 이렇게 말했다》의 1부가 산출되는 데 결정적인 역할을 한 것이다.

살로메 역시 니체가 정신병에 걸린 이후 니체에 관한 저서를 출판했을 뿐만 아니라, 그녀의 말년에 히틀러가 니체 사상에 관

---

6 Friedrich Nietzsche, *Sämtliche Briefe Kritische Studienausgabe in 8 Bänden*, Bd.6, Hrsg. von G. Colli und M. Montinari, München: Deutscher Taschenbuch Verlag, 2003, 467.

심을 보이며 그의 여동생 엘리자베트를 방문했다는 소식을 듣고 니체와 나눈 편지와 사진 등 니체에 관한 자료를 젊은 연구가 포다하Erich Podach에게 맡겼다. 이로써 살로메는 인간적 모습의 니체를 기억되게 하는 데 마지막 역할을 다했고, 니체가 역사적으로 살아남는 데 크게 기여를 했다. 두 사람이 애정 관계로 맺어지지는 못했지만, 니체는 살로메에 의해 영혼의 영감을 얻으며 차라투스트라의 일부를 완성하게 되었고, 살로메는 니체에 의해 깊은 삶의 통찰을 얻을 수 있었다. 니체가 그녀와 헤어지며 상실의 좌절과 고통을 겪긴 했지만, 살로메는 그를 파멸시킨 여성(팜 파탈)이 결코 아니었다. 두 사람의 관계는 생산적인 관계라고 할 수 있을 것이다. 살로메는 이 책을 씀으로써 니체 사상의 체계와 주요개념, 철학적 주제들을 정리해 세상에 알리고 더 나아가 니체가 서양철학사의 무대에 오르도록 문을 열어준 것이다.

3. 살로메가 바라본 니체의 모습과 영혼의 특징

이제 살로메와 니체의 만남에서 비롯된 이 책의 내용을 살펴보자. 이 책은 "니체라는 존재", "니체의 변화 과정", "니체의 체계"라는 3개의 장으로 구성되어 있다. 첫 번째 장에서는 니체라는 인간의 모습과 성격, 내면적 영혼의 특성 등을 다루고, 두 번째 장에서는 그의 병력과 건강의 회복과 연관지어 니체의 정신적 사유의 변화 과정과 니체 철학의 문제의식을 다루며, 세 번째 장에서는 인식론, 의지철학, 정동론, 종교적 미학, 초인, 영원회귀 사상, 미래철학 등 니체 사상의 내용과 체계를 다룬다.

먼저 우리의 주목을 끄는 것은 '니체라는 존재'를 다루는 이 책의 첫 번째 장의 내용이다. 니체의 모습은 우리가 일반적으로 생각하는 것과는 많이 다르다.《인간적인 너무나 인간적인》,《차라투스트라는 이렇게 말했다》,《선악의 저편》,《도덕의 계보》《우상의 황혼》 등에서 망치를 들고 기존의 사고방식과 규범을 부수고 비판하는 니체의 모습은 거친 파괴자나 가치 전도자의 모습이지만, 니체의 실제 모습은 매우 섬세하고 조용하며 신중한 듯하다. 니체는 자신의 정신적 스승인 바그너와 헤어질 때도 바이로이트의 바그너극장 축성식에 참여했다가 조용히 혼자 그곳을 떠났고, 스위스 루체른 공원의 사자상 앞에서 살로메에게 청혼을 거절당했을 때도 그 상황을 조용히 받아들였다. 이 책에서 살로메는 이러한 살아 있는 니체의 모습이나 그의 성격, 영혼의 특성 등을 잘 전하고 있다. 이 책에 있는 두 장의 사진 가운데 한 장은 이 책에서 처음 소개된 사진인데, 일반적으로 잘 알려져 있지 않은 니체의 고독한 모습이 담겨 있다.

"나는 이 감추어져 있던 것, 침묵하는 고독의 예감이 니체라는 현상을 사로잡은 최초의 강한 인상이었다고 말하고 싶다. 〔…〕 너무나도 소박하지만, 또 한편으로는 너무나도 세심한 의상을 입고, 조용한 상태로, 아주 단순하게 뒤로 빗어 내린 갈색 머리를 가진 이 보통 체격의 남자는 쉽게 지나칠 수가 없다. 가장 인상적이면서도 섬세한 입술 선은 빗질해 다듬은 큰 수염에 의해 거의 완전히 덮여 있다. 니체는 요란하지 않게 이야기하고 조용하게 웃었으며, 신중하고 사색적인 걸음걸이였는데, 걸을 때 어깨를 약간 구부렸다. 많은 사람 가운데 이러한 모습을 생각해내는 것은 어려운 일일 수 있다. 이는 멀리 떨어져 홀로 있는 모습이었다.”(이 책, 33~34쪽)

“니체의 행동거지 역시 은둔자나 침묵하는 자와 비슷한 인상을 만들었다. 일상의 삶 속에서 그는 아주 겸손하고 거의 여성적인 부드러움으로, 언제나 호의적인 침착함으로 일관했다.—그는 사람을 사귈 때 기품 있는 형식을 좋아했고, 그러한 것을 높이 평가했다. 그러나 그 안에는 언제나—거의 벌거벗지 않은 내면세계를 위한 외투와 가면, 즉 변장의 즐거움이 있었다. 내가 기억하는 것은, 내가 니체와 처음 이야기를 나누었을 때,—이때는 로마의 베드로성당에서의 봄날이었다—, 첫 몇 분 동안에 그가 차린 격식은 나를 얼어붙게 했고 실망시켰다는 사실이다.”(이 책, 35~36쪽)

살로메가 묘사하는 니체는 사진에서 보이듯 일반적인 사람들과 다소 차이가 있었다. 그녀가 니체에게서 받은 첫인상은 겸손하고 여성적 부드러움을 지니고 있는 사람, 침착하고 기품 있는 것을 좋아하며 격식을 차리는 사람, 내밀한 고독감을 지니고 있는 신비스러운 사람이었다. 살로메에게 니체는 조용하고 신중하며 사색적인, 즉 신비하며 기품 있는 고독한 인격의 소유자로 보였다. 유럽 문화나 종교, 사상 등에 가하는 니체의 거칠고 공격적인 표현 때문에 그의 철학을 파괴의 철학으로 읽어내며 그를 매우 열정적이고 공격적인 남성적인 성품으로 상상하는 사람들에게 살로메는 니체가 섬세하고 조용하며 여성적 특성을 지닌 정반대 성격의 소유자라는 것을 이 책에서 알려준다.

살로메는 더 나아가 니체의 정신적 본성이 '여성적'이라고 파악한다. 살로메에 따르면 "니체의 정신적 본성 안에는—위대한 것으로 상승하는—여성적인 것이 놓여 있다."(이 책, 72쪽) 그녀에 따르면 니체는 그 정신이 세계와 아주 사소하게 접촉만 해도 내적 생명의 충일함이나 사상적 체험을 불러일으키기에 충분한 감성을 지닌 천재였기에, 정신적 임신과 출산을 좋아하는, 즉 정신적 사변적 활동에서 '남성성을 지닌 어머니'의 성격을 지니고 있었다. 살로메가 파악한 니체의 정신적 본성은 사상 체험을 출산하고 창의적으로 표현하는 것을 더 선호하는 여성적인 것이었다. 그러나 니체는 세계라고 하는 거대한 야생적 자연에서 무언가를 출산하게 만드는 씨앗 알갱이를 가져오는 남성적 천재성도 갖추고 있고, 또 동시에 이를 기꺼이 받아들여 수태하고 출산하는 것을 좋아하는 여성적 천재성을 동시에 갖춘 '남성적 여성성'의 정신적 속성을 지니고 있다고 보인다.

니체의 이러한 정신적 속성은 문헌학자로서 예민한 어떤 것이 사라지거나 왜곡되지 않도록 만져야 하는 섬세함의 재능, 즉 섬세한 것이나 개별적인 것을 보는 시선을 지니게 했고, 이는 더 나아가 연관성이나 전체상을 크고도 자유롭게 응시하는 능력으로 확장되면서 미답未踏의 새로운 철학 세계를 발견하도록 이끌었다. 니체의 문헌학적 작업은 곧 역사와 종교, 문화와 문명, 사회와 현대성을 비판하는 철학적 작업으로 확장되었고, 이러한 여성적 섬세함을 통해 자신의 정신에 들어온 문화, 시대, 역사, 종교, 전통적 규범의 세계 등을 비판하면서 니체는 마침내 새로운 미래철학을 제시하는 철학자가 된 것이다. 살로메에 따르면, 니체의 정신적 특성에는 여성적 측면이 있었는데, 이로 말미암아 니체는 섬세하고 날카로운 통찰력으로 세계를 분석하고 비판하며 또 동시에 생명과 건강의 미래철학을 창의적으로 잉태할 수 있었다.

4. 살로메가 이해한 니체 사상의 특징

이 책은 니체의 성격이나 정신적 특성을 묘사하는 것뿐만 아니라 그의 철학사상을 체계적으로 정리하기 위해 니체 저작들을 순서대로 다루며 언급하고 있다. 특히 유고보다는 니체 생전에 출간된 저술들을 중심으로 다룬다. 또 하나 주목할 만한 것은 살로메가 니체 사상을 자신의 입장에서 해석하고 새롭게 정리하기보다 주로 니체의 저서에 나오는 문구들을 직접 인용하며 서술하고 있다는 점이다. 이 책에서 살로메가 이해하고 제시하는 니체 사상의 특징과 체계를 정리하면 다음과 같다.

첫째, 니체 사상은 그의 영혼의 자기고백이다. 따라서 이 책은 니체의 정신적 특성을 파악하면서 그의 영혼의 심리학적 성격을 세심하게 다룬다. 살로메에 따르면 "이론가로서 니체의 의미를 검증하고자 하고 미래철학과 같은 것을 그로부터 배울 수 있다고 생각하는 사람은 그의 의미의 핵심으로 파고들어가지 못한 채 그를 외면하게 될 것"이며, "니체의 내면을 파악하기 위해 그의 외적 경험에서 출발하고자 하는 사람은 정신이 사라져버린 빈 그릇만 손에 쥐게 될 것이다."(이 책, 26쪽) 니체의 정신적 특성을 파악해야 그의 철학뿐만 아니라 철학의 발전 과정을 제대로 이해할 수 있다는 것이다. 살로메에 따르면 여러 권으로 된 잠언구 모음으로 이루어진 니체의 단행본 전체는 그의 정신적 속성이 표현된 '거대한 회고록으로서의 저작'이다. 그의 저작들은 니체라는 정신적 존재에게 일어난 "사상-체험"의 의미, 즉 그의 철학에서의 자기고백을 담고 있는 회고록인 것이다. 살로메가 이 책의 첫 문장을 1882년 7월 10일경에 니체가 파울 레에게 보낸 편지의 한 문장, 즉 "나는 그것을 나 자신을 위해 썼다"의 인용으로 시작한 이유는 그녀가 니체 작품 전체를 니체의 영혼의 자기 고백서로 보았기 때문이었다. 살로메는 위대한 철학이란 철학자의 자기고백이자 수기手記이기에 철학자의 세계는 그 창작자의 "개인적 기록"에서 검증해야 한다고 말한다. 살로메는 니체의 특징이 니체라는 존재와 그의 영혼의 자기고백적 이야기에서 규정되어야 한다는 이야기를 이미 1882년 10월에 니체에게 들려주고 그와 이야기를 나누었다. 이 책의 1장과 2장의 개별적인 부분들은 이미 니체와 이야기를 나누며 탄생의 준비를 하고 있었던 것이다.

그렇다면 니체의 철학적 사유가 지닌 동력은 어디에서 나온 것일까? 그의 고독과 신체적 고통, 치유의 과정은 세계 인식과 사상의 형성에 어떤 영향을 미친 것일까? 살로메는 "고통과 고독—이는 니체의 발달사에서 두 가지 커다란 운명적 특징이며, 마지막에 다가갈수록 점점 더 강하게 각인된다"(이 책, 39쪽)고 말한다. 고통(질병)과 치유의 과정이 그의 사유에 크게 영향을 미치며, 반복되는 발병은 습관적인 것, 일상적인 것을 새로운 눈으로 보도록 만들고, "가장 고통스러운 치유의 갈망으로부터 새로운 인식이 그에게 열린다"(이 책, 41쪽)는 것이다. 반복되는 질병과 고통, 치유의 과정 속에 있었던 그의 삶, 교수직을 퇴직하고 요양할 수 있는 쾌적한 기후나 자연환경을 찾아다닐 수밖에 없었던 지속적인 발병, 자기 자신과 싸우는 고통스러운 투쟁과 혹독한 자기 극복의 과정은 사고의 정직성, 인식의 지평 변화, 자기변화, 창조력을 동반하는 영혼의 투쟁 과정이었으며 또 동시에 새로운 세계 인식을 사상적으로 표현하는 창조의 과정이었다. 살로메는 니체의 철학 전체가 그의 자화상을 거대하게 반영하고 있다고 보았다. 그의 내면에서 일어나는 인식의 투쟁을 통해 영혼의 상승이 일어나고 그가 건강의 상태를 찾는 과정을 표현한 것이 그의 저술이자 철학이라는 것이다. 본래적인 니체의 문제는 그에게서 건강한 것과 병리적인 것이 내밀하게 연관되어 있다는 사실이다. 살로메에 따르면 니체의 철학은 그의 건강철학적 자기고백을 담고 있는 회고록이다. 니체의 철학에 접근하기 위해서는 그의 삶뿐만 아니라 그의 영혼의 삶이나 정신적 특성을 깊이 이해해야만 하는 것이다.

둘째, 니체의 영혼의 삶은 종교의 문제에 내밀하게 연결되어 있다. 살로메가 소녀 시절 교회신앙을 상실한 이후 평생 찾고자 한 것을 니체와 만난 지 3년이 지나 《하나님을 찾으려는 투쟁 Im Kampf um Gott》(1885)이라는 자서전적 소설로 표현했듯이, 그녀는 니체의 영혼에도 자신과 비슷한 종교적 속성이 있다고 파악한다. 살로메는 자신의 일기에 타우텐부르크에서 니체와 함께 했던 경험을 상기하며 "우리 본성에 종교적 근본성향이 있다는 것은 우리가 지닌 공통점이며 바로 그렇게 때문에 우리에게는 강력한 것이 솟구쳐 올랐다. 왜냐하면 우리는 극단적 의미에서 자유정신이기 때문이다"[7]라고 적어놓았다. 살로메에 따르면

---

7   Ernst Pfeiffer, Vorwort, 위의 책, 11 재인용.

니체연구는 궁극적으로 종교심리학적 연구이며, 종교심리학을 통해서만이 그의 존재나 고통, 자기행복의 의미를 밝힐 수 있다. 그녀에 따르면 "'잃어버린 신'을 위한 대체물을 자기 신격화라는 가장 다양한 형식에서 찾는 가능성, 이것이 그〔니체〕의 정신과 그의 저작, 그의 질병의 역사다."(이 책, 66~67쪽) 니체에게 신이란 여전히 강력하게 남아 있는 '사고 속의 종교적 새싹'의 역사이다. 신의 죽음이나 초인의 동경은 니체 철학의 '가장 내밀한 영혼의 근거를 표현'(이 책, 68쪽)한 것이다. 살로메가 보기에 신에 대한 동경과 지성에 의해 그 자신에게 강요된 무신성의 주장은 니체에게는 '영혼의 운명'이라는 디오니소스적인 드라마였다(이 책, 69쪽).

살로메는 니체의 철학함이 열정적인 종교 투쟁, 신앙, 혹은 구원의 욕구에 부딪히고 있으며, 그의 좋음에 관한 학설이 아름다움의 신성에 의해 가능하게 된다는, 즉 그에게서 윤리학은 궁극적으로 '종교적 미학'으로 넘어가게 된다고 주장한다. 니체의 윤리학은 종교적인 것을 포함하는 미학의 성격을 지니게 된다는 것이다. 그의 '삶의 미학'은 윤리적인 것과 종교적인 것이 삶 속에서 하나로 통합되며 아름다움을 체현하는 통합적·융합적 '삶의 예술Lebenskunst'인 것이다. 니체의 사고 안에 종교적 싹이 있다는 이러한 살로메의 통찰은 니체가 사망한 1900년 이후 현재까지 셸Hermann Schell, 브렌타노Franz Brentano, 비저Eugen Biser 등 많은 학자들을 거치며 종교와 신, 그리스도교와 니체의 관계에 대한 종교비판적 논의의 길을 열어놓았다. 다른 한편 살로메가 정리하고 있듯이 니체의 삶의 미학에 대한 논의도 푸코의 '실존 미학Ästhetik der Existenz'이나 철학적 삶의 지혜를 삶의 현장에 실천적으로 응용하려는 현대 독일 철학자 슈미트Wilhelm Schmid의 '삶의 기예Lebenskunst' 등의 논의로 지평이 확대되었다.

셋째, 니체 철학에서 중요한 것은 인간과 세계에 대한 심리학적 통찰이다. 니체 철학의 전체 특징은 그가 자신의 문제를 내면의 세계에서 가져오고 있듯이 논리적인 것을 심리적인 것의 밑에 두는 경향에 있다. 특히 살로메는 니체의 사상을 그의 생애, 그중에서도 병력(광기, Wahnsinn)에 주목해 심리학적으로 해석하고자 한다. 고통과 치유의 반복되는 과정은 정상적인 것과 비정상적인 것, 건강한 것과 병리적인 것의 차이를 보는 섬세한 심리학적 통찰을 만들었다는 것이다. 여기에서 더 나아가 살로메는 니체가 겪었던 광기와 진리의미의 상관성에 주목하며, 잘못된 생각(거짓)과 참된 생각(진리)의 궁극적 차이와 그 유용성에 대한 니체의 인식론적 작업에 주목한다. "진리는 없다. 모든 것이 허용된다"는《도덕의 계보》(Ⅲ, 24)에서의 주장에서 볼 수 있듯 니체는 기만이나 허구, 비논리적인 것, 비진리를 삶을 촉진시키며 의지를 증강시키는 또 하나의 강력한 힘으로 높이 평가한다는 것이다. 특히 살로메는 니체 철학의 중심은 니체의 저서《차라투스트라는 이렇게 말했다》에 있다고 본다. "차라투스트라"에 대한 가장 깊은 이해는 자신의 윤리적·종교적 관념을 제약하고 자기구원의 욕구가 신비하게 감춰진 그의 영혼의 움직임을 따라가는 니체-심리학의 길 위에서 열리게 된다고 본 것이다. 니체 철학의 심리학적 내용은 살로메를 거쳐 프로이트에게로 이어져 정신분석의 철학적 뿌리를 찾는 데 기여하게 되고, 이후 융, 아들러, 랑크, 프랑클Viktor Frankl, 얄롬Irvin D. Yalom 등 심층심리학과 심리치료이론이 탄생하는 데 기여하게 된다. 카우프만Walter Kaufmann 역시 니체 철학의 핵심이 심리학적 통찰에 있다는 것을 밝힌 바 있다.[8]

넷째, 니체 철학은 문제의식 및 철학적 내용에 따라 세 시기로 구분될 수 있으며 체계를 지니고 있다. 살로메는 니체의 삶과 창조 과정을 조금씩 서로 겹치는 10년 정도의 세 시기로 구분한다. 니체의 창조 과정과 사상의 변화 과정을 바라보는 이러한 살로메의 통찰과 구분은 비슷한 시기에 니체를 '귀족적 급진주의' 혹은 시대의 통찰자로 보았던 브란데스의 접근과는 다른 것이었다. 또한 비유, 은유, 상징과 같은 언어 표현이나 잠언구 형태의 저서들로 인해 니체 철학에는 산만한 단편적 사유의 파편만 널려있을 뿐 철학적 체계가 없다는 당대의 비판에 맞서 살로메의 작업은 니체 철학에 체계적인 철학 내용이 있음을 보여주려 한 선도적 작업이었다.

---

8 니체와 심층심리학의 탄생 및 연관관계에 대해서는 김정현, 《철학과 마음의 치유》, 책세상, 2013을 참고할 것.

살로메는 니체의 삶과 창조 과정을 세 시기로 구분한다. 첫째 시기는 1869년에서 1879년의 바젤대학 교수 시절로 니체가 바그너 문하에 있었고 쇼펜하우어 형이상학의 영향을 받던 시기이다. 둘째 시기는 1879년에서 1889년 사이의 시기로 니체가 바젤대학 교수직을 사임하고 모든 정신적 활동을 포기했으나 끊임없이 생산력을 발휘한 시기이다. 마지막 시기는 1890년부터 그가 죽는 1900년까지 예나와 나움부르크에서 병자로 살아간 시기이다. 바젤대학 교수 시절, 교수직 사임 후 창작 시절, 정신병 투병 시절이라는 구분은 각각 대략 10년간의 삶을 중심으로 나뉜다. 그러나 살로메는 니체의 사상적 발달 과정을 중심으로 다시 그 정신 활동의 변화 과정을 언급한다. 첫 번째는 문헌학적 연구에서 철학적 작업으로 전환하여 문화사적·미학적·역사철학적 연구 작업을 하는 시기로, 《음악 정신으로부터 비극의 탄생》, 《반시대적 고찰》 등이 나온 시기인데, 이 시기에 '디오니소스적인 것', '데카당스 개념', '반시대적인 것', '천재 숭배' 등 니체 최초 철학적 시기를 이루는 네 사상이 형성된다.(이 책, 144쪽) 두 번째는 바그너와 결별하고 자연과학에 관심을 가지며 실증주의적 사유를 하던 시기로, 《반시대적 고찰》의 마지막 부분인 〈바이로이트의 리하르트 바그너〉와 《인간적인 너무나 인간적인》, 《즐거운 학문》, 《아침놀》 등의 저서가 출판된다. 세 번째는 실증주의 대신에 자신의 내면적인 요구에 상응하는 세계관을 세우고자 한 시기로, 《차라투스트라는 이렇게 말했다》, 《선악의 저편》, 《도덕의 계보》,《바그너의 경우》,《우상의 황혼》 등 니체가 생산적이고 창의적 저술 활동을 하던 시기이다. 이 시기에 지성과 자연과학적 성과를 중시하던 사고가 정동과 심리학적 통찰을 강조하는 사유로 전환이 되었으며, 그의 철학에서 '진리의미', '초인', '영원회귀 사상', '의지철학', '삶의 긍정' 등이 강조되었다.

살로메는 니체의 삶과 창조 과정이 그의 외형적 삶의 변화 과정에 따라 시기적으로 구분될 수 있으며, 정신 활동의 변화 역시 사상적 발달 과정에 따라 구분될 수 있다고 주장했다. 특히 니체의 정신 활동이 변화한 과정을 그의 저서나 철학적 주제에 따라 정리하면서 살로메는 니체의 철학에는 내재적 체계가 있다고 주장함으로써 이후 니체 철학의 시기적 발달 및 체계에 관한 문제제기를 했고, 이는 니체 철학을 이해하기 위해 그의 저작 및 사상 내용의 변화를 어떻게 파악해야 하는지에 관한 많은 논쟁으로 이어졌다. 실제로 니체 사상의 체계성에 대한 살로메의 문제제기를 시작으로 1930년대 이후 야스퍼스Karl Jaspers, 하이데거 Martin Heidegger, 뢰비트, 핑크Eugen Fink, 울머Karl Ulmer 등을 거치며 니체 사상의 체계성과 근본 모티브의 재구성 문제에 관한 해석 논쟁이 벌어졌다.

다섯째, 철학사에서 니체의 위치를 자리매김하기에는 아직 이르다는 것이다. 이 책의 일부 구상이나 계획은 살로메가 니체를 만났던 1882년에 이루어졌으며, 이 책이 출판된 것은 50세의 니체가 정신병으로 독일 나움부르크의 집에서 어머니와 여동생의 보살핌을 받던 1894년의 일이었다. 비록 니체가 이미 많은 저서들을 출판했고, 브란데스 등 일부 학계의 반응이 나오기 시작했지만, 아직 유럽 정신계의 전체적 반향이 일어나지 않을 때였기에 살로메는 니체를 철학사에 자리매김하는 것에 대해 의도적으로 유보적 태도를 보이고 있다. 살로메에 따르면 "이 책에서는 의도적으로 철학사에서 니체의 위치에 대해 연관을 짓지 않았다. 왜냐하면 이는 그의 이론을 특별한 작업을 하기 위해 유보해야만 하는, 객관적 가치로 환원해 자세하고도 체계적으로 검증하는 것을 전제로 하기 때문이다."(이 책, 72쪽) 니체가 새롭고 낯선 정신적 모델을 제시하는 철학적 거장이자 천재임에는 틀림이 없으나 당시 니체가 언급한 중요치 않은 사실들이나 한두 권의 책을 가지고 요란스럽게 외치는 사람들의 소리가 들려오는 것을 볼 때 니체의 사상을 자세하고도 체계적으로 검증해야 하는 학적 작업이 남아 있다고 보았기 때문이다. 의도적으로 니체를 철학사에 위치시키는 것을 유보하고 있는 살로메의 의도는, 반대로 이 책을 통해 니체를 철학사에 접속시키고 연관시키려는 뜻을 지니고 있다고 볼 수 있다. 왜냐하면 그녀의 작업은 니체라는 존재와 니체 철학을 이해하는 방법, 니체 철학의 내용을 하나씩 체계적으로 정리함으로써 서양정신사에 자리매김할 수 있는 니체 사상의 거대한 건축물을 보여주었기 때문이다. 물론 니체 철학의 주요 내용을 '허무주의', '초인', '힘에의 의지', '영원회귀', '모든 가치의 가치 전도' 등 다섯 가지 철학적 개념으로 요약하고 유럽 형이상학의 완성자로 자리매김하게 함으로써 철학사에 정식으로 접맥시킨 것은 후일 하이데거의 업적이지만, 살로메의 작업은 이에 앞서 조심스럽게 니체를 서양정신사에 연결시키며 철학사의 무대에 니체를 올려놓는 데 기여했던 것이다.

이 책의 서술 방식이 가진 또 하나의 특징은 살로메가 니체의 저서들에 나오는 문구를 중심으로 니체 사상을 표현하고 있다는 점이다. 자신의 해석적 설명이나 표현보다는 주로 니체 저서에 나오는 문구를 직접 인용으로 많이 사용하고 있는데, 이는 니체의 언어를 통해 왜곡되지 않은 맨살의 니체적 사유를 드러내 보이겠다는 의도도 있는 것으로 보인다. 지나치게 인용구를 중심으로 니체 철학을 해명하려는 이러한 시도는 현대 연구자들의 눈에는 자기 언어가 없는 지루한 서술로 비쳐질 수도 있다. 또한 이 책은 각기 다른 내용의 세 개의 장으로 구성되어 있으나 절이나 소제목의 구분 없이 각 장이 하나의 묶음 형식으로 되어 있어 그 내용을 꼼꼼히 따라가며 읽어가는 데 어려움이 있다. 그러나 앞에서 살펴보았듯이 이 책의 내용이나 니체 사상을 이해하고 접근하는 살로메의 해석의 틀이나 방향은 매우 인상적이고 선도적인 측면이 있다. 니체 사상에 접근하기 위해서는 그의 삶과 정신적 특성을 제대로 이해해야 한다는 것, 니체에게는 자기구원을 추구하는 종교적 영혼이 살아 있었다는 것, 니체 사상에는 인간이나 세계에 대한 깊은 심리학적 통찰이 놓여 있다는 것, 니체의 사상적 삶이나 철학적 내용은 시기적 구분이 있으며 그의 사유는 아무 체계가 없는 산만한 수필의 사상이 아니라 높은 체계성을 갖춘 철학사상으로 표현되고 있다는 점, 그리고 아직은 철학사에 자리매김하기에는 검증되어야 할 작업이 남아 있다는 점 등 살로메가 이 책에서 제시하고 있는 니체에 관한 논의들은 이후 철학사에서 반복되고 변주되며 수많은 철학적 논쟁과 재해석의 역사를 갖게 된다. 살로메는 의도하지 않았지만 이 책은 니체를 철학사적 위치에 올려놓는 최전선에 선 것이다.

브란데스와 더불어 서양정신사의 최전선에 서게 된 살로메의 이 작업은 니체에게 구혼을 받은 21세의 한 젊고 매력적인 여성의 영혼이 아니라 그 후 12년 동안 니체의 저서들을 꼼꼼히 탐독하고 정리하며 자신의 시각으로 니체의 철학적 정신세계를 이해하고자 한 33세의 성숙한 한 인간의 정신적 기록이다. 이는 니체의 청혼을 거절한 데 대한 살로메의 영혼의 답변이자 니체 정신의 위대성에 대한 존경의 지성적 표현이다. 릴케와 프로이트에게도 각기 그들에 대한 저술을 출판함으로써 그 존재와 만나고 한 시기를 보낼 수 있었던 것에 대한 감사를 표했듯이, 살로메는 니체와의 인연을 이들에 앞서 이렇게 성숙한 영혼의 고백으로 표현했다. 살로메는 20세기 최고의 지성들을 만나며 그들의 삶과 사상을 기록으로 남겨놓음으로써 그들을 서양정신사의 무대에 올려놓았고 그녀 자신도 그 무대의 연출자 혹은 조연으로 무대에 함께 서게 된 것이다. 물론 니체 역시 살로메를 만남으로써 영혼의 격정과 동요, 영감을 얻고 그의 철학사상을 발전시켜 현대 서양철학사의 주역이 될 수 있었고, 살로메는 니체로 인해 인간과 세계의 깊이를 통찰할 수 있는 계기를 얻으며 그 존재의 영예를 얻을 수 있었다. 1882년 9월 16일 니체가 살로메에게 보내는 편지에서 "우리 두 사람이 후세에 걸어가 도달하게 되는 아주 작은 길이 될지도 모른다"라고 표현한 것처럼 이 책은 두 사람이 마련한 서양지성사의 작은 길일 것이다. 두 사람이 마련한 이 길 위에 서서 니체와 살로메는 함께 인연의 별을 올려다보고 있다. 어떤 별에서 내려와 맺게 된 니체와 살로메의 인연은 현실에서 사랑의 인연으로 이어지지는 못했지만, 영광스러운 지성사의 하늘에서 별이 되어 함께 빛나고 있다. 이 책은 서양정신사에서 밤하늘의 별처럼 반짝이는 이 두 사람의 영혼의 목소리를 잔잔히 들려준다. 별이 빛나는 밤에 두 사람의 영혼으로부터 듣는 철학 이야기가 애절하면서도 귀중한 이유는 우리가 영혼의 자기고백으로 시대와 인간, 세계를 만나는 절실함과 진실함이 필요한 시대에 살고 있기 때문일 것이다. 소유와 집착, 독선과 배제의 논리가 떠도는 시대에, 그리고 인간에 대한 깊은 신뢰가 상실된 영혼 없는 시대에 우리는 한 철학자의 영혼을 진실하게 이해하려는 살로메의 이 책에서 별처럼 빛나는 자기고백으로서의 니체의 삶과 철학적 이야기를 아름답게 읽을 수 있을 것이다.

찾아보기

살로메, 니체를 말하다
니체의 작품으로 본 니체

초판 1쇄 발행 2021년 6월 30일
초판 3쇄 발행 2023년 4월 17일

지은이 루 안드레아스 살로메
옮긴이 김정현

펴낸이 김현태
펴낸곳 책세상
등 록 1975년 5월 21일 제2017-000226호
주 소 서울시 마포구 잔다리로 62-1, 3층(04031)
전 화 02-704-1251
팩 스 02-719-1258
이메일 editor@chaeksesang.com
광고·제휴 문의 creator@chaeksesang.com
홈페이지 chaeksesang.com
페이스북 /chaeksesang   트위터 @chaeksesang
인스타그램 chaeksesang   네이버포스트 bkworldpub

ISBN 979-11-5931-631-9 93160